新文科建设教材
工商管理系列

CORPORATE CULTURE
SECOND EDITION

企业文化

（第2版）

杨月坤 ◎ 主编

清华大学出版社
北京

内 容 提 要

本书共9章，整体内容分为两部分。第一部分为理论基础，包括第一章至第三章，共3章，主要论述企业文化形成的时代背景和实践基础，详细阐述企业文化的形成、内涵、结构与功能，全面介绍企业文化的测量与评价和企业文化的塑造与落地等；第二部分为内在机理，包括第四章至第九章，共6章，主要论述企业文化系统内部各要素之间的关系及其内在作用机制，包括企业文化与企业战略、企业文化与企业核心竞争力、企业文化与人力资源管理、企业文化与企业家、企业文化与品牌文化、企业文化与企业创新等内容。

本书既可作为高等院校相关专业的教材或参考书，也可作为企业管理人员培训的教材或参考书，同时也适合从事企业文化研究、实践的人员学习和参考。

本书封面贴有清华大学出版社防伪标签，无标签者不得销售。
版权所有，侵权必究。举报：010-62782989，beiqinquan@tup.tsinghua.edu.cn

图书在版编目（CIP）数据

企业文化/杨月坤主编. —2版. —北京：清华大学出版社，2024.9
新文科建设教材.工商管理系列
ISBN 978-7-302-66100-9

Ⅰ．①企… Ⅱ．①杨… Ⅲ．①企业文化－教材 Ⅳ．①F272-05

中国国家版本馆 CIP 数据核字(2024)第 072710 号

责任编辑：胡　月
封面设计：李召霞
责任校对：宋玉莲
责任印制：刘　菲

出版发行：清华大学出版社
　　　　　网　　址：https://www.tup.com.cn，https://www.wqxuetang.com
　　　　　地　　址：北京清华大学学研大厦A座　　　　邮　　编：100084
　　　　　社 总 机：010-83470000　　　　　　　　　　邮　　购：010-62786544
　　　　　投稿与读者服务：010-62776969，c-service@tup.tsinghua.edu.cn
　　　　　质 量 反 馈：010-62772015，zhiliang@tup.tsinghua.edu.cn
　　　　　课 件 下 载：https://www.tup.com.cn，010-83470332
印 装 者：定州启航印刷有限公司
经　　销：全国新华书店
开　　本：185mm×260mm　　　印　张：13.75　　　字　数：307千字
版　　次：2011年11月第1版　　2024年9月第2版　　印　次：2024年9月第1次印刷
定　　价：49.00元

产品编号：105211-01

前　言

　　管理活动源远流长，人类进行有效的管理活动已有数千年的历史，但从管理实践到形成一套比较完整的理论则是一段漫长的历史发展过程。管理科学的发展不是哪个学派的主观臆断，更不是个别人对时髦的追逐，而是原有的企业管理模式和理论越来越不适应生产力发展的结果，"与时俱进"对企业管理同样适用。纵观古今中外企业管理的历史，大致分为三个阶段，即经验管理、科学管理和文化管理。

　　1769 年，英国诞生了第一家现代意义上的企业，成为人类走向工业社会的标志。在此后的漫漫岁月中，与这种小规模家族式的企业相伴的则是幼稚的市场和低水平的科学技术，这使得管理者从实践中积累的经验不但完全可以满足对企业管理的需要，而且在一定程度上成为企业发展的积极推动力。然而，随着生产力的发展、企业规模的不断扩大，以及社会化大生产的形成，经验管理逐步成为企业发展的桎梏。

　　在世界上第一家企业诞生 142 年后的 1911 年，美国人泰勒的《科学管理原理》一书的问世，使企业管理由漫长的"经验管理"阶段迈进了划时代的"科学管理"阶段，使依法治厂、依法治企成为可能，使企业管理从经验上升为科学。在此后长达半个多世纪的岁月里，科学管理极大地推动了生产效率的提高。

　　与所有科学技术一样，管理科学用自己的力量推动了人类社会的发展。科学管理的理论和方法作为企业管理领域的一次伟大创举，尽管在半个多世纪的时间里对世界工业发展起过巨大的且至今仍在起着推动作用，但泰勒的科学管理"重物轻人"，仅仅把员工当作工具，对员工采取"胡萝卜+大棒"式的管理思想和管理方式，随着经济和技术的发展，越来越显现出其消极的一面，并落伍于时代。于是，人们开始探索新的企业管理理论和方法。

　　企业文化理论是西方管理理论在经历了"经济人""社会人""自我实现人"与"复杂人"假设之后，对组织的管理理念、管理过程与组织长期业绩的关系的又一次重新审视。20 世纪 80 年代初，威廉·大内的《Z 理论——美国企业界怎样迎接日本的挑战》、特雷斯·迪尔和阿伦·肯尼迪的《企业文化——现代企业精神支柱》、托马斯·J. 彼得斯和小罗伯特·H. 沃特曼的《成功之路——美国最佳管理企业的经验》，以及理查德·帕斯卡尔和安东尼·阿索斯合著的《日本企业管理艺术》被合称为企业文化研究的"四重奏"，标志着企业文化研究的兴起，掀起了企业文化研究的热潮。至此，文化管理理论和管理方法开始席卷全球，成为当今世界企业发展中最新一代管理理论和管理方法。因此，有这样的说法：21 世纪是文化管理的时代，也是文化制胜的时代。

　　企业文化既是企业成员共同的精神支柱，也是企业可持续发展的潜在生产力和内在驱动力，是企业保持永久竞争优势的源泉。

为满足企业实践的热切需要，国内许多高校近年来也陆续面向研究生、本专科生等不同层面的学生开设企业文化的课程。作为一门新的学科，目前国内这方面的教材并不多见。

编者在学习党的二十大精神的基础上，从世界经济与文化"一体化"发展的视野和高度，以社会主义核心价值体系理论为指导，在注意吸收中外企业文化研究的历史成果和最新成果的基础上，结合中国企业实际对企业文化理论进行与时俱进的充实、拓展、提升和创新，从企业文化定义的重新界定到企业文化精神内核的深入剖析，从企业文化的形成到企业文化系统内部各要素之间的关系及其内在作用机制的全面分析，形成一个较为完整的理论体系，有较高程度的理论创新。

为贯彻理论与实际相结合的原则，体现理论性与实践性的具体统一，本书在编写体例上做了一些尝试和创新，即在每章章首设有学习目标，并以一个经典案例引出本章知识点；每章中根据各节内容穿插一些小模块，如视野拓展、知识点滴、课堂讨论等，使版面活泼，不枯燥；每章章后附有一个经典案例以及本章小结、练习题（扫描下载，自学自测），帮助读者理解、巩固本章的理论知识和掌握本章的重点和难点。

本书在修订过程中充分吸收了教学同人、读者和出版社的意见和建议。第一，将第1版第一章中的第二、三节内容删除，将第一节的内容整合到第二章，两章合并为第一章。第二，大幅压缩篇幅，删除了第1版中的第五章企业文化与企业思想政治工作、第八章企业文化与企业图腾、第十一章企业文化与制度创新、第十二章企业文化与技术创新和第十三章企业文化与管理创新。第三，增加了第二章企业文化的测量与评价和第三章企业文化的塑造与落地。第四，对每章案例进行了修订和完善，更新了一些新的典型案例。

在本书的写作过程中，参考和引用了国内外学者的大量文献，因限于篇幅，未能一一注明，在此谨向著作者深表谢忱！

由于编者知识和经验的局限性，错误和疏漏之处在所难免，恳请广大读者批评指正。

杨月坤
2024年5月

目　　录

第一部分　理论基础篇

第一章　企业文化概述 ··· 3
　　第一节　企业文化的形成 ·· 5
　　第二节　企业文化的内涵 ··· 15
　　第三节　企业文化的结构 ··· 17
　　第四节　企业文化的功能 ··· 26
　　本章小结 ··· 33
　　练习题 ··· 34

第二章　企业文化的测量与评价 ··· 35
　　第一节　企业文化测量 ··· 37
　　第二节　企业文化评价 ··· 43
　　本章小结 ··· 56
　　练习题 ··· 56

第三章　企业文化的塑造与落地 ··· 57
　　第一节　企业文化塑造 ··· 59
　　第二节　企业文化落地 ··· 67
　　本章小结 ··· 76
　　练习题 ··· 77

第二部分　内在机理篇

第四章　企业文化与企业战略 ··· 81
　　第一节　企业战略的内涵 ··· 84
　　第二节　企业文化与企业战略的关系 ··· 88
　　第三节　企业文化与企业战略的双轮驱动 ··· 96
　　本章小结 ·· 103

练习题 ··· 104

第五章　企业文化与企业核心竞争力 ·· 105

　　第一节　企业核心竞争力的内涵 ·· 106
　　第二节　企业文化与企业核心竞争力的关系 ··· 110
　　第三节　构建优秀企业文化提升企业核心竞争力 ··· 116
　　本章小结 ··· 124
　　练习题 ··· 124

第六章　企业文化与人力资源管理 ··· 125

　　第一节　人力资源管理的内涵 ·· 126
　　第二节　企业文化与人力资源管理的关系 ·· 130
　　第三节　企业文化与人力资源管理的融合与创新 ··· 139
　　本章小结 ··· 145
　　练习题 ··· 146

第七章　企业文化与企业家 ··· 147

　　第一节　企业家的内涵 ·· 148
　　第二节　企业家对企业精神形成的作用 ·· 157
　　第三节　企业家与企业文化的内在统一 ·· 158
　　本章小结 ··· 168
　　练习题 ··· 168

第八章　企业文化与品牌文化 ··· 169

　　第一节　品牌的内涵 ·· 170
　　第二节　品牌文化的内涵 ··· 173
　　第三节　企业文化与品牌文化的关系 ·· 179
　　第四节　用企业文化塑造品牌与品牌文化 ·· 184
　　本章小结 ··· 189
　　练习题 ··· 190

第九章　企业文化与企业创新 ··· 191

　　第一节　企业创新的内涵 ··· 193
　　第二节　企业文化对企业创新的影响 ·· 195
　　第三节　企业文化创新是企业创新的动力之源 ··· 202
　　本章小结 ··· 210
　　练习题 ··· 210

参考文献 ··· 211

第一部分

理论基础篇

第一章 企业文化概述

【学习目标】

了解企业文化形成的时代背景和实践基础;理解企业文化的内涵、结构和功能;学习并把握企业文化的构成要素、结构要素及相互之间的联系。

引例

阿里巴巴企业文化的演化进程

阿里巴巴(以下简称"阿里")自1999年成立以来,至今已经发展成为一个涵盖中国商业、国际商业、本地生活服务、菜鸟、云、数字媒体及娱乐、创新业务及其他的生态体系。阿里企业文化的演进进程大致经历了四个阶段。

1. 第一阶段:可信、亲切、简单

2000年3月至2001年3月,阿里处于湖畔花园创业时期。其时阿里企业文化还只是处于初步发展的阶段,并没有形成一个明确的概念。通过实践,以马云为首的"十八罗汉"将团队使命总结为"可信、亲切、简单"。"可信"即诚信正直,言行一致,在发展的道路上阿里一直遵循这条行为原则,直至后来将之奉为企业的核心价值观。"亲切"代表着人情味,意味着阿里与客户亲如一家。"简单"主要包括阿里主页和软件的简单及组织人际关系的简单两个方面。因为阿里主要服务于中小企业主,而一般来讲中小企业主的网络水平不是很高,所以阿里的软件应用必须力求简单才能更加方便地服务于客户;组织人际关系的简单即杜绝办公室政治,发展组织内部和谐的人际关系。

2. 第二阶段:独孤九剑

2001年4月至2004年7月,阿里处于其发展的"华星时代"[①]。2001年是阿里企业文化发展最艰难的一年,同时这一年对于建设阿里企业文化也具有至关重要的意义。随着关明生的加入,GE(General Electric Company 的缩写,美国通用电气公司)架构也被引进阿里,从而慢慢总结发展出了"独孤九剑"。"独孤九剑"即九大价值观,分别是"创新、激情、开放、教学相长、群策群力、质量、专注、服务与尊重、简易"。这九大价值观可以分为两条轴线,其中创新、激情、开放、教学相长是以激情为核心的创新轴,群策群力、质量、专注、服务与尊重被划分到系统轴的范畴,而简易则贯穿于创新轴和系统轴,即创新和系统都需要简易,再次强调了要杜绝办公室政治。"独孤九剑"形成文字后,就被奉为阿里第一个正式的价值观,并在阿里灌输了三年多。它不仅规范了阿里员工的行为,也被视为阿里员工绩效

---

① 因为这个时期阿里淘宝商城(天猫)的公司地址是杭州市文三路478号华星时代广场,所以将这个时期称为阿里发展的"华星时代"。

考核体系中的重要元素。

3. 第三阶段：六脉神剑

2004年8月至2019年8月，是阿里发展的创业大厦时代。"独孤九剑"时期，客户并不是阿里最重视的要素，对客户、员工和股东三者的重要性程度，阿里一直没有一个清晰明确的排序。自从经历了2003年的"非典"，阿里意识到了这个问题的重要性，并将"客户至上"放在了首位。接下来，阿里决定简化"独孤九剑"，最终发展成为现在的"六脉神剑"，即"客户第一、团队合作、拥抱变化、激情、诚信、敬业"。

"客户第一"即客户至上。客户就是上帝，要尊重客户，始终站在客户的角度思考问题，切实维护好客户的利益。在把握自身原则的同时，以积极乐观的态度并选择客户喜爱的方式去面对客户，让客户感受到诚意从而赢得客户的信任。持续改革创新以最大化地满足客户需求，达到甚至超过客户期望值，同时还要维持好公司利益和客户期望之间的平衡，从而实现双赢。在满足客户需求的基础上，实时为客户更新资讯，给客户提供好的建议，以推动客户的不断成长。

"团队合作"强调共享共担，树立主人翁意识，积极融入并配合团队，协同合作，促进团队建设。作为电子商务行业，一个人的力量肯定是不够的，需要群策群力，形成团队的向心力和凝聚力，从而依靠团队的力量来解决各种问题。充分参与团队讨论，积极发表建设性意见并坚决有效地执行决策。主动与同事分享业务知识和经验，再一次强调了"独孤九剑"所提及的教学相长。阿里的成功得益于它有一支优秀的团队，相互支持，配合默契，才发展到如今这么大的规模。

"拥抱变化"强调迎接变化，勇于创新。在工作中具备前瞻意识，不断尝试新方法，转换新思路。要认真思考并充分理解行业和公司的变化，影响并带动同事来积极接受变化。理性对待变化对个人产生的影响，即便因为变化而导致了个人的挫折感或失败感，也能重新调整心态，更加积极地去迎接下一次变化。

"激情"代表一种积极饱满的工作态度。这一点与马云的个人特性有很大的关系。他曾被戏称为"疯子"，正是因为他的永不言弃，不断突破，才缔造了阿里的神话。激情反映了阿里的乐观主义，并以必胜的信念带动同事和团队，从而衍生出很多有创新性的产品。

"诚信"即诚信正直，坚持原则，不随意承诺，言行一致。由于阿里的电商性质——它面向广大客户群体，因此诚信问题必须始终得到重视。对员工来说，要抵得住利益和压力的影响；对整个企业来说，要勇于承认错误并敢于担当责任。

"敬业"主要表现为专业执着，精益求精。强调今日事今日毕，就像2003年的"非典"时期，在很多人被隔离的时候，马云仍能带领他的团队没日没夜地工作，这种专注，体现出了阿里的敬业精神。对员工来说，要持续学习，对自己严格要求，不断提升自我。在阿里分工明确，员工不仅要做好自己职责范围内的事情，还要积极给予同事帮助，促进共同成长。同时，阿里也一直致力于以较小的投入获得较高的回报，从而提高企业的效益。

4. 第四阶段：新六脉神剑

2019年9月10日，阿里在成立20周年之际，宣布全面升级使命、愿景、价值观。这是一种以文化、制度、人才为驱动力的企业传承的开始。

面向未来，阿里坚守使命：让天下没有难做的生意。

初心不变，阿里清晰地阐释了愿景——活102年：我们不追求大，不追求强，我们追求成为一家活102年的好公司；到2036年，服务20亿消费者，创造1亿就业机会，帮助1 000

万家中小企业盈利。基于崭新的愿景，阿里将自身的发展目标立足于为全社会担当责任、创造价值。

"新六脉神剑"价值观由六句阿里土话组成，每一句话背后都有一个阿里发展历史上的小故事，表达了阿里人与世界相处的态度——客户第一，员工第二，股东第三；因为信任，所以简单；唯一不变的是变化；今天最好的表现是明天最低的要求；此时此刻，非我莫属；认真生活，快乐工作。这六句朴素的土话将成为阿里继续践行使命、实现愿景的出发点和原动力。

启发思考：（1）阿里企业文化有何独特性？
（2）阿里企业文化的发展进程给我们什么启示？

第一节 企业文化的形成

企业文化（corporate culture）作为一个新的管理学概念，以及世界管理思想史上出现的一种新的学派理论，它的形成具有一定的时代必然性。通过研究企业文化形成的时代背景和实践基础不仅可以了解企业文化的本质特征，也可以了解企业文化与社会各方面发展的相互关系以及企业文化对社会进步和发展的重要意义。

一、企业文化形成的时代背景

企业文化这个概念的提出，并不意味着以前的企业没有文化。企业的生产、经营、管理本来就是一种文化现象，之所以要把它作为一个崭新的概念提出来，是因为当代的企业管理已经冲破了传统管理模式，正在以一种全新的文化模式出现，只有企业文化这个词汇才能比较妥帖地反映这种新的管理模式的本质和特点。企业文化的产生和发展过程是企业管理由传统走向现代的过程。正如美国当代人类文化史家菲利普·巴格比（Philip Bagby）所言："文化很可能开始于微弱的、没有把握的摸索，而这种摸索到后来取得了很大的明确性和肯定性。"企业文化开始孕育、产生也是一种微弱的没有把握的东西，只是到了后来才开始明确和肯定下来。可以说，企业文化的兴起是现代企业管理发展的一个新里程，是管理思想的一次革命。但追根溯源，关于企业文化的形成必须从日本经济的崛起和美国的反思谈起。

第二次世界大战粉碎了日本"并吞中国、侵略世界"的野心。战后的日本作为战败国，政治、经济元气大伤，国内许多城市在战争中夷为一片废墟，国民经济遭到严重破坏。1945年，日本国民年平均收入只有20美元。但经过短短的二三十年，到20世纪70年代后，它居然治愈了战争创伤，赶上并超过了一个又一个西方发达国家，成为仅次于美国的世界第二大经济强国。特别是在20世纪70年代初期的国际性石油危机中，其他工业发达国家都受到冲击并发生了严重的通货膨胀，生产率低下，并导致了成千上万家企业的破产和国内市场的萎缩。资源贫乏的日本在激烈而错综复杂的国际竞争中不仅安然度过了触动全球的石油危机，并保持了一个很低的通货膨胀率，还创造了连续高速增长的经济奇迹。1980年，日本国内生产总值达到10 396亿美元，约为同期美国国内生产总值的40%，国民年平均收入增加到8 940美元。这引起了世界各国的高度重视。同时，日本汽车和电子消费品等如潮水般涌入国际市场，素以经济实力强大闻名世界的美国尝到了竞争失利的苦头。这一严峻事实使美国朝野震惊不已。美国许多管理学者、专家纷纷到日本一些优秀企业进行考察，研究日本企业的"管理魔术"。他们在实地考察中发现了日本工人对企业的参与意识和忠诚心、质量小组实绩、劳动管理技术和建议制度等，进而比较详尽地研究了日本企业管理的特点，发现在经营最成功的企业里，居第一位的并不是所谓"硬件"，而是"软件"——企业文化。正如日本本田汽车公司创始人之一的藤泽武夫所言，日本管理与美国管理95%相同，所不同的只有5%，而这5%正是日本经济取得突飞猛进的真正原因。这5%就是企业文化，正是这种企业文化使日本企业产生了一种凝聚力和向心力。

日本经济腾飞的奥秘被发现了，美国企业界人士从竞争失败中醒来，意识到美国企业管理落后的根本原因是固守旧的管理戒条，缺乏一种深层的管理思想。为了重振美国经济的雄风，迎接日本的挑战，美国的许多学者不约而同地就企业与文化的关系著书立说。

1981年，美国加利福尼亚大学日裔美籍管理学教授威廉·大内（William Ouchi）出版了他的专著《Z理论——美国企业界怎样迎接日本的挑战》一书；同年稍后，美国斯坦福大学教授理查德·帕斯卡尔（Richard Pascale）和哈佛大学教授安东尼·阿索斯（Anthony Athos）合著的《日本企业管理艺术》一书出版；同年下半年，美国哈佛大学教授特雷斯·迪尔（Terrence Deal）和麦金赛咨询公司顾问阿伦·肯尼迪（Allan Kennedy）合著的《企业文化——现代企业精神支柱》一书出版；1982年，美国著名管理专家托马斯·J.彼得斯（Thomas J. Peters）和小罗伯特·H.沃特曼（Robert H. Waterman）合著的《成功之路——美国最佳管理企业的经验》一书出版。这4本专著以其特有的角度、全新的思路、丰富的例证以及精辟独到的见解，阐述了文化在企业运行中的作用，促使人们对企业文化理论进行新的探索。上述研究表明，在企业发展中，技术、制度、规章、组织机构、财务分析等"硬"因素固然重要，但是企业目标、宗旨、信念和人的价值观等"软"因素的作用更为突出；现代企业间的竞争是产品、营销、技术、战略的竞争，更是企业文化的竞争，企业文化对企业的生存和发展具有决定性意义，对企业长期经营业绩也有着重大的作用。至此，企业文化成为孕育于20世纪70年代末，形成于80年代初，在发达国家兴起的以人为中心的企业管理的新理论或新学科。

二、企业文化形成的实践基础

企业文化作为一种新的管理理论之所以能成为世界性的潮流，绝不是偶然的，而是有其客观的实践基础。

1. 西方国家，尤其是美国应对日本经济挑战的需要

如前所述，第二次世界大战后的日本经过短短的二三十年，居然重新回到国际舞台，成为举足轻重的经济强国。当时，面对日本经济的挑战，一向居于经济领先地位的美国颇受威胁。为了应对日本经济的挑战，美国的企业管理学家纷纷前往日本学习，开始认真反思，研究日本企业成功的秘密，于是出现了20世纪70年代后期的美日比较管理学研究的热潮。他们发现，日本人之所以成功，一个重要原因就是他们能够在全国范围内拥有一种强烈的文化，日本经济腾飞的奥秘在于他们重视企业文化的建设。阿伦·肯尼迪和特雷斯·迪尔经过对数十家美国公司调查研究后得出了如下结论：在美国企业中，强烈的文化几乎总是取得持续成功的驱动力量。因此，解脱美国企业困境的答案不是模仿日本人，也不是依赖数字分析和"科学"管理工作，而应像苹果酱那样是地道的美国式的：美国企业应该回到历史上曾造就了许多伟大的美国公司的独创性观念和设想中去，塑造出强烈的企业文化。正是由于这一认识的

深化和普及，美国等发达国家相继掀起了一股研究企业文化的热潮。

2. 西方企业管理理论发展的需要

由于日本企业成功的实践，西方企业界自20世纪80年代以来，就围绕着如何提高人的素质、调动人的积极性、为企业寻求不竭的发展动力，作了比较系统、深入的研究。这是因为，一方面，生产力的高度发展引起生产、经营组织发生很大的变更，导致人在生产经营中地位的提高，企业员工的自主意识增强，独立创造机会增多，每个个体对经济组织的影响力、作用力空前提高；另一方面，由于竞争日益激烈，迫使企业具有更高的整体协调性，因而要求企业所有员工个人的行为都要符合企业发展的需要。上述两方面的变化，客观上都要求企业经营者的管理方式必须从"以物为中心"转到"以人为中心"上来。西方企业文化理论正是顺应这股潮流而诞生的。西方发达国家许多成功的企业正是靠企业文化达到了调动企业员工积极性的目的。企业文化之所以成为现代企业管理科学的新学科及其发展的新阶段，是现代管理科学几十年间合乎逻辑发展的必然结果。

 知识点滴

经验管理、科学管理、文化管理的"三阶段"理论

自从1769年第一家现代企业在英国诞生以来，全球范围内企业管理大体上经历了三个阶段：1769—1910年，经验管理阶段，其特点是"人治"，即主要经营者依靠个人的直觉和经验进行决策和管理；1911—1980年，科学管理阶段，其特点是"法治"，即主要靠科学的制度体系实现高效率；1981年以来，发达国家的优秀公司率先进入了文化管理阶段，其特点是"文治"，即靠企业文化建设带动企业经营管理达到更高的境界。

3. 企业适应国际市场竞争和综合运用现代科学知识的需要

企业的外部环境具有日益开放的性质，企业经营的国际化趋势日益明显，国际市场上竞争和企业兼并日趋激烈。据"欧洲管理论坛"1984年的一项调查表明，各国企业中竞争能力最强的是日本和瑞士。它们都是国内资源极其缺乏的国家。它们之所以能在竞争方面领先，主要是由于工人生产率和企业管理效率高，这显然同企业文化有着密切的关系。竞争中的获胜者都是具有强有力的企业文化的企业。因此可以说，企业竞争也是企业文化的较量。西方发达国家企业在重重挑战的威胁下能否继续生存和发展，其关键在于经营者能否面对客观现实，有勇于改进管理的决心和毅力。为此，他们在现代科学管理的基础上，吸收社会学、社会心理学、行为科学、公共关系学、美学、思维科学、决策科学、文化人类学等学科的有关成果，经过交叉和融合，形成企业文化这一现代管理科学的新学科，从而将企业管理理论推进到了一个新的历史阶段。20世纪80年代以来，企业文化理论在世界范围内迅速传播，成为最流行的管理新理论。

三、企业文化理论诞生的标志

在总结日本企业成功的管理经验，并与美国成功及失败企业相比较的基础上，20世纪80年代初在美国先后出版的四本以论述企业文化为核心内容的管理学著作，被合称为企业

文化研究的"四重奏",标志着企业文化理论的诞生。

(一)《Z理论——美国企业界怎样迎接日本的挑战》

该书作者是日裔美籍学者威廉·大内,1981年出版。威廉·大内是美国斯坦福大学的企业管理硕士、芝加哥大学企业管理博士、加利福尼亚州立大学洛杉矶分校的管理学教授。他从1973年开始专门研究日本企业管理,经过调查、比较日美两国管理的经验,提出了Z理论。其主要内容和成果有如下两个方面。

1. Z理论的内涵

在Z理论的研究过程中,威廉·大内选择了日、美两国的一些典型企业进行研究。这些企业都在本国及对方国家中设有子公司或工厂,采取不同类型的管理方式。威廉·大内的研究表明,日本的经营管理方式一般较美国的效率更高,这与20世纪70年代后期日本经济咄咄逼人的气势是吻合的。作者因此提出,美国企业应该结合本国的特点,向日本企业管理方式学习,形成自己的管理方式。他把这种管理方式归结为Z型管理方式,并对这种方式进行了理论上的概括,称为"Z理论"。

Z理论认为,一切企业的成功都离不开信任、敏感与亲密,因此,主张以坦白、开放、沟通作为基本原则来实行"民主管理"。威廉·大内把由领导者个人决策、员工处于被动服从地位的企业称为A（America）型组织,他认为当时的大部分美国机构都是A型组织。A型组织的特点为:①短期雇用;②迅速地评价和升级,即绩效考核周期短,员工回报快;③专业化的经历道路,造成员工过分局限于自己的专业,而对整个企业并不了解;④明确的控制;⑤个人决策过程,不利于诱发员工的聪明才智和创造精神;⑥个人负责,任何事情都有明确的负责人;⑦局部关系。他认为日本企业与美国企业管理特色不同,他把这种组织称为J（Japan）型组织。J型组织具有如下特点:①实行长期或终身雇佣制度,使员工与企业同甘苦、共命运;②对员工实行长期考核和逐步提升制度;③非专业化的经历道路,培养适应各种工作环境的多专多能人才;④管理过程既要运用统计报表、数字信息等清晰鲜明的控制手段,又注重对人的经验和潜能进行细致而积极的启发诱导;⑤采取集体研究的决策过程;⑥对一项工作集体负责;⑦人们树立牢固的整体观念,员工之间平等相待,每个人对事物均可作出判断,并能独立工作,以自我指挥代替等级指挥。

威廉·大内不仅指出了A型和J型组织的各种特点,而且还分析了A型组织和J型组织典型的美、日文化传统差异,所以,他明确指出,日本的管理经验不能简单地照搬到美国去。为此,他提出了"Z（Zygote,生物学中的合子、受精卵）型组织"的观念,认为美国公司借鉴日本经验就要向Z型组织转化。Z型组织符合美国文化,又可学习日本管理方式的长处。比如在Z型公司里,决策可能是集体做出的,但是最终要有一个人对这个决定负责。而这与典型的日本公司（即J型组织）做法是不同的,在日本没有一个单独的个人对某种特殊事情担负责任,而是一组雇员对一组任务负有共同责任。他认为,与市场和官僚机构相比,Z型组织与氏族更为相似,并详细剖析了Z型组织的特点。

2. 由A型组织转化为Z型组织的13个步骤

考虑到由A型组织到Z型组织转化的困难,威廉·大内给出了明确的13个步骤,认为这个变革过程一般应这样进行:①参与变革的人员学习领会Z理论的基本原理,挖掘每个人正直的品质,发挥每个人良好的作用;②分析企业原有的管理指导思想和经营方针,关注企业宗旨；③企业的领导者和各级管理人员共同研讨制定新的管理战略，明确大家所期望的管理宗旨；④创立高效合作、协调的组织结构和激励措施来贯彻宗旨；⑤培养管理人员掌握弹性的人际关系技巧；⑥检查每个人对将要执行的 Z 型管理思想是否完全理解；⑦把工会包含在计划之内，取得工会的参与和支持；⑧确立稳定的雇佣制度；⑨制订一种合理的长期考核和提升制度；⑩经常轮换工作，以培养人的多种才能，拓宽雇员的职业发展道路；⑪认真做好基层一线雇员的发动工作，使变革在基层顺利进行；⑫找出可以让基层雇员参与的领域，实行参与管理；⑬建立员工个人和组织的全面整体关系。威廉·大内认为这个过程要经常重复，而且需要相当长的时间，如 10~15 年。

（二）《企业文化——现代企业精神支柱》

该书作者是特雷斯·迪尔和阿伦·肯尼迪，1981 年 7 月出版。其主要内容和成果有如下三个方面。

1. 指出了企业文化的客观性及其意义

作者指出：每一个企业——事实上是每个组织——都有一种文化。无论是软弱的文化还是强有力的文化，在整个公司内部都发挥着巨大的影响。它实际上影响到每一件事物，由于这种影响，文化与企业的成功也有重大的关系。作者认为，人是公司的最大资源，而人不能直接用计算机报告而只能通过某种文化的微妙的提示来管理，强有力的文化是指导人行为的有力杠杆，它有助于员工更好地从事工作。塑造一种强有力的文化，是企业取得成功的制胜之道。

2. 分析了企业文化的五种因素

作者认为企业文化包含五种因素：企业环境、价值观、企业英雄、风俗和礼仪、文化网络。企业环境即企业经营所处的极为广阔的社会和业务环境。作者认为，它是形成企业文化唯一而且又是最大的影响因素。价值观即"一个组织的基本概念和信仰"。企业价值观是企业文化的核心和基石。企业价值观对企业员工的行为起着导向作用。企业英雄即企业的模范人物。他是企业价值观的体现者，是企业提倡员工们效法的榜样。风俗和礼仪即企业的风俗习惯和企业文化活动。文化网络即传播文化的非正式渠道。企业管理者应该注意利用文化网络培育企业价值观，巩固企业信念，增强企业凝聚力。

3. 将企业文化分成四种类型

硬汉型文化，即适应高风险、快反馈的环境、具有坚强乐观精神和强烈进取心的文化模式；工作和娱乐并重型文化，即形成于风险小、反馈快的企业的行动迅速的文化模式；赌博型文化，又称攻坚文化、孤注一掷型文化，指的是形成于风险大、反馈慢的企业的文化模式；按部就班型文化，指形成于风险小、反馈慢的企业的稳定保守型文化。

知识点滴

关于企业文化分类的三种主流观点

1. 按发育状态分类

（1）成长型文化，是一种年轻的、充满活力的企业文化类型。在企业初创时期、企业经营迅速发展时期，各种文化相互抗衡，表现出新文化不断上升的态势。

（2）成熟型文化，是一种个性突出且相对稳定的企业文化类型。企业的主导文化已经深入人心，形成了诸多的非正式规则和强烈的文化氛围。

（3）衰退型文化，是一种不合时宜、阻碍企业进步的企业文化类型。这种文化如果不能随着企业环境的变化积极地进行创新，就可能成为企业发展的最大障碍，或是导致企业走下坡路直至被市场淘汰的根本原因。

2. 按内容特质分类

（1）宙斯型企业文化，是一种通过影响力构筑的，将权力由组织中心传递到整个企业的团体文化。团体文化组织由按照职能或产品而划分的不同部门组成。在历史上，这种文化最常见于小型企业——宙斯型的管理者和他颇具父权政治、个人崇拜的企业组织方式。

（2）阿波罗型企业文化，是一种讲究阶层的角色文化。这种文化的运作是界定于角色或工作之上的。作为秩序与法规之神的阿波罗，假定所有员工皆是理性的，任何事都可以，也都应该加以逻辑分析。

（3）雅典娜型企业文化，往往以项目为中心，着眼于技艺的提高，被称作"任务文化"。雅典娜型文化认为，要对团队有所贡献，需要的是才能、创造力与直觉力。在这种文化中，创造力备受尊崇。

（4）狄奥尼索斯型企业文化，是一种听凭员工自由发挥的存在主义文化。这种文化深为专业人士所喜爱，在其中他们可以保持个性，而同时又能得到组织各方面的支持。因此，在当今社会，专家团体、研究或发展的活动也越来越带有狄奥尼索斯式的味道了。

3. 按市场角度分类

（1）强人文化，是一种高风险、快反馈的文化类型。这类企业主要存在于建筑、风险投资及娱乐等行业，它们具有孤注一掷的特性，总是试图赢得巨大成功、最优的竞争，追求最优、最大、最好的价值，员工工作紧张、压力大、工作绩效反馈及时。强人文化是趋于年轻人的文化，虽有活力但缺乏持久力。

（2）拼搏与娱乐文化，是一种低风险、快反馈的文化。这种文化赖以生存的土壤往往是生机勃勃、运转灵活的销售组织和服务行业。在这类企业中，员工工作风险极小，而工作绩效的反馈极快。这种文化造就了最好的工作环境，使工作与娱乐实现最完美的结合。

（3）赌博文化，是一种高风险、慢反馈的文化。在这种文化氛围中，人们重视未来，具有极强的风险意识，可能带来高质量产品的开发和高科技的发明，但效率较低，发展较慢。

（4）过程文化，是一种低风险、慢反馈的文化。具有这种文化的企业，员工流动率较低，企业有相当的稳定性，但缺乏创造性。

（三）《成功之路——美国最佳管理企业的经验》

该书作者是托马斯·J. 彼得斯和小罗伯特·H. 沃特曼，1982年出版。其主要内容和成果有如下两个方面。

1. 批评了美国理性主义管理模式

作者对美国现实管理中的过分强调分析、控制和决策的现象分析透彻。作者认为，美国相当多的企业经营不善、效益不佳的原因就在于这些公司"不重视产品或人,而是重视某种其他事物"。这就是对从公司的象牙之塔里所作的分析的过分倚重以及对财务手段的过分信赖。而日本经济腾飞、企业管理成功的经验说明,"把人而不是金钱、机器或少数智者看作自然资源,这可能是这一切的关键"。同时,作者也批判了"人际关系"学派的某些观点,申明建立企业文化理论,运用企业文化管理方式,并不是要"回到人际关系"的观点去。

2. 提出了优秀公司经营管理的八项原则

该书的最大贡献还在于,它根据对43家优秀公司的调查分析,提出优秀公司经营管理的八项原则,也称为优秀公司的八种优秀文化品质。作者认为,凡称得上优秀公司的企业都"有一套独特的文化品质,是这种品质使它们脱颖而出,鹤立鸡群"。

这八种品质是:①贵在行动。强调管理的流动性和"企业实验精神",提倡"经理们巡视管理""周游式管理"和"看得见的管理",经常与各类人员广泛接触,交流信息。鼓励人们敢于实验、勇于开拓的工作态度。②紧靠顾客。出色企业"整天想的就是服务",紧靠顾客就是要有执着的服务意识、质量意识、开拓市场意识和倾听用户意见意识。③鼓励革新。鼓励企业家勇于革新,容忍失败,要有百折不挠的毅力和务实肯干的态度。④挖掘人力资源。作者认为,优秀公司总是把普通员工看作提高质量和生产率的根本源泉,而不是把资本支出和自动化作为提高生产率的最主要的源泉。⑤以价值观为动力。出色企业是靠具有连贯性的价值观体系来驱动的。企业价值观是企业文化的核心内容,企业是否具有正确的、先进的、鲜明的价值观,关系到企业员工积极性能否发挥,企业能否稳步前进。因此作者把重视价值观的培育这一思想贯穿全书,而且反复指出:领导人所能做出的最大贡献,就是阐明企业的价值观体系,并给它注入生命力。企业领导者首先应是倡导和保护价值观方面的专家。企业价值观对企业发展有潜移默化的功效。⑥不离本行。作者认为,出色公司提高生产率的着眼点在于提高质量,而不在于多行业经营。⑦精兵简政。出色公司一是结构简单,二是班子精干。⑧绝对一致和自主创造(紧中有松,松中有紧)。优秀企业在强调绝对一致的同时,允许自主创造,即紧中有松,是指充分发挥每一级人员的主观能动性和创造性,给下属充分的自主权力;而松中有紧是指将体现企业宗旨的价值观紧紧把握在最高领导集体手中,并且不允许任何人损坏企业的整体价值观。

(四)《日本企业管理艺术》

该书作者是美国斯坦福大学教授理查德·帕斯卡尔和哈佛大学教授安东尼·阿索斯,1981年2月出版,其中心内容是通过对日本松下电器公司和美国电话电报公司的比较分析,阐明了日美企业管理的不同特点,并且提出了著名的"7S"管理模式。"7S"是指企业管理中的7项要素,即战略(strategy)、结构(structure)、制度(system)、员工(staff)、风格(style)、技能(skill)和共同价值观(shared values)。前三项为硬性要素,后四项为软性要素。7项因素的英文单词都是以字母S打头,故称"7S"管理模式(见图1.1)。

作者认为,美国企业管理非常重视前三个硬性要素,即战略、结构、制度,但轻视后四个软性因素,即员工、风格、技能、共同价值观。日本企业固然重视三个硬要素,同时也在四个软要素上下功夫。

作者指出,日美两国企业管理最根本的差异是在对企业价值观和人的看法上。日本人重视集体主义价值观,美国人信奉个人主义价值观。日本企业家总是尽心尽力地向员工讲述企

图1.1 "7S" 管理模式

业的基本信念，使个人价值追求同企业价值追求相一致，从而建立起全体员工共享的价值观。美国企业家大多不能深入地以精神价值观作为号召，不能以细致入微的同化过程来团结员工。

在对人的看法上，美国企业管理人员往往把员工看成达到自己目标的客体，是被动受制的工具，是没有人性的"可以互换的生产零部件"。日本企业管理人员则认为人既是供使用的客体，也是应该给予尊重的主体。日本企业长期以来一直重视他们的人员，重视管理人员发展人力资源的技能，并将这种技能传授给他们的接班人。作者在结论中指出：美国的"敌人"不是日本人或德国人，而是自身管理文化的限制。

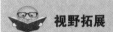 视野拓展

日本企业文化的精神内涵

日本企业文化既根植于本国的民族文化，又充分体现了西方科学文化和东方儒家文化的融合，具有独特而丰富的精神内涵。

一、"和魂"——日本企业文化的基础

日本民族自称大和民族，"和合"是日本的民族精神。"和魂"，从观念上保证了员工在企业中与他人合作并和谐相处，减少了人际关系的内耗，提高了企业的凝聚力和向心力，成为日本企业高效能团队的精神主导和联系纽带，是日本企业文化的基础。日本企业文化的"和魂"具体表现在以下几个方面。

1. 以人为本

日本企业"以人为本"的管理思想源于中国的儒家思想"仁、礼、义"，在日本发展为"和、信、诚"。日本企业文化的精粹——"大和精神"就是儒家人本文化影响的产物，它把儒家重视思想统治、讲求伦理道德与民族精神融为一体的人本思想发展成为日本企业文化之魂。日本企业非常关心、爱护、尊重员工，员工被放在利益相关群体的首位（客户次之，股东更次之）；通过确立员工在管理过程中的主导地位，充分调动员工的主动性、积极性和创造性。正如索尼公司总经理盛田昭夫所言："日本优秀的公司根本不存在什么奥秘和秘诀。一个企业的成功，靠的是人而不是某种理论、计划或政府政策。"这种"人本主义"的企业文化既是对员工行为的规范，更是对员工的尊重、培养和激励，能够最大

限度地发掘员工的潜力与活力。

2. 家内和合

日本企业强调"家内和合"的理念,极大地淡化了企业所有者与从业人员的雇佣与被雇佣的关系,使企业经营者与员工之间形成"命运共同体""利益共同体",增强了员工对企业的责任感,为企业凝聚力的培育和人力资源的有效配置提供了坚实的基础。日本企业界有识之士认为,传统文化中所具有的道德观、秩序观为企业"提供了全部活动的思想基础","在日本人看来……真正实行了'和'的团体,势必带来和谐和成功"。在"家内和合"理念的影响下,日本人把企业看作家族的延伸,强调在企业内部要形成一种"家内和合"的大家庭气氛,把雇佣关系转化为一种"亲情"关系,强调只有当"个人的需要能在企业内得到满足,才能努力于生产工作"。正是在这种理念的指导下,20世纪80年代之前,日本企业普遍实行"终身雇佣制""年功序列工资制"和"企业内工会制度"。"终身雇佣制""年功序列工资制"造就了员工对公司的归属感和家族意识,而"企业内工会制度"是协调劳资关系的有效保证,它减少了劳资双方的矛盾和对抗,使员工与企业结成"命运共同体""利益共同体",培养员工以公司为家,对企业忠诚、敬业,进一步增强了员工的归属感和企业的凝聚力。

二、"忠孝"——日本企业文化的核心

日本人的"忠孝"观念也源于中国儒家文化,但在日本得到了适应性的发展。儒家的"家、国、天下"的理念在日本发展为"国民一体"的伦理观,并进一步强化了"忠孝观念"。日本人具有很强的企业观念与国家观念,其社会价值观的次序依次是:公司—国家—家庭—个人。具体表现为:"生产报恩,产业报国",即员工忠诚集团、公司,集团、公司又忠诚于社会、国家;员工对企业有一种感恩报恩,忠于企业的"从一而终"的感情,而公司、企业家具有一种自发报效国家、服务社会的观念。日本企业文化的"忠孝"具体表现在以下几个方面。

1. 以社为家

许多日本企业家认为,企业不仅是一个获得利润的经济实体,而且还是满足企业员工广泛需求的场所。日本的家文化与中国人明显不同,它注重的是财产"家"文化而不是血缘"家"文化,即重视家产而不是家系。因此,日本企业普遍采用家族化的管理方式,既着眼于建立契约关系,把员工看作家庭成员,又着眼于培养员工对公司的忠诚和热情,使企业具有较强的凝聚力。主要表现在以下几个方面:一是关注集体最终目标,企业和员工成为"命运共同体"。日本人认为,出色地完成工作、实现集体目标,就是履行上天赋予自己的义务,是自己获得社会权利的前提。二是重视企业业绩。日本人的"忠"是建立在报恩这个深层次文化基础之上的。在日本,忠诚并不意味着被动地恭敬和献身,而是与成功和奋发努力相结合的能动地服务与表现,只有在本职工作中做出良好业绩的员工才算履行了"忠孝"义务。三是提供团结的心理基础,使企业具有凝聚力和向心力。忠孝观念为日本社会形成高效的整合机制提供了文化的和心理的基础,使个人与集体紧密结合。所以,日本人的"以社为家"更具有社会意义,推行"以社为家"的管理方法也更容易得到企业员工的认同;员工在这个"家"中取得自己的地位不是靠血缘关系而是靠忠心和能力,日本企业的凝聚力亦由此而来。

2. 国家至上

日本人的价值观念更强调企业目标与社会目标的协调和统一，企业具有追求自身经济利益和报效国家的双重目标，员工则将爱国之情体现和落实在对企业的效忠上。通过强调企业功利和弱化个人意识，并将企业功利与国家利益相结合，使企业增强了凝聚力，也使企业行为赢得了政府的鼎力支持，从而使企业的发展摆脱了因时代变迁所带来的矛盾和困惑，义无反顾地投身于企业不断创新的事业中。涩泽荣一曾说过："仅仅一个人是成就不了什么事的，还要有国家的助力……财富越多，所接受的社会助力就应当越多，故救济社会就是酬报此恩惠的行动，毋宁说是当然的义务。"因此，日本企业绝不将"赚取利润"放在首位，相反，它们更多强调的是企业的责任，强调企业对社会、国家乃至全人类所负的责任。如丰田公司社训中有："上下同心协力，以至诚从事业务的开拓，以产业的成果报效国家"；松下电器公司把"产业报国"放在第一位。正是这种崇高的责任、"感激""报恩"的思想，使企业员工的奉献精神发挥得淋漓尽致。

三、"创新"——日本企业文化的精髓

自古以来，日本国土狭小、资源匮乏、自然灾害频发的现实造就了日本民族强烈的危机意识，地处"边缘文明"地带而背负的异域文明的压力和挑战又形成了日本民族深重的忧患意识，这两者使得日本民族特别善于学习和借鉴其他民族的成功经验，吸收各民族之长以创新求生存。"当面临重大变化的时候，日本人有迅速适应新事态的特长（比其他国民突出），而不受过去的经验和理想的束缚"。"日本人有他们的特点，当他们面临重大变革时，能够不顾任何重大打击，不囿于以前的立场和经历，而在新的基点上重新站起，竭尽全力来适应新的局势。这种积极的适应能力，有其优良的传统"。日本企业文化的"创新"具体表现在以下几方面。

1. 熔炉文化

日本人认为："不同民族文化的接触可以产生碰撞和狂热，由此产生更高层次的文化"，因此，日本在企业管理中既积极引进和传播西方的管理理念与方法，又重视推崇中国传统文化，"和魂"与"洋才"有机结合，取长补短，精明善变，将各种文化因子融会并加以创新，努力发掘和创造适合日本民族的管理思想与方法，具有将遵守法度、讲求秩序的西方理性主义与追求"一团和气"、讲求"温良恭俭让"的东方灵性主义融为一体的特色，形成了古今一体、东西合璧、兼容并包的企业文化。正如松下幸之助所言："学习的精神是日本迈向繁荣的第一步。"日本丰田汽车公司的管理哲学是"事业在于人"，"丰田纲领"还提出"潜心研究与创造，不断开拓，时刻站在时代潮流的最前端"，等等。丰田公司正是靠这种企业文化形成比较和谐的劳资关系，吸收引进了国外先进技术，创造出先进的管理方法——丰田工作方式，从而在新产品开发及市场竞争中取得成功，成为日本第一大企业。

2. 企业家精神

企业家的任务就是"创造性地破坏"，就是不安于现状，不断地打破常规；企业家精神就是创新，只有创新的经理或领导才是企业家。创新意识是企业家精神的本质特征，也是企业家精神得以实现的基本条件。因此，从一定意义上讲，企业家之所以成为企业家，在很大程度上取决于他们的创新精神。日本本田公司创始人大久保睿在其塑造的"本田精

神"中就特别强调创新精神，他把"本田精神"归结为三大要点："人要有创造性，决不模仿别人；要有世界性，不拘泥于狭窄地域；要有被接受性，增强相互的理解。"索尼公司的创始人盛田昭夫也强调："永不步人后尘，披荆斩棘开创没人问津的新领域"，"干别人不干的事"。他在《走向世界》一书中把开拓新技术称为"求生存的手段"和"企业生存之路"。

第二节　企业文化的内涵

自 20 世纪 70 年代末到 80 年代初，企业文化开始成为公认的管理学概念，并在国内外管理学著作中得到了普遍使用和反复论述。企业文化作为现代企业的管理理论和管理方法，越来越受到国内外企业界、学术界的重视。

一、企业文化的定义

关于企业文化的定义，国内外的学者有各种不同的表述。据不完全统计，国内外关于企业文化的定义大概有 180 多种，也就是说，几乎每个管理学家都给企业文化下过定义。我们认为，企业文化是企业在长期的生产经营活动中形成的并且被企业员工普遍认可和遵循的具有本企业特色的管理思想、管理方式、群体意识、价值观念和行为规范的总称。企业文化既是企业成员共同的精神支柱，也是企业可持续发展的潜在生产力和内在驱动力，是企业保持永久竞争优势的源泉。"文化因素，这才是维持生产力增长的最终动力，也是没有极限的动力来源。"

1. 企业文化的核心是企业价值观

企业总是要把自己认为最有价值的对象作为本企业追求的最高目标、最高理想或最高宗旨，一旦这种最高目标和基本信念成为统一本企业成员的共同价值观，就会构成企业内部强烈的凝聚力和整合力，成为统领组织成员共同遵守的行动指南。因此，企业价值观制约和支配着企业的宗旨、信念、行为规范和追求目标，是企业文化的核心。

2. 企业文化的中心是以人为主体的人本文化

人是企业中最宝贵的资源和财富，也是企业活动的中心和主旋律。因此，企业只有充分重视人的价值，最大限度地尊重人、关心人、依靠人、理解人、凝聚人、培养人和造就人，充分调动人的积极性，发挥人的主观能动性，努力提高企业全体成员的社会责任感和使命感，使企业和成员成为真正的命运共同体和利益共同体，才能不断增强企业的内在活力和实现企业的既定目标。

3. 企业文化的管理方式是以软性管理为主

企业文化是以一种文化的形式出现的现代管理方式，也就是说，它通过柔性的而非刚性的文化引导，建立起企业内部合作、友爱、奋进的文化心理环境，自动地协调企业成员的心态和行为，并通过对这种文化氛围的心理认同，逐渐地内化为企业成员的主体文化，使企业的共同目标转化为成员的自觉行动，使群体形成最大的协同合力。这种由软性管理所产生的协同力比企业的刚性管理制度有着更为强烈的控制力和持久力。

4. 企业文化的重要任务是增强群体凝聚力

企业的成员来自五湖四海，不同的风俗习惯、文化传统、工作态度、行为方式、目的愿望等都会导致成员之间的摩擦、排斥、对立、冲突乃至对抗，这不利于企业目标的顺利实现。企业文化通过建立共同的价值观和寻找观念共同点，不断强化企业成员之间的合作、信任和团结，使之产生亲近感、信任感和归属感，实现文化的认同和融合，在达成共识的基础上，使企业具有一种巨大的向心力和凝聚力，从而有利于企业共同行为的齐心协力和整齐划一。

二、企业文化的构成要素

企业文化是以企业经营哲学与经营理念为主导，以企业价值观为核心，以企业精神为灵魂，以企业道德为准则，以企业形象为形式的系统理论。企业文化是一种力量，也称之为企业文化力。一般认为，企业文化主要包括以下五大要素：企业经营哲学与经营理念、企业价值观、企业精神、企业道德和企业形象等。

1. 企业经营哲学与经营理念

企业的经营哲学反映了企业的基本指导思想。具体而言，企业的经营哲学是企业必须回答的有关企业经营的最重要、最基本的问题，反映了企业行为的基本取向。而且，作为企业的指导思想，经营哲学还反映了行业的特色，不同的行业必须有不同的经营哲学。经营理念是经营哲学的具体化，换言之，所谓企业的经营理念就是抽象的经营哲学的现实化、可操作化。

2. 企业价值观

企业价值观是企业文化的核心。企业价值观是把所有员工联系到一起的精神纽带，是企业生存、发展的内在动力，是企业行为规范制度的基础。不同的价值观造就不同的企业个性，规定着企业的发展方向。企业的价值观是企业决策者对企业性质、目标、经营方式的取向所做出的选择，是为员工所接受的共同观念。企业价值观是支配员工精神的主要的价值观念；企业价值观是企业长期积淀的产物，而不是突然产生的；企业价值观是有意识培育的结果，而不是自发产生的。

3. 企业精神

企业精神是企业广大员工在长期的生产经营活动中逐步形成的，并经过企业家有意识地概括、总结、提炼而得到确立的思想成果和精神力量，它由企业的传统、经历、文化和企业领导人的管理哲学共同孕育，集中体现了一个企业独特的、鲜明的经营思想和个性风格，反映着企业的信念和追求，是企业群体意识的集中体现。企业精神常常通过一些精练、浓缩、富于哲理又简洁明快的语言表现出来。企业精神具有号召力、凝聚力和向心力，是一个企业最宝贵的经营优势和精神财富。

4. 企业道德

企业道德是调节企业与社会、企业与员工、员工与员工关系的行为规范的总和，是员工在履行本职工作时必须遵循的包括信念、习惯、传统等诸多因素在内的道德要求。企业道德是企业文化的衡量尺度，是企业精神的表现形式，是企业氛围的组成要素，是企业文化的高层次意识。只有培育良好的企业道德，才能营造良好的企业文化。

5. 企业形象

企业形象是指企业关系者（包括相关的企业、政府机构、金融、财税、交通、供销商、股东、消费者、社会大众及本企业员工）对企业总体的、抽象的、概括的评价。企业形象反映的是企业个性文化的形象。企业特有形象是由企业的经营理念、营销策略、工作方针、行为准则、价值观等构成的。企业文化是企业形象的基础，企业形象是企业文化的可视性象征，是企业文化的载体。

被"误解"的企业文化

大部分情况下，人们都会认同企业文化具有非常大的作用。但是人们对于企业文化如何产生、如何发挥作用，甚至对于什么是企业文化这些基本问题的认识都非常模糊。当前，人们对企业文化的理解误区主要有以下几点。

误区一：老板文化就是企业文化。如果一个企业的文化完全是老板文化，只能说它的企业文化还停留在初创阶段，因为在这个阶段，企业所有的价值判断、对环境认识以及为生存所做的努力，必须由老板一个人来承担。但如果从创业阶段发展到成长阶段，就要做出改变，否则企业无法真正成长起来，这也是一些中小企业无法"长大"的一个根本原因。

误区二：多数人认可的价值观就是企业文化。很多员工一起工作的时间较长又有比较一致的世界观，并且很容易达成共识，但是这些共识并不是公司确认的价值观。如果公司大多数人认可的价值观和公司所倡导的价值观相近或者一致，则对建立企业文化非常有利，反之则不利。

误区三：企业文化就是统一员工的思想。企业文化并不是要统一员工的思想，如果以统一员工思想为目的，这样的企业文化一定是僵化和缺乏创新的，而这并不是企业文化的本质特征。

误区四：企业文化是一套潜规则。公司内部的确会存在一些潜规则约束着人们的行为和选择。但需要强调的是，企业文化首先是一套规则，是明确的、明文规定的、显性的。正是因为企业没有明确提出自己的价值主张，以至于企业文化以潜规则的方式在公司内部传递，这表明企业文化还没有形成。

误区五：企业文化一旦建立就可以一劳永逸。优秀的企业总是小心地维护着自己的核心价值观，也正是因为这一点，导致了人们对企业文化"一旦建立就可以一劳永逸"的误解。因为企业文化必须与环境、变化互动，必须和变化的趋势站在一起，这就要求企业文化能够持续更新，保持开放并能够吸收和借鉴其他企业的优点。

第三节 企业文化的结构

研究企业文化的结构是把企业文化作为一种独特的文化现象进行探讨，可以从物质、行为、制度和精神等层面对企业文化进行深入剖析。

一、企业文化的结构模型

企业虽然是一个开放的系统,但它毕竟是一个"组织",工作在不同"组织"里的人在思想与行为上必然要受到组织环境的影响,这种影响正是企业文化的影响。荷兰组织人类学和国际管理学教授吉尔特·霍夫斯塔德(Geert Hofstede)在其代表作《跨越合作的障碍——多元文化与管理》的开篇中论述道:尽管不同时代、不同民族的文化各具特色,但其结构形式大体是一致的,即由各不相同的物质生活文化、行为习俗文化、制度管理文化和精神意识文化等四个层级构成。参照"文化"的一般结构,我们将企业文化划分为四个层次:企业物质文化、企业行为文化、企业制度文化和企业精神文化,即所谓四层次"同心圆"模型(见图1.2)。

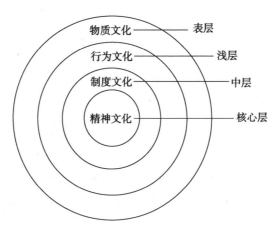

图 1.2 企业文化四层次"同心圆"模型

一般认为,四层次"同心圆"模型是一个静态模型,它不能反映企业文化的动态性,这是它最大的缺点。因此,近年来,在企业文化结构的研究上,国内学者提出了动态企业文化的概念,强调企业文化在知识经济时代的动态性与适应能力。比较有代表性的有以下几个。

(一)"文化陀螺"模型

清华大学经济管理学院吴维库教授(2003)认为,企业是文化的载体,是一个动态的而不是静态的系统,它要随环境的变化而变化,而构成企业文化的物质文化、行为文化、制度文化和精神文化也要随环境的变化而变化。所以,可以将企业文化视为一个动态运转的"文化陀螺"(见图1.3),该陀螺的支轴是企业的核心价值观,即静态的精神文化,而陀螺的惯

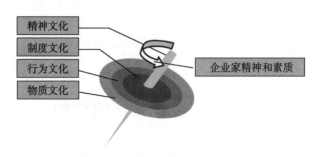

图 1.3 企业文化"文化陀螺"模型

性盘则是制度文化、行为文化和物质文化。由于"文化陀螺"是动态的，因而它具有更强的适应能力。

1. "文化陀螺"的特点

（1）陀螺具有动态的适应能力。旋转着的陀螺适应能力非常强，可以任意摆放。如果企业文化能够像陀螺一样，那么企业适应环境的应变能力就会增强。

（2）陀螺旋转的速度决定了其稳定性。旋转的速度越快，则陀螺越稳定。文化是空气中的温度与湿度，文化能够改变人。良好的企业文化能够使得员工如鱼得水，会使得企业的各个细胞充满活力，这种活力相当于陀螺旋转的速度。

（3）陀螺的质量越大越稳定。为了提高陀螺的稳定性，制度文化、行为文化、物质文化必须完善和配套。制度与规范是行为符合理念的保证，而物质是载体。

（4）陀螺的轴心与惯性盘要匹配。轴心太大惯性盘太小或轴心太小惯性盘太大，都会导致陀螺效应失灵。这种匹配意味着作为轴心的核心价值观需要与文化的其他三个层面相匹配，包括双赢与多赢、制度保证理念等。

（5）陀螺的旋转需要动力。推动陀螺运转需要扭矩，推动企业运转的是企业家精神。

2. "文化陀螺"的优点

（1）克服了四层次"同心圆"模型的静态性，引导人们从动态的角度去看待和建设企业文化。

（2）突出了核心价值观的重要地位，它支撑着企业的存在。企业出问题，是核心价值观出了问题。因为：思想决定行动，行动决定习惯，习惯决定性格，性格决定命运。

（3）动态地建设企业文化可以增加对环境的适应性，也就是说，企业的文化建设要随着环境的变化而调整。

（4）企业家是企业文化建设的原动力，因此，要特别强调企业家对于企业文化建设的重要性。

（5）文化的各组成部分要匹配，否则就是两层皮，说的与做的不一样。

（6）强调员工要适应企业文化，并在此前提下保证各个细胞充满活力。换句话说，不适应企业文化的员工将被淘汰出局。

（二）"雷达"模型

学者许学锋（2007）认为，"文化陀螺"模型虽然是一个动态模型，但也有明显的缺陷：一方面，这一模型没能够表现出企业文化的动态发展（不断丰富和提升）；另一方面，没有表现出各层次内容间的互动关系。通过分析"同心圆"模型和"陀螺"模型的优缺点，结合企业经营管理和企业文化建设的经验和体会，许学锋提出了企业文化"雷达"模型（见图1.4）。

1. "雷达"模型的构成

"雷达"模型由四部分内容构成：第一部分是"价值观体系"。价值观体系包括核心价值和分类

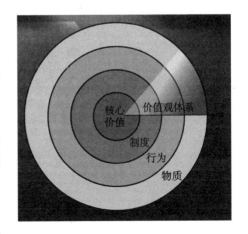

图1.4 企业文化"雷达"模型

价值观。在"雷达"模型中,核心价值位于雷达的中心圆点,基于核心价值的价值观体系用雷达的扫描针表示。如果把模型做成 flash 动画效果,扫描针按顺时针方向不断地旋转,对其他部分构成的"界面"进行扫描,就像一个正在工作的雷达。第二、三和四部分内容与"同心圆"模型和"陀螺"模型的制度层、行为层和物质层相同。

2. "雷达"模型的特点

(1)在内容上,用价值观体系代替或涵盖了"同心圆"模型的核心理念层和"文化陀螺"模型中的核心价值观。许学锋认为,企业的核心价值是有限的,构成企业文化丰富内容的基础是分类价值观。

(2)在形式上,价值观体系以核心价值为基点,形成一根动态扫描针,其含义:一是这根扫描针对企业的规章制度、员工的行为习惯和企业物质层面的东西不断进行扫描检验,及时发现其中与价值观不一致的"目标";二是这根扫描针有个轴向向外的箭头,表示基于核心价值的价值观体系是动态发展的、无边界扩展的、不断丰富的;三是价值观体系的不断丰富会带引企业文化的制度层、行为层和物质层的"厚度"不断扩展丰富;四是价值观体系在扫描过程中得到制度层、行为层和物质层的反馈,包括信息反馈、检验反馈等。换句话说,制度层、行为层和物质层的实践为企业提炼价值观提供了素材,同时,制度层、行为层和物质层的实践为企业判断价值观正确与否提供了依据,可以说,"实践是检验价值观的标准"。

 知识点滴

国外学者的企业文化结构图

国外企业文化的研究者和实践者把企业文化的构成要素,通过图示清晰而准确地显示出来。

1. 企业文化睡莲图

"睡莲图"由英国学者爱伦·威廉(Allan Williams)、鲍·德布森(Paul Dobson)和迈克·沃斯(Mike Walters)提出,如图 1.5 所示。这个结构图说明企业成员的行为、态度、价值观是由他们所拥有的信念决定的,这些信念中有一部分是潜意识的。企业成员的信念是企业文化的核心因素,如果要变革企业文化,首先就必须改变企业成员的信念。

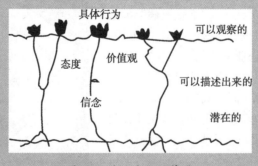

图 1.5 企业文化睡莲图

2. 企业文化冰山图

"冰山图"由美国学者帕米拉·路易斯(Pamela Lewis)、斯蒂芬·古德曼(Stephen

Goodman)和波特利西亚·范德特(Patricia Fandt)提出,如图1.6所示。这个结构图说明企业文化有两种基本的构成成分,可以用冰山来表示:表面(水面上的部分)看得见的东西是具体行为,而支持这些具体行为的是深层次(水面下的部分)的东西,是企业员工灵魂深处看不见的观念、共有价值观、宗旨和行为标准。如果不改变深层次的看不见的东西,就不可能改变表面的看得见的东西。

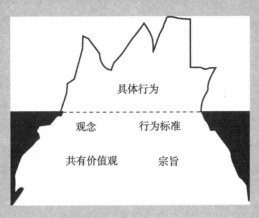

图1.6 企业文化冰山图

3. "山之内社员形象图"

日本著名的"山之内"制药公司精心设计和制作了"山之内社员形象图",把它挂在公司最醒目处,如图1.7所示。该图呈一个"山"字形,由创造力、组织力和活力三叶组成:居中的创造力—叶为蓝色,与科学、理想、理论相连;右侧的组织力—叶为绿色,象征着和谐与自然;左侧的活力—叶为红色,代表着热情、活动和胜利。组织力和活力是创造力的基础,而创造力是公司的灵魂。

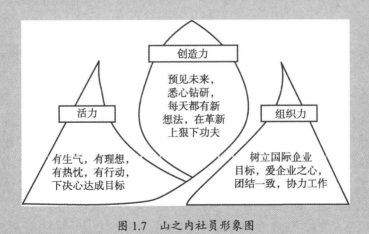

图1.7 山之内社员形象图

二、企业文化的结构要素

从图1.2中的企业文化结构可以看到,第一层是表层的物质文化;第二层是幔层的(或称浅层的)行为文化;第三层是中层的制度文化;第四层是核心层的精神文化。在企业文化的结构中，企业精神文化最为重要，它决定和制约着企业文化的其他层次。企业物质文化是企业精神文化在企业实践中的具体体现，企业制度文化是企业精神文化的基础和载体。

（一）企业物质文化

企业物质文化又称企业文化的物质层，它是由企业员工创造的产品和各种物质设施等构成的器物文化，是一种以物质形态为主要研究对象的表层企业文化，其内容主要包括企业生产的产品及提供的服务、企业的名称及标识、企业环境及企业容貌和企业的生产设施及环境等。

（1）企业生产的产品及提供的服务是企业生产经营的成果，它是企业物质文化的首要内容。产品是指人们向市场提供的能满足消费者或用户某种需求的任何有形产品和无形服务。有形产品主要包括产品实体及其品质、特色、式样、品牌和包装；无形服务主要包括可以给买主带来附加利益和心理上的满足感及信任感的售后服务、保证、产品形象、销售者声誉等。

（2）企业的名称及标识是企业文化的可视性象征，充分体现企业的文化个性。

（3）企业环境及企业容貌是企业物质文化的重要组成部分。企业环境主要是指与企业生产相关的各种物质设施、厂房建筑以及员工的生活娱乐设施。企业容貌是企业文化的表征，是体现企业个性化的标志，它包括企业的名称及标识、企业象征物和企业空间结构、布局等。

（4）企业的生产设施及环境是企业进行生产经营活动的物质基础，是形成企业物质文化的保证，也是企业形象与经营实力的一种外在表现。

（二）企业行为文化

企业行为文化又称企业文化的行为层，它是指企业员工在生产经营、学习娱乐中产生的活动文化，其内容主要包括企业经营、教育宣传、人际关系活动、文娱体育活动中产生的文化现象。它是企业经营作风、精神面貌、人际关系的动态体现，也是企业精神、企业价值观的折射。企业行为中又包括企业家的行为、企业模范人物的行为、企业员工的行为和企业公关行为等。

（1）企业家的行为。企业家的知识、能力和品质等要素成为企业文化生成的基因，决定着企业文化的性质和风格，并制约和引导着企业文化的个性和发展。正是从这种意义上说，一个企业有什么样的企业家，就有什么样的企业文化；一个企业的企业文化，就是企业领导人所展示的文化。企业家是企业文化建设的第一主体，企业家是企业文化生成的关键因素，企业家对企业文化有控制力，企业家决定着企业文化的生命。企业的经营决策方式和决策行为主要来自企业家。成功的企业家在经营决策时总会当机立断地选择自己企业的经营战略目标，并一如既往地贯彻这个目标直至成功。企业领导人的话语文化、行为文化和思想文化，最终影响和形成了企业的企业文化，因此，要建立有特色的企业文化，首先要从企业领导人的"领导人文化"抓起。

（2）企业模范人物的行为。企业模范人物是企业的中坚力量，他们的行为在整个企业行为中占有重要的地位。在具有优秀企业文化的企业中，最受人敬重的是那些集中体现了企业价值观的企业模范人物。这些模范人物大多是从实践中涌现出来的、被员工推选出来的普通人。他们在各自的岗位上作出了突出的成绩和贡献，因此成为企业的模范。一个企业中所有的模范人物的集合体构成企业模范群体，卓越的模范群体必然是完整的企业精神的化身，是企业价值观的综合体现。企业模范群体的行为是企业模范个体典型模范行为的提升，具有全面性。因此，在各方面它都应当成为企业所有员工的行为规范。

（3）企业员工的行为。企业员工是企业的主体，企业员工的群体行为决定企业整体的精神风貌和企业文明的程度，因此，企业员工群体行为的塑造是企业文化建设的重要组成部分。每个员工必须认识到，企业文化是自己最宝贵的资产，它是个人和企业成长必不可少的精神财富，以积极处世的人生态度去从事企业工作，以勤劳、敬业、守时、惜时的行为规范指导自己的行为。只争朝夕、不怕疲劳、不甘安逸的精神，正是激发每个企业员工完善自身行为的精神动力和内在力量。

（4）企业公关行为。由于企业文化建设需要赢得企业内外利益相关者的舆论支持，因此需要注重企业内外的公关沟通，因此形成了第四类行为——公关行为。在公关行为方面，与客户和合作伙伴等的顺畅沟通，为企业经营活动创造良好的外部环境；对内实现与内部各个部门及员工公关行为，对外实现企业与政府、公众的沟通，增强企业的稳定性和凝聚力。

公关行为的要旨在于开放、积极。在企业的经营活动中，政府和公众关心税收、环保、国家安全等问题；客户关心能否继续得到可靠的供应；供应商关心能否继续得到稳定的订单和及时的回款；企业员工关心自己的利益能否得到维护，这些问题必须通过有效的公关行为来予以充分有效的解答。因此，首先要与各方开放、坦诚、全方位地进行沟通，达成相互的理解；其次要着眼于双方的结合点和增长点。

（三）企业制度文化

企业制度文化又称企业文化的制度层，它是具有本企业文化特色的各种规章制度、道德规范和员工行为准则的总称，其内容主要包括企业领导体制、企业组织结构和企业管理制度三个方面。

1. 企业制度文化的范围

企业领导体制的产生、发展和变化，是企业生产发展的必然结果，也是文化进步的产物。企业领导体制是企业领导方式、领导结构、领导制度的总称，其中最为主要的是领导制度。企业的领导制度受生产力和文化的双重制约，随着生产力水平的提高和文化的进步，就会产生与之相适应的领导体制。不同历史时期的企业领导体制，反映着不同的企业文化。在企业制度文化中，领导体制影响着企业组织结构的设置，制约着企业管理的各个方面。所以，企业领导体制是企业制度文化的核心内容。卓越的企业家应当善于建立统一、协调、通畅的企业制度文化，特别是统一、协调、通畅的企业领导体制。

企业组织结构是企业文化的载体，包括正式组织结构和非正式组织结构。企业组织结构是指企业为了有效实现企业目标而筹划建立的企业内部各组成部分及其关系。如果把企业视为一个生物有机体，那么组织结构就是这个有机体的骨骼。因此，组织结构是否适应企业生产经营管理的要求，对企业生存和发展有很大的影响。不同的企业文化，有着不同的组织结构。大凡优秀的企业总是经常改变企业的组织结构以适应企业目标的变化，从而在竞争中获胜。影响企业组织结构的不仅是企业制度文化中的领导体制，而且，企业文化中的企业环境、企业目标、企业生产技术及企业员工的思想文化素质等也是重要因素。组织结构形式的选择，必须有利于企业目标的实现。

企业管理制度是企业在进行生产经营管理时所制定的、起规范保证作用的各项规定或条例。企业管理制度是企业为求得最大效益，在生产管理实践活动中制定的各种带有强制性义务,并能保障一定权利的各项规定或条例,包括企业的人事制度、生产管理制度、民主管理制度等一切规章制度。企业管理制度是实现企业目标的有力措施和手段。它作为员工行为规范的模式,能使员工个人的活动得以合理进行,同时又成为维护员工共同利益的一种强制手段。因此,企业的各项管理制度是企业进行正常的生产经营管理所必需的,它是一种强有力的保证。优秀企业文化的管理制度必然是科学、完善、实用的管理方式的体现。

2. 企业制度文化的性质

企业制度文化是企业为实现自身目标对员工的行为给予一定限制的文化,它具有共性和强有力的行为规范的要求。企业制度文化的"规范性"是一种来自员工自身以外的、带有强制性的约束,它规范着企业每一个人,企业工艺操作规程、厂规厂纪、经济责任制、考核奖惩制度等都是它的内容。因此,企业制度文化是由企业的法律形态、组织形态和管理形态构成的外显文化。

企业制度是企业为规范员工行为而做出的"应该做什么""不应该做什么""鼓励什么""禁止什么""什么该奖""什么该罚"等的一系列规定。由于人的价值取向的差异性、对组织目标认同的差异性,要想使个体与群体之间达成一致,仅靠文化管理是不行的;实际上,在大生产条件下,没有制度,即使人的价值取向和对组织的目标有高度的认同,也不可能达成行动的协调一致。当制度内涵已被员工心理接受并自觉遵守时,制度就变成了一种文化。因此,有人说,在企业规模较小时,用能人管理就可以;随着规模的扩大,必须上升到制度化的管理;当企业发展到超大规模的时候,则必须使管理上升到文化与哲学层次,用理念、价值观来统率员工,即所谓"小企业看老板,中企业看管理,大企业看文化"。

(四)企业精神文化

企业精神文化又称企业文化的理念层,是企业文化的核心层,它是用以指导企业开展生产经营活动的各种行为规范、群体意识和价值观念,是以企业精神为核心的价值体系,其内容主要包括企业愿景、企业使命、企业价值观和企业精神等四个方面,是企业意识形态的总和,是企业物质文化、行为文化、制度文化的升华,是企业的上层建筑。

1. 企业愿景

企业愿景是指企业的长期愿望及未来状况,是组织发展的蓝图,体现组织永恒的追求。企业愿景体现了企业家的立场和信仰,是企业最高管理者头脑中的一种概念,是这些最高管理者对企业未来的设想。是对"我们代表什么?""我们希望成为怎样的企业?"的持久性回答和承诺。企业愿景不断地激励着企业奋勇向前,拼搏向上。

2. 企业使命

企业使命是指企业由社会责任、义务所承担或由自身发展所规定的任务。企业使命是企业存在的根本目的和理由,回答了"企业为什么存在"的问题。

企业使命有两个重要特征,一是企业使命描绘了企业存在的根本意义和价值。对于企业使命的总结和归纳,有助于企业审视自身,明确企业存在的目的和目标。因此,企业的一切活动,必须围绕企业使命而展开,企业使命是企业所有行为的最终出发点和根本目的。二是企业使命是企业对社会的根本态度。一家企业的发展离不开利益相关者的参与和支持,因此,企业的存在和发展必然追求利益相关者的整体利益,包括股东、雇员、消费者、供应商乃至企业所在的区域。因此企业使命必须考虑面向不同的利益相关者所承担的社会责任。

企业使命具有四个基本作用，一是企业使命是鼓舞人心的。企业使命是激发员工心灵深处行为的原动力，这是因为企业使命说明了企业为什么存在，它告诉员工为什么而工作，工作的价值和意义是什么。二是好的企业使命是企业长盛不衰的法宝。企业使命是企业存在的根本理由，因此不论时间如何推移，产品如何更新换代，企业使命始终保持不变。三是确定企业前进的方向。企业使命是企业一切行动的基础，描绘了企业根本的，独一无二的目的，反映了企业指引行动的价值观，提供了企业前进的方向和动力。四是一个规范完整的使命陈述，有助于提高企业的总体绩效。

3. 企业价值观

企业价值观是以企业中的个体价值观为基础，以企业经营管理者的价值观为主导的群体价值观念。企业的价值即企业为顾客带来的利益、企业创造的竞争优势及超值利润，是一种战略价值。企业价值观是企业精神文化的核心，它决定和影响着企业存在的意义和目的，企业各项规章制度的价值和作用，企业中人的各种行为和企业利益的关系，为企业的生存和发展提供基本的方向和行动指南，为企业员工形成共同的行为准则奠定了基础。摩托罗拉公司的企业价值观是："尊重每一个员工作为个人的人格尊严、开诚布公，让每位员工直接参与对话，使他们有机会与公司同心同德，发挥出各自最大的潜能；让每位员工都有受培训和获得发展的机会，确保公司拥有最能干、最讲究工作效率的劳动力；尊重资深员工的劳动；以工资、福利、物质鼓励对员工的劳动作出相应的回报；以能力为依据；贯彻普遍公认的——向员工提供均等发展机会的政策。"摩托罗拉公司的这种价值观为员工创造了一种健康积极的文化氛围。

4. 企业精神

企业精神是现代意识与企业个性相结合的一种群体意识，它可以激发企业员工的积极性，增强企业的活力。企业精神作为企业内部员工群体心理定式的主导意识，是企业经营宗旨、价值准则、管理信条的集中体现，它构成企业精神文化的基石。企业精神源于企业生产经营的实践，反映企业的特点，与企业的经营活动密不可分。随着企业生产经营的发展，企业精神不仅能动地反映与企业生产经营密切相关的本质特性，而且鲜明地显示企业的经营宗旨和发展方向；不仅能较深刻地反映企业的个性特征和它在管理上的影响，而且能起到促进企业发展的作用。

企业精神具有号召力、凝聚力和向心力，是一个企业最宝贵的经营优势和精神财富。正如美国IBM董事长小托马斯·J.沃森（Thomas J. Watson）所说：一个组织与其他组织相比较取得何等成就，主要决定于它的基本的哲学、精神和内在动力，这些比技术水平、经济资源及组织机构、革新和选择时机等重要得多。每个成功企业都有自己独特的企业精神。比如，索尼公司"不断开拓"的精神，日立公司的"日立精神——和、诚与开拓者精神"，IBM公司"IBM就是服务"的精神追求，惠普公司"尊重个人价值"精神，海尔"敬业报国，追求卓越"的企业精神，红塔集团"山高人为峰"的企业精神，中国移动"改革创新、只争朝夕、艰苦创业、团结合作"的企业精神等。

相对于企业物质文化、企业行为文化和企业制度文化来说，企业精神文化是一种更深层次的文化现象，在整个企业文化系统中，它处于核心地位。而且企业精神文化不像企业物质文化、企业行为文化、企业制度文化那样，可以在一定条件下立竿见影、说到做到，所以它的塑造也相当复杂，需要各种因素的互补。企业精神文化是企业员工通过长期的生产经营活动才得以逐步建立的，需要社会的文化环境和舆论导向的配合。企业精神文化最能体现一个企业的精华，它深深"内化"于企业员工的心中，并且通过一定的文化仪式和文化网络得以保留和发展，是群体文化心理的长期"积淀"。企业精神文化往往可供企业员工共享，它是一种超个性的群体意识，其价值具有更广泛、更深刻、更长远的社会意义。

第四节　企业文化的功能

企业文化作为一种理性的和自觉的文化，具有其特定的功能。"所谓企业文化的功能是指企业文化发生作用的能力。"企业文化的功能可分为正向功能和负向功能两大类。认识、把握、实现企业文化的特定功能，正是研究企业文化的根本目的。

一、企业文化的正向功能

所谓企业文化的正向功能是指企业文化对企业发展的积极推动作用。根据企业文化在企业内外发生的具体功能，又可将企业文化的正向功能分为对内功能和对外功能。

（一）对内功能

企业文化的对内功能主要体现在以下五个方面。

1. 企业文化具有导向功能

企业文化的导向功能是指企业文化能对企业整体和企业员工的价值取向及行为取向起导向作用，使之符合企业使命或企业目标。企业文化集中反映企业员工共同的价值观念、理想信念和共同利益，将人们的事业心和成功的欲望转化成具体的目标、信条和行为准则，形成企业员工的精神支柱和精神动力，引导着企业及其员工朝着既定的发展目标前进，对企业中的每一位人员都具有一种无形的巨大感召力。

企业文化的导向功能具体体现在以下几方面：

一是经营哲学和价值观念的指导。经营哲学决定了企业经营的思维方式和处理问题的法则，这些方式和法则指导经营者进行正确的决策，指导员工采用科学的方法从事生产经营活动。企业共同的价值观念规定了企业的价值取向，使员工对事物的评判形成共识，有着共同的价值目标，企业的领导和员工为着他们所认定的价值目标去行动。一个企业的企业文化一旦形成，它就建立起自身系统的价值和规范标准，对企业成员个体思想和企业整体的价值、行为取向发挥导向作用。美国学者托马斯·J. 彼得斯和小罗伯特·H. 沃特曼在《成功之路——美国最佳管理企业的经验》一书中指出："我们研究的所有优秀公司都很清楚他们的主张是什么，并认真建立和形成了公司的价值准则。事实上，一个公司缺乏明确的价值准则或价值观念不正确，我们则怀疑它是否有可能获得经营上的成功。"

二是企业目标的指引。企业目标代表着企业发展的方向，没有正确的目标就等于迷失了方向。优秀的企业文化会从实际出发，以科学的态度去制定企业的发展目标，这种目标一定具有可行性和科学性。企业员工就是在这一目标的指导下从事生产经营活动。

三是建立企业的规章制度。正如特雷斯·迪尔和阿伦·肯尼迪在《企业文化——现代企业精神支柱》一书中反复强调:"我们认为人员是公司最伟大的资源,管理的方法不是直接用电脑报表,而是经由文化暗示,强有力的文化是引导行为的有力工具,它帮助员工做到最好。"

2. 企业文化具有自我调控功能

企业文化的自我调控功能是指企业文化像一种"润滑剂",能够协调人际关系,营造和谐的工作氛围,以一只"看不见的手"自动地调节员工的心态和行动,使企业的共同目标自动地转化为员工的自觉行动,促进企业内部关系和谐,提高企业的生产效率。企业文化作为企业的共同价值观,并不对企业成员具有明文规定的具体硬性要求,而是通过不断地向个人价值观渗透和内化,用一种无声的号令、无形的管制,使企业自动地生成一套自我调控机制,操纵着企业的管理行为和实务活动。这种以尊重个人思想、感情为基础的无形的非正式控制,会使企业目标自动地转化为个体成员的自觉行动,达到个人目标与企业目标在较高层次上的统一。

企业文化的自我调控功能具体体现在以下几方面:

一是企业各部门之间、员工之间,由于各种原因难免会产生一些矛盾,解决这些矛盾需要各自进行自我调节。

二是企业与环境、与顾客、与企业、与国家、与社会之间都会存在不协调、不适应之处,这也需要进行调整和适应。企业哲学和企业道德规范使经营者和普通员工能科学地处理这些矛盾,自觉地约束自己。完美的企业形象就是进行这些调节的结果。调适功能实际也是企业能动作用的一种表现。

3. 企业文化具有凝聚功能

企业文化的凝聚功能是指企业文化具有使企业员工通过共同价值观、精神理念凝聚在一起,产生一种强大的向心力和凝聚力,形成一种"强力黏合剂",发挥企业巨大的整体效应。正如日本索尼集团董事长盛田昭夫所言:"对于日本最成功的企业来说,根本就不存在什么诀窍和保密的公式。没有一个理论计划或者政府的政策会使一个企业成功,但是,人本身却可以做到这一点。一个日本公司最重要的使命,是培养公司和雇员之间的良好关系,在公司中创造一种家庭式的情感,即经理人员同所有雇员同甘苦、共命运的情感。在日本最成功的公司是那些通过努力与所有雇员建立一种共命运的情感的公司。"

企业文化的凝聚功能具体体现在以下几方面:

一是价值凝聚。通过共同的价值观,使组织内部存在共同的利益,从而聚合员工为实现共同理想而奋斗。

二是目标凝聚。突出、集中、明确、具体的企业目标,旗帜鲜明地向员工和外界宣布企业群体行为的重大意义,为员工指明前进的方向,从而形成强大的凝聚力、向心力。

三是排外作用。对组织以外的文化的排斥,使员工对群体产生依赖,在对外竞争中形成命运共同体。

4. 企业文化具有激励功能

企业文化的激励功能是指企业文化以人为中心,形成一种人人受重视、人人受尊重的文化氛围,以激励企业员工的士气,使员工自觉地为企业而奋斗。企业文化对企业员工不仅有一种"无形的精神约束力",而且还有一种"无形的精神驱动力"。这是因为,企业文化使企业员工懂得了他所在企业存在的社会意义，看到了他作为企业一员的意义和自己生活的意义，从而产生一种崇高的使命感，以高昂的士气，自觉地为社会、企业、实现自己的人生价值而勤奋地工作。

企业文化的激励功能具体体现在以下几个方面：

一是企业价值观的激励作用。企业价值观把企业所有员工的个性价值观整合为企业的共同价值观，对于原本就认同企业价值观的员工会产生巨大的激励作用，对于个性价值观与企业价值观不同的员工也会产生巨大的同化作用。企业价值观的这种激励作用能够把个人的利益与企业的整体利益统一起来，提高员工绩效。

二是企业精神的激励作用。企业精神的激励作用有三方面，即信任激励、使命感激励和意志力激励。所谓信任激励，即企业精神能使员工对企业目标产生坚定的信心和执着的追求。只有让员工感到上级对他们的信任，才能最大限度地发挥他们的聪明才智；所谓使命感激励，即企业精神能强化员工的责任感和使命感，激励员工为此付出努力；所谓意志力激励，即企业精神能使员工形成克服困难去实现企业目标的坚强意志力。

三是企业伦理道德的激励作用。企业伦理道德是指企业内部调整员工与员工、员工与企业、企业与企业之间关系的行为准则，是企业文化的重要组成部分。它以正义和非正义、公正与偏私、善与恶、诚实与虚伪等原则为标准来评价员工行为，对员工产生约束作用。这种激励作用是巨大的，主要是负激励，起着软约束的作用。

四是企业文化物质层的激励作用。良好的企业形象能提高员工的社会地位和社会声誉，能使员工产生成就感、自豪感，强化他们对企业的忠诚度，同时也体现和强化了企业价值观、企业精神、企业伦理道德等精神层的激励作用，提高了员工绩效。此外，良好的物质层也能够使员工工作时有安全感和舒适感，激发员工的向心力。

五是关心的激励作用。企业各级主管应了解其部属的家庭和思想情况，帮助他们解决工作和生活上的困难，使员工对企业产生依赖感，充分感受到企业的温暖，从而为企业尽力尽职。

5. 企业文化具有约束和规范功能

企业文化的约束和规范功能是指企业文化对每个企业成员的思想和行为具有约束和规范作用。企业文化的约束和规范功能是通过企业的基本价值观和行为规范来实现的。企业的基本价值观构成了企业成员无形的、理性的"软"约束，行为规范构成了企业成员的有形的"硬"约束。在企业文化建设中形成的一种非行政、非经济的心理约束氛围，以"看不见的手"操纵着企业的管理行为和实务活动，能增强经济、行政手段制约功能。企业依靠管理规范、服务规范和各种规章制度以行政命令的手段约束员工行为属于企业制度文化建设的范畴，而价值观、道德观、行为准则对员工行为的约束规范，往往比正式的硬性规定有着更强大的控制力和持久力。

企业文化的约束和规范功能具体体现在以下几个方面：

一是能将对员工的心理约束和对工作的约束一致起来，建设一支具有统一的价值观念，遵纪守法的员工队伍，既能发挥员工的主体作用，又使每一个员工懂得自己的工作任务、目标、职责，并按照这些要求驾驭管理各种要素，尽职尽责地完成本职工作。

二是能使自我约束与强制约束结合起来。企业文化群体意识、社会舆论、共同的习俗和风尚等精神文化内容，会造成使个体行为转化为群体行为的强大的心理压力和动力，使企业成员产生心理共鸣，继而达到行为的自我控制。这种自我管理的意识和能力与规范化的工作纪律、规章制度、管理秩序等相匹配，共同推进员工理想目标的实现。

三是能使软约束和硬约束结合起来。除企业组织结构、技术管理属于硬管理外，系统、网络、策略和共同价值观等均属于软管理。只有软管理强化，才能加强硬管理。如果软管理软弱，硬管理是难以成立的，就是把硬管理加强起来，也难以持久。

四是能使事前、事中、事后的约束相结合，三者约束，环环紧扣。企业文化中长期形成的群体观念和道德行为准则，不断地向个人价值观渗透和内化，对员工起着潜移默化的作用，可以使员工不良行为得到自我约束，即使发生，也比较容易进行纠正。企业的共同信念、基本价值观、行为规范能够使员工心灵深处形成定势，构造出积极的应答机制，一旦外部有信号诱导，应答机制就会发生作用而迅速响应，从而产生预期的行为。而且软约束可以缓冲硬约束对员工的心理冲击，排解治与被治的冲突，削弱逆反心理，从而使员工的行为趋近于组织目标。企业的基本价值观、行为规范等组织文化因素一旦深入人心，就会产生一种潜移默化的作用，员工会恪守组织的基本价值观，以一种本能来实践、履行企业的行为规范，并且经常检点警示自我、反省审视自我。

（二）对外功能

企业文化的对外功能主要体现在：企业文化具有辐射和穿透功能。

企业文化的辐射和穿透功能是指企业通过各种渠道，在输出产品、服务、公关和广告的同时，也传播着企业文化，在公众心目中树立起企业的形象。企业文化像一团活性"酵母"，更像一种热力强大的"辐射源"，不仅对企业内部有着重要的影响作用，而且对企业外部，乃至整个社会都产生着巨大的辐射和扩散作用。企业文化塑造着企业的形象。优良的企业形象是企业成功的标志，包括两个方面：一是内部形象，它可以激发企业员工在本企业的自豪感、责任感和崇尚心理；二是外部形象，它能够更深刻地反映出该企业文化的特点及内涵。商品的文化含量越大、文化附加值越高，它的辐射和穿透能力就越强。

企业文化的辐射和穿透功能具体体现在以下几方面：

一是企业文化影响着社会文化。企业文化与社会文化紧密相连，它源于社会文化又区别于社会文化；在受社会大文化影响的同时，也潜移默化地影响着社会文化，并对社会产生一种感应作用，影响社会、服务社会，成为社会改良的一个重要途径。"企业文化对社会文化的辐射作用，使之成为整个社会文化的生长点和支撑点。"同时，由于企业的生产经营活动是社会最基本的经济活动，支撑着社会的运行和发展，从而使企业文化对整个社会的所有领域、每个成员都产生潜移默化而又极为重要的影响。

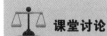
课堂讨论

企业文化与社会文化有何不同？试分析两者的关系。

二是企业文化通过企业精神、价值观、伦理道德向社会扩散，与社会产生某种共识，并为其他企业或组织所借鉴、学习和采纳。

三是企业文化通过员工的思想行为所体现的企业精神和价值观向社会传播和扩散企业文化。

四是企业文化是提高企业核心竞争力的内在需要。随着经济全球化的加深和知识经济的兴起,当今世界企业之间的竞争已经从产品、服务方面的竞争不断向技术、管理、资本、人才等领域延伸,并快速向企业文化这个制高点挺进,文化力已经成为企业核心竞争力的重要组成部分。

二、企业文化的负向功能

企业文化不仅具有提高企业效能的正向功能,有时也可能对企业的发展产生反作用,其负向功能具体体现在以下三个方面。

1. 变革的障碍

企业文化作为一种软约束,相对于硬约束的规章制度,更加深入人心,更易于形成思维定式。在企业环境处于动态变化的情况下,当企业的共同价值观与进一步提高企业效率的要求不相符合时,企业文化就可能成为一种束缚。此时,企业环境正在经历迅速的变革,现有文化所决定的思维定式可能使企业难以应对变幻莫测的环境,甚至阻碍企业适时进行主动变革。当问题积累到一定的程度时,这种障碍可能导致企业遭受致命打击。

2. 多样化的障碍

在新时代日益开放的现代社会和全球化背景下,企业成员因种族、性别、道德观等差异而日益多样化。未来组织成员构成多样化的企业具有一个优势,即有可能在现代组织决策中有效利用成员思维和方案的多样化,更好地应对激烈的市场竞争和客户的个性化、多样化需求。然而,一个具有强势文化的企业会要求其个体多样化的组织成员的价值观与企业的价值观相一致,否则组织成员就难以适应企业,或难以为企业所接受。显然,这样的企业文化会导致企业丧失其成员构成多样化带来的优势,做出单调的决策,甚至因此贻误战机。

3. 并购的障碍

近年来,企业并购大潮席卷全球。起初,企业的领导者在做并购决策时,更多考虑的是并购双方融资的优势、产品线的协同性等因素,然而,现在他们更倾向于考虑并购双方企业文化的兼容性。国内外实践证明,企业并购成功与否,在很大程度上取决于并购双方之间的文化能否有效融合。融合得好,企业可能如虎添翼,获得更好的发展;融合得不好,则可能导致两败俱伤。

 案例分析

青岛啤酒的企业文化

青岛啤酒股份有限公司(以下简称"青岛啤酒")的前身是1903年8月由德国商人和英国商人合资在青岛创建的日耳曼啤酒公司青岛股份公司,是中国历史悠久的啤酒制造厂商。整整一个多世纪,青岛啤酒公司是如何历经风雨而基业长青的呢?青岛啤酒前董事长金志国认为,百年青啤之所以能基业长青,不单是靠技术,也不单是靠资金,最主要靠的是支撑企业不断进取、不断发展的优秀企业文化。随着科技的不断进步,加之啤酒技术门槛相对较低,啤酒企业之间的产品差异已越来越小,你能生产干啤酒,他也能生产;就连技术难度较大的小麦啤酒和纯生啤酒,国内啤酒企业也都纷纷开始生产,仿效者更是不胜枚举。啤酒企业在产品上的竞争优势已不明显,铸就一个成功品牌要靠文化特色,也就是产品中包含的文化附加值。因此,积极培育有特色的企业文化,对青岛啤酒公司的生存、发展具有重大而深远的意义。

(一)青岛啤酒企业文化概况

青岛啤酒公司制定了完整的企业文化框架,如图1.8所示。从图中可以看出,青啤企业文化由精神、制度、物质三个层面构成,具有引导、凝聚、激励、约束和识别五大功能。

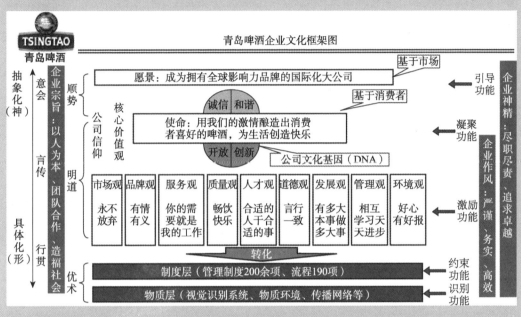

图1.8 青岛啤酒企业文化框架图

1. 精神层

精神层包括愿景、使命、核心价值观、理念、宗旨、精神、作风等,是青啤企业文化的核心和灵魂,是企业的"心"。"愿景"位于文化框架的最上方,青啤文化是愿景领航的文化,"基于市场"提出,具有"引导功能"。"使命"紧随其后,阐明了青岛啤酒公司存在的理由和价值,"基于消费者"提出。这两项是"顺势"而为,因为不管公司是否做好了充分的准备,啤酒市场已经是一个国际化的市场,成为国际化的大公司是市场的客观要求。同时,啤酒的好坏由专家鉴定的时代已经过去了,必须满足消费者的喜好才能使企业生存发展,所以使命强调了消费者导向。

"核心价值观"是青岛啤酒公司所推崇的基本理念和信仰,体现了公司的境界和原则,使命即公司的核心价值观。而青啤的核心价值观是基于青啤公司区别于其他组织的独特的文化细胞形成的,既有传承,又有创新,在矛盾中寻求标准,使文化细胞更加健康和有适应性,对员工具有"凝聚功能"。

"理念群"由核心价值观派生而出,阐明了公司在不同方面的观念立场,具有"激励功能"。这一部分是"明道",即阐明青啤生存发展之道。

"企业宗旨""企业精神"和"企业作风"贯穿在文化的各个层面。青岛啤酒本着"以人为本、团结合作、造福社会"的企业宗旨，"尽职尽责、追求卓越"的企业精神，"严谨、务实、高效"的企业作风，在大力培训和认真选用人才之外，千方百计引人才，创造环境留人才，无微不至惜人才，把人力资本激活，把人力资本所蕴含的知识技能最大限度地释放出来。青啤公司一方面整合适应国际化的人力资源，另一方面加快培养自己的内部人才。青岛啤酒已经确立了"成为拥有全球影响力品牌的国际化大公司"的愿景。

青啤人的质量观是"高、精、严、细"，即对待质量，就要追求高标准、追求精益求精、追求严格的管理、追求认真细致的工作作风。青啤人的科技创新观为："发掘品牌优势，领导时代潮流"，青啤人认为必须增加科技投入，提高企业科技水平，推进科技创新，在技术上、质量上、产品更新上，保持青岛啤酒在全国乃至全世界同行业领先地位。树立"适应市场，满足市场，发现市场，创造市场"的市场观，青啤人认为，青岛啤酒不仅要酿造高质量的产品，还要提供最优质的服务，更快捷、更新鲜、更亲和、更便利地根据啤酒消费特点，研究啤酒市场规律，提出高标准服务准则。

2. 制度层

青啤文化的制度层由精神层转化而来，目前有200多项制度，190余项流程，还包括公关活动、营销活动等，将企业文化进行科学的、规范化的培育，表现出公司强大的、不依赖任何人的制度执行力，是企业的"手"。青啤的人才观：合适的人干合适的事；管理观念：相互学习，天天进步。青岛啤酒有完备的法人治理结构，在对公司员工的行为规范、素质修养、工作纪律、团队协作、仪表礼仪、环保安全等方面要求都很严格。

在人员任职设置方面，青岛啤酒推行的是公司董事长、总经理和监事会主席三人分设、不得兼职的做法，这就形成了良好的权力制衡及监督机制。依据不同市场对上市公司的法规和公司章程的规定，青岛啤酒制订并实施了"股东大会议事规则""董事会议事规则""监事会工作实施细则"和"总经理工作细则"等规章制度，通过一套"董事会决定干什么，总经理研究怎么干，监事会监督哪些不能干"的规矩，明确界定了公司股东大会、董事会、监事会、总经理的职责、权限和议事程序等，从而使公司的运作结构既协调、高效又相互制衡。

在公司经营管理方面，青岛啤酒也较好地处理了董事长与总经理之间的工作关系。青岛啤酒陆续成立了财务与审计委员会、公司治理与薪酬委员会、公司战略发展与投资委员会，确保了董事会科学而高效地运作。青岛啤酒由于拥有了一个规范而相对健全的法人治理结构，由此所带来的意识超前而科学高效的决策机制，大大地推动了公司快速而健康地发展。

3. 物质层

青啤文化的物质层包括公司的视觉识别系统、物质环境、产品造型包装设计、传播网络等，是精神层的载体，也是企业文化最为外在直观的系统，是企业的"脸"。从精神层到物质层，由抽象到具体，由神到形，执行中也有"意会""言传""行贯"的偏重。

"制度层"和"物质层"是对所有企业行为和员工行为实行系统化、标准化、规范化的统一管理，形成统一的企业形象，便于统一的经营管理，在文化中起"约束功能"和"识别功能"。与"明道"相对应，这一部分是"优术"，即寻求文化落地的具体途径。"精神层""制度层""物质层"体现了青岛啤酒公司企业文化的结构。

（二）企业文化对青岛啤酒发展的作用

1. 企业文化是青岛啤酒发展的强大精神动力

企业文化是促进企业精神文明建设的重要手段，是职工的精神食粮，是凝聚全体职工的重要力量。它的根本任务在于通过各种途径全面提高企业员工的综合素质，激发职工的工作热情，提高劳动生产率，促进企业经济效益的增长。企业要生存、要发展，离不开文化。青啤领导始终将企业文化工作作为企业运营过程中的重要环节，高度重视，精心组织，要求大力做好公司企业文化工作，为企业营造了良好的内外环境。青岛啤酒公司从总经理到负责日常工作的各个部门领导都带头践行公司企业文化，他们用自己的实际行动直接或间接影响着身边的员工，大家形成合力，朝着同一价值观、同一个方向不断迈进，形成了"尽职尽责，追求卓越"的企业精神和"热爱青岛啤酒，献身青岛啤酒"的团队精神，提出了"用我们的激情，酿造全球消费者喜好的啤酒，为生活创造快乐"的使命。

2. 企业文化是青岛啤酒发展的推动力

在充满希望和挑战的 21 世纪，企业文化对青岛啤酒的发展具有深远的意义。在新的历史条件下，优秀的企业文化对企业组织结构调整、产品结构调整、发展方向、发展水平、发展速度等将产生重大而深远的影响。青岛啤酒在市场营销方面坚持国内、国外两手抓，青岛啤酒在香港、上海证券市场上市，并与美国安海斯–布希公司（Anheuser-Busch，简称 A-B 公司）进行合作，在巩固国内啤酒领先地位的基础上，采取多种方式，大力开拓海外市场。利用加入 WTO 的有利时机，在分析青岛啤酒在不同国家的市场占有率和市场竞争形势的基础上，按发达国家市场和非发达国家市场、重点市场和非重点市场及建立全面覆盖国际市场的销售网络的要求，制订开拓国际市场的战略规划，明确各个阶段的销售目标和市场拓展的重点，有策略地开发国际市场，提高在国际市场特别是发达国家市场的市场占有率。时机成熟时，青啤将在国外建厂或定牌加工生产青岛啤酒，实现地产地销。青啤的扩张模式主要是基于能力的提升和核心竞争力的打造，实现由"外延式扩张"向"内涵式扩张"转变，由"做大做强"向"做强做大"转变，着力培育做强品牌、人才等可持续发展的能力。这是一种不可复制的能力，是中国企业真正成为国际化企业必须具备的能力。

3. 企业文化是青岛啤酒发展的内在要求

企业的产品要依靠企业文化来宣传，良好的企业声誉要靠企业文化来传播，优秀的企业形象要依靠企业文化来塑造。企业要面向市场，产品要在复杂激烈的市场竞争环境中站稳脚跟，并立于不败之地，必须借助于文化的传播作用和影响力。正所谓"好酒也怕巷子深""形象等于市场""市场就是效益"。青岛啤酒连续两届入选英国《金融时报》发布的"中国十大世界级品牌"，其中在第二届的单项排名中，青岛啤酒囊括了品牌价值、优质品牌、产品与服务、品牌价值海外榜四项榜单之冠。

启发思考：（1）青啤企业文化的核心价值观是什么？
（2）从青啤企业文化中得到怎样的启示？

本 章 小 结

企业文化的产生和发展过程是企业管理由传统走向现代的过程。企业文化的形成具有一定的时代必然性,它既源于日本经济的崛起和美国的反思,同时又有其客观的实践基础。企业文化理论孕育于 20 世纪 70 年代末,形成于 80 年代初。20 世纪 80 年代初在美国先后出版了四本以论述企业文化为核心内容的管理学著作,这些著作是企业文化理论诞生的标志。企业文化是企业发展的灵魂,其最核心的内容是企业价值观。以人为主体的人本文化是企业文化的中心,企业文化的管理方式是以软性管理为主,其重要任务是增强群体凝聚力。企业文化主要包括企业经营哲学与经营理念、企业价值观、企业精神、企业道德和企业形象等五大要素。企业文化的结构可划分为企业物质文化、企业行为文化、企业制度文化和企业精神文化四个层次。企业文化既具有正向功能,也具有负向功能,其中正向功能又可分为导向、自我调控、凝聚、激励、约束和规范等对内功能,以及辐射和穿透等对外功能。

练 习 题

自学自测　扫描此码

第二章　企业文化的测量与评价

【学习目标】

了解企业文化测量与企业文化评价的定义及两者的本质区别；把握企业文化测量的工具、维度与实施步骤；理解并掌握企业文化评价的作用、类型、指标体系和评价流程。

引例

潍坊国一的企业文化测量

潍坊国一铝材有限公司（以下简称"潍坊国一"）是一家具有国家资质和国际标准体系的科技型企业，是山东省建设机械行业骨干企业，是长江以北建筑型材和工业铝材的重要生产企业。潍坊国一始终践行科技强企，诚信经营与客户共发展的理念，成绩斐然。公司遵循"诚信经营为本，产品质量至上，互助合作双赢"的经营理念，以科技为支撑，以优质的产品和服务开拓市场。

一、企业文化测量过程

根据潍坊国一的企业文化建设现状，采用调整、改进后的丹尼森企业文化调查模型和测量量表对潍坊国一的企业文化进行测量。先对调整、改进后的丹尼森企业文化测量量表的信度与效度进行检验，在调整、改进后的丹尼森企业文化调查模型中，组织文化特质没有改变，仍然包含4个特质：参与性、一致性、使命和适应性，改变的是4个企业文化特质下所包含的维度及每个维度的测量指标。通过对新构建的测量模型进行因子分析，最终形成包含8个维度、44个测量题项的测量模型：参与性特质包含企业意识维度，共5个测量指标；一致性特质包含核心价值观和团队导向2个维度，共10个测量指标；使命特质包含目标愿景和社会责任2个维度，共12个测量指标；适应性特质包含客户至上、组织学习和变革创新3个维度，共17个测量指标。具体如表2.1所示。

表2.1　企业文化测量维度与指标数

特质	测量维度	测量指标数
参与性	企业意识	5
一致性	核心价值观	5
	团队导向	5
使命	目标愿景	7
	社会责任	5
适应性	客户至上	5
	组织学习	7
	变革创新	5

所有的测量题项都采用 Likert 五点量表进行测量,由被调研对象勾选"非常不符合""不符合""不确定""符合"以及"非常符合"其中的一项,并分别赋予分数 1、2、3、4、5 分。将所有数据的平均分作为该企业文化建设现状测量评估的标准,某一维度(测量指标)得分越高表明潍坊国一在该维度(测量指标)的表现越好;反之,表明越差。

1. 四个企业文化特质的分析

从表 2.2 四个企业文化特质的平均得分中可以发现,在四个企业文化特质中,得分最高的是参与性企业文化特质,分数为 4.04 分,平均值为 3.75 分,高于平均分 0.29 分;得分最低的是适应性企业文化特质,分数为 3.58 分,低于平均分 0.17 分;使命和一致性企业文化特质介于中间,得分分别是 3.76 分和 3.63 分。从上述得分情况来看,参与性企业文化特质表现相对较强,是有效的企业文化要素;使命企业文化特质表现相对稳定,略高于平均值,一致性企业文化特质和适应性企业文化特质表现相对较弱,是无效的企业文化要素。此外,在四个企业文化特质中,得分最高者比得分最低者高出 0.46 分,差值比较大,说明潍坊国一的四个企业文化特质之间的差异表现比较明显。

表 2.2 四个企业文化特质得分情况

企业文化特质	参与性	使命	一致性	适应性	平均值
平均得分	4.04	3.76	3.63	3.58	3.75

注:企业文化特质平均得分=企业文化特质下所有测量指标得分总数/企业文化特质下的测量指标数

2. 八个企业文化维度的分析

通过样本数据统计得出(见表 2.3),企业文化八个测量维度平均得分为 3.69 分,在企业文化八个测量维度中,得分最高的是企业意识维度和目标愿景维度,得分都是 4.04 分,高于平均分 0.35 分;得分最低的是客户至上维度,分数为 3.30 分,低于平均分 0.39 分。此外,核心价值观(3.74)、变革创新(3.80)两个测量维度也都高于平均分。在低于平均分的企业文化测量维度中,除了客户至上维度外,团队导向(3.54)、社会责任(3.46)、组织学习(3.61)三个企业文化测量维度也都低于平均分。因此可以认为,在一定程度上,潍坊国一的团队导向、社会责任、组织学习和客户至上四个企业文化测量维度在企业价值创造方面表现相对薄弱,是无效的企业文化要素;而企业意识、目标愿景、核心价值观和变革创新四个企业文化测量维度在企业价值创造方面表现相对较强,是有效的企业文化要素。

表 2.3 企业文化八个维度得分情况

企业文化维度	企业意识	目标愿景	社会责任	团队导向	核心价值观	组织学习	变革创新	客户至上	平均值
平均分	4.04	4.04	3.46	3.54	3.74	3.61	3.80	3.30	3.69

注:企业文化维度平均得分=企业文化维度下所有测量指标得分总数/企业文化维度下的测量指标数

二、企业文化测量结果分析

通过测量可以看出,潍坊国一现有的企业文化中确实存在着无效的企业文化要素。在该公司企业文化的四个特质中,参与性企业文化特质得分高于平均分,是有效的企业文化要素;使命企业文化特质略高于平均值,以及一致性、适应性两个企业文化特质得分都低于平均分,是无效的企业文化要素,而一致性、使命和适应性三个无效的企业文化要素可能是由于分别在团队导向、社会责任、顾客至上三个维度上得分较低导致的。具体分析如下。

1. 团队导向维度

团队导向维度得分低是由于该公司内部结构和关系十分复杂。由于该公司在产权和利益分配上出现了问题，所以在公司内部形成了各种利益集团，这些利益集团在工作中往往以自己的利益为中心，影响了该公司内部员工团结一致。

2. 社会责任维度

社会责任维度得分低是由于该公司虽然认同社会责任理念，但是没有建立相应的规章制度来保证理念落地。我国对企业承担社会责任主要以宣传提倡为主，尚未形成有关的法律制度，导致了该公司在生产经营过程中仍然将经济利益放在第一位，社会利益放在第二位，缺乏高度的社会责任感。

3. 顾客至上维度

顾客至上维度得分低是由于该公司处于铝型材产业链的上游，生产的产品经过二级、三级等中间商到达客户手中，公司与客户之间没有建立直接而有效的沟通渠道，从而无法直接接触客户，对客户的愿望和需求不了解，造成了公司在生产经营过程中缺乏顾客意识。

通过上述测量以及对测量结果的分析，可以发现潍坊国一企业文化建设中存在的问题，并可以针对问题采取相应的对策和措施。

启发思考：企业文化测量对企业文化建设有何作用？

第一节 企业文化测量

企业文化是动态的、渐进的和发展的，这一特点决定了企业文化建设也是一个动态的、复杂的过程，但是，通过对国内外企业文化理论的总结和分析可以发现企业文化的基本结构要素是不变的，这就为企业文化测量提供了可能性；同时，通过建立企业文化测量模型了解企业文化建设的现状以后，可以提供实施企业文化动态调整的决策依据，这也为企业文化测量提供了必要性。

一、企业文化测量的定义

企业文化测量（corporate culture measurement），一般是指通过开发的量表，测量目标企业现有企业文化的典型特征，然后通过与常模（norm）的比较发现目标企业的企业文化的优势与劣势，并根据其特征进一步确定企业文化所属类型的过程。企业文化测量是一个动态渐进的过程，在进行企业文化管理的过程中，首先要对现有的企业文化进行定期的诊断、评价和测量，从而准确分析既有企业文化的特征，衡量企业文化创新、变革的方向与企业长期发展战略的适应性。测量、评价以及再测量、再评价，坚持定期（如每年）进行企业文化测量，才能达到不断加强和改善企业文化管理工作的目的。

进行企业文化测量的最终目的是要解决如何使企业文化真正融入企业的经营管理实践中去的问题，解决如何准确地挖掘企业传统文化的优秀因子以推动企业创新发展的问题。

二、企业文化测量的工具

企业文化测量研究大致可以分为两类：一类是关于不同组织的文化差异的比较研究，重点在于寻找并分析企业文化在哪些方面会出现显著的差异，从而做出经验性的结论。另一类则是关注企业文化的本质特征，从企业文化对企业行为的影响机制入手来设计企业文化的测量模型。

企业文化测量理论框架的代表人物，一个是美国麻省理工学院的爱德加·H. 沙因（Edgar H.Schen）教授。他主张通过现场观察、现场访谈以及对企业文化评估等方式对企业文化进行测量，测量应围绕企业的内部管理整合和外部环境适应来进行。另一个代表人物是美国密歇根大学工商管理学院的罗伯特·奎恩（Robert Quinn）教授。他主张通过企业竞争性文化价值模型对企业文化进行测量，竞争价值模型从文化的角度考虑事关企业效率的关键问题，即从企业的外部导向和内部导向两个维度来衡量企业文化的差异对企业效率的影响。目前，该模型在企业文化测量诊断方面的影响日渐增强。

（一）两种典型的企业文化测量工具

1. OCI 量表

库克和拉弗蒂（Cooke & Lafferty，1983）认为可以通过测量与组织成员共享的信仰和价值观相关的行为标准和期望来评价组织文化，并指出有 12 套标准化信仰和分享行为期望可以测出三类文化。标准化信仰（normative beliefs）是指个人认识到当作为一个特定团体或组织中的成员时，别人对他的行为的期望。分享行为期望（shared behavioral expectations）是指一个团队或组织成员普遍持有的标准化信仰。影响组织成员思考和行动的标准化信仰和分享行为期望，涉及组织成员的动机、绩效、满意和压力。这 12 套标准化信仰和分享行为期望是：接受成员（affiliative）、认可（approval）、惯例（conventional）、依赖（dependent）、避免（avoidance）、反对（oppositional）、权力（power）、竞争（competitive）、完美（perfectionistic）、成功（achievement）、自我实现（self-actualization）和激励（human-encouraging）。三类组织文化分别是建设性文化、被动防御文化和主动防御文化。

为此，库克和拉弗蒂设计了组织文化清单（the organizational culture inventory，OCI）。OCI 量表可以测量当前文化和理想文化，以及二者之间的差距。OCI 量表有两个版本：一个是电脑计分版，由 96 个题项组成；另一个是手工计分版，由 120 个题项组成。每类标准和期望都由大约 10 个题项测量，描述组织成员期望或需要的行为。用五点量表法衡量（1 表示一点也不，5 表示完全是），测量人们认为的契合程度和期望程度。

目前，OCI 被广泛运用，并被实践证明是可靠的。库克和司祖玛（Cooke & Szumal，1993）分析了 4 890 份问卷数据，检验三类可靠性（internal consistency，interrater and test-retest）和两类有效性（construct and criterion-related），结果均较好。但库克和司祖玛也发现 OCI 量表可能存在关于判别式有效性的缺点。

OCI 量表是可以用在任何组织框架中的工具，并有多种用途，如识别什么地方需要变革、进一步观察文化变革、评价企业文化变革的结果、管理差异和跨国关系等。OCI 量表几乎可以适用于所有组织。

2. OCS 量表

格拉泽、扎马诺和哈克（Glaser，Zamanou & Hacker，1987）开发了组织文化测量量表（organizational culture survey，OCS）。该量表是标准的测量量表，在调查过程中，可以与其他测量技术结合，如关键事件访谈、编码访谈等。OCS 量表主要测量组织文化的六个组成部分：合作—冲突（teamwork-conflict）、氛围—士气（climate-morale）、信息流（information flow）、包含（involvement）、监督（supervision）和会议（meetings）。OCS量表有62个题项，分为五个子量表：氛围、包含、沟通、监督和会议。测量开始时，首先要求员工描述在组织中的工作是什么样的，并鼓励通过故事来解释他们的感受。然后将问卷发给所有成员，并在规定的地点和规定的时间填写完，从而解决回收率低和取样错误的问题，提高量表的有效性。五个子量表的每个题项都符合中间可靠性和中间一致性分析的要求。

法尔科内（Falcone，2005）认为，可以运用此量表来帮助组织建立特定时期的组织文化，还可以发现一些组织存在的问题。但是，此量表有一个最大的缺点就是不能通过单独使用而获益。因此，与其他方法共同使用才能使此量表更有效。

（二）其他几种流行的企业文化测量工具

除了上述两种典型的企业文化测量工具外，目前国际上流行的几种企业文化测量工具包括：查特曼（Chatman，1991）的OCP量表、卡梅隆和奎恩（Cameron & Quinn，1998）的OCAI量表、霍夫斯塔德（Hofstede，1990）的文化测量量表、丹尼森（Denison & Mishra，1995；Denison，2000）的OCQ量表，此外，台湾大学教授郑伯熏（1990）的VOCS量表也具有一定的影响力。在企业文化测量方面，我国的相关研究仍比较薄弱。

1. OCP量表

该量表从团队导向、注重细节、进取心、结果导向、尊重员工、稳定性和创新七个维度进行测量。量表采用Q法分类自比式（Ipsative）计分方式，测量项目按最符合到最不符合的顺序分9类计分。但该量表中涉及企业文化外部适应性相关的维度不多，如没有考虑客户导向、社会责任等方面的内容。

2. OCAI量表

该量表由24个题项组成，每个题项下有四个陈述句，分别对应着宗族型、活力型、层级型和市场型等四种类型的企业文化，从管理特征、领导风格、员工管理、组织凝聚力、战略目标、成功标准等六个方面综合评价组织文化。但题项较少，不利于对企业文化的全面测量和描述。

知识点滴

在企业文化测量领域中，1998年美国密歇根大学的卡梅隆和奎因教授出版的《组织文化诊断与变革》一书是一部绕不开的经典著作，书中提出的竞争性价值模型是应用最广的测量工具。主要目的在于帮助管理者理解、诊断和推进企业文化变革，以提升企业的效率。竞争性价值模型是一个专门用来理解企业文化的理论体系，是一套有效的企业文化分析工具，是非常简洁、形象的模式，充满着形式美感。同时，模型本身也可以充当文化变革工具，通过管理能力的提升、员工行为的改变、系统化战略推进，达到变革企业文化的目的。

该书可以被视作一本"操作手册"，读者可以运用其中的工具来绘制自己的企业文化曲线，还可以在实际领导企业文化变革的过程中把它作为主要的参考书。在外部环境不断快速变化和发展的情况下，组织需要有效地作出反应，变革企业文化来适应组织的发展。企业文化是企业里一种贯穿始终的属性，它涉及企业的各个层面，许多企业在发展过程中失败的原因是它们无法在发展业务的同时兼顾企业文化的发展。

该书介绍了组织文化测量工具——竞争性价值模型的方法,用来分析和评价企业文化,同时提供了一套详细的组织变革方法与步骤。另外,该书也补充了适用于该模型的个人管理技能评估工具和提升管理能力的改进工具。

3. Hofstede 文化测量量表

该量表强调了企业文化实践的六维度(即过程导向—结果导向、员工导向—工作导向、本地化—专业化、开放—封闭、控制松散—控制严格、规范化—实用化)度量模型的重要性。但此量表对安全的需要、以工作为中心、对权威的需要等三个价值观维度难以区分组织间的文化建设差异。

4. OCQ 量表

该量表揭示了适应性(adaptabiliti)、使命(mission)、参与性(involvement)与一致性(consistency)四个文化特质与组织有效性的关系,为人们从量和质的角度考察企业文化与经营管理以及经营业绩之间的关系,提供了直观的测量模型和工具。经过 15 年间对 1 500 多家组织进行调查,通过 36 542 份数据进行验证,证明 OCQ 量表具有较好的效度和信度。

 视野拓展

丹尼森企业文化调查模型

1. 原理

丹尼森企业文化调查模型(见图 2.1)建立在四种文化特质基础之上,这四种文化特

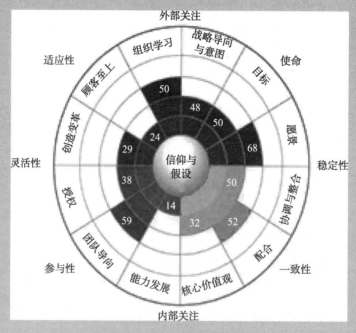

图 2.1 丹尼森企业文化调查模型

质分别是：适应性（adaptabiliti）、使命（mission）、参与性（involvement）与一致性（consistency），并且这四种文化特质与企业的经营业绩有着必然的联系，譬如：资产收益率、投资收益率、产品开发、销售增长额、市场占有率、产品质量、顾客满意度等。通过挖掘每一种特质对企业经营管理的关键环节以及管理行为和员工行为的影响，人们可以发现这些文化特质作用于企业经营及经营业绩的内在机理。

丹尼森企业文化调查模型建立了一套企业文化测量标准体系，是一个由500多家企业及组织的调查结果构成的数据库，数据库有60个项目的标准平均值和12个指标的标准值。通过将被调查企业或组织的调查结果与这套标准数值进行比较，得到百分位数。从百分位数可以看出被调查企业的文化状况处在怎样的水平，有哪些优势以及不足。

2. 作用

（1）运用丹尼森企业文化调查模型可以把某一企业的文化分别与较好和较差经营业绩的企业的文化进行对比，以明确该企业在文化建设方面的优势和不足；

（2）可以对业务单位或部门进行考察，以了解该组织内的亚文化；

（3）可以测量企业现存的文化以及考察该企业文化如何在提高经营业绩方面发挥更好的作用；

（4）可以在测量的基础上提出改进企业文化的方案，以及提高经营业绩的具体建议；

（5）可以为企业发展和企业文化变革提供决策依据；

（6）可以更好地促进合并及重组过程，等等。

3. 应用

丹尼森企业文化调查模型可以广泛运用于各种企业、团队以及个人。如：一般性商业公司、正经历合并和收购的企业、面临产业调整的企业、新任的CEO、新成立的企业、处于衰落的企业、进行战略调整的企业、面临顾客服务挑战的企业等。

5. VOCS量表

该量表分为科学求真、顾客取向、卓越创新、甘苦与共、团队精神、正直诚信、表现绩效、社会责任和敦亲睦邻九个维度，由台湾大学教授郑伯壎在爱德加·沙因的研究成果基础上构建。作为完全本土化的量表，VOCS量表在中国具有一定的开创性，但比较抽象，回答者不易理解。

三、企业文化测量的维度

由于影响企业文化特征的因素很多，因此，在设计企业文化量表时需要选择能够反映不同企业之间文化差异的关键因素，也就是说要准确设计企业文化的测量维度。企业文化测量维度的选择一般有三个要求：首先，能够反映企业文化的特征；其次，能够测量出不同企业之间的文化差别，且具有代表性；最后，维度之间相互独立，能够满足统计检验的要求。

企业文化测量的维度一般由以下四个模块组成。

1. 人气指数模块

它由三个维度组成，主要包括：①员工对领导班子的信任度和满意度（领导班子考评在本单位中的情况、单位年度经营业绩情况、领导班子廉政建设情况等）；②员工需求满意度

（员工对收入的满意度、员工对住房、物业、医疗、子女上学、就业、信息传媒等方面的满意度等）；③员工信仰和价值取向（员工维护公司稳定发展情况、员工对公司发展的信心情况）等。

2. 素质指数模块

它由六个维度组成，主要包括：①领导班子"四好"程度（创建"政治素质好、经营业绩好、团结协作好、作风形象好"——四好班子的评比结果）；②管理人员素质（各级管理人员的年龄、学历、职称等）；③员工队伍素质（员工遵纪守法，做文明员工的情况）；④员工执行力（领导及员工对规章制度及各项规范的落实情况）；⑤创建学习型组织（领导及员工学习力执行情况）；⑥市级以上先进比率（集体或个人获得市级以上先进比率）等。

3. 环境指数模块

它由四个维度组成，主要包括：①企业形象建设（执行企业文化视觉形象识别标准情况）；②企业内外环境建设（本单位环境治理情况）；③现场管理（遵照现场管理标准达标情况）；④治安环境（综合治理情况）等。

4. 发展指数模块

它由五个维度组成，主要包括：①产品生命周期（产品在市场上的生命循环情况、产品研发情况）；②技术创新（在技术创新方面的情况）；③用户满意度（产品返修率、顾客评价、品牌知名度）；④经营业绩同比度（年度销售收入同期比、年度成本控制同期比）；⑤员工收入同比度（比上年度增长率）等。

四、企业文化测量的实施步骤

结合定性研究和定量研究的理论观点，进行企业文化测量，首先要通过现场观察、现场访谈、调查问卷和查阅文献资料等定性研究的方法，了解企业文化状况和员工对企业文化的感知状况，借此构造出企业文化测量的整体框架，形成企业文化测量模型。然后，运用量表等定量分析的方法，具体分析企业现有文化的优劣性，并对企业文化的差距进行总结性概括，进而提出改进建议。具体而言，企业文化测量分为以下四个步骤。

1. 测量模型设计阶段

通过查阅大量的文献资料，对已有的测量成果进行深入研究，结合现场观察、现场访谈等方式，总结提炼出可以用于企业文化测量的多个企业文化维度以供参考。然后，征求专家意见，从备选的文化维度中挑选出适合进行企业文化测量的内容形成企业文化量表。

量表的设计主要是要根据企业的特点，建立相应的测量维度，再针对各个测量维度编制测量题目。测量题目的设计主要包括两种形式的问题：一种是采用标准化量表形式，针对各个维度设计价值观及管理行为特点方面的条目，让测试对象按企业实际情况的符合程度进行打分评价；另一种是提供一些简单的开放性的问题让员工进行回答。

2. 测量模型检验阶段

为了保证最终研究成果的针对性和有效性，在进行正式的企业文化测量之前可以安排一次预测量。预测量采用一个相对较小的样本量对于之前形成的量表进行填写，回收后只进行简单的描述性统计，不形成文化测量的结论，目的主要在于通过对预测量结果的因子分析，检验前期形成的文化测量模型是否有效,并及时作出适当的调整。

3. 正式测量阶段

经过预测量,得到经过修正的测量模型之后,扩大样本量进行正式的企业文化测量。在这一阶段,可以在问卷中增加衡量企业经营业绩的指标,以期通过回归分析了解企业员工如何认识企业文化与各个经营业绩指标的相关性,以及现阶段员工对于整个组织经营效率的认可程度。

4. 统计分析阶段

正式测量的问卷回收以后应进行如下处理,首先,经过认真的筛选,将不符合统计要求的问卷予以剔除,否则将严重影响整体数据的一致性,导致无法获得结论或得到错误的结论;其次,运用 SPSS 等专业统计分析软件对调查结果进行统计,得出结论并解释;最后,为企业文化建设提出有针对性的建议。

第二节 企业文化评价

没有评价,就没有管理。对于一贯注重量化分析的公司,评价是企业管理的一种比较常规的手段。比如,企业借助强大的信息化手段,及时收集和掌握企业的客户、财务、物流、员工等方面的数据,帮助企业及时作出决策,有效管理好日常业务。企业文化评价作为一种管理实践,在西方经过几十年的发展,已经到了精细化管理的阶段,一些跨国公司注重对企业文化进行定量评价和管理,并将之纳入整个企业管理体系之中,成为一种常规性管理手段。

在我国,由于企业文化研究相对较晚,人们对企业文化的理解和认识还不到位,目前,企业文化评价还处于一种探索阶段。由于在实际操作中的一些盲目推进,或者缺乏必要的知识和技能,遇到很多理论和操作难题,一些人开始怀疑企业文化评价的必要性和可行性。实践表明,企业文化不仅能够被评价,而且非常有必要。随着我国企业文化的发展,特别是企业文化评价研究的深入,企业文化评价必将成为我国企业的一种常规性管理手段。

一、企业文化评价的定义

通俗来讲,企业文化评价(corporate culture evaluation)就是对企业中、高级管理人员在企业文化建设中的履行情况、全体员工对企业核心价值观的认同感、企业经营管理行为、企业品牌的影响力,以及员工对企业未来发展的信心等进行的综合性评价。企业文化评价和企业文化评估是两个相对近似的概念,有时可以混用。评价的原意是指通过详细的研究和评估,确定对象的意义、价值或者状态。评价是对评价对象进行判断的一个过程,是一个运用标准对评价对象特定方面进行比较分析的过程。评估本意则有评价和估量的意味。在企业文化评价领域,人们常常根据划分的企业文化层次结构,对相关要素进行评价,进而对企业文化形成一个总体的判断。因此,企业文化评价或评估是指在企业文化发展目标的基础上,按照企业文化的结构内容建立一系列用来衡量具体企业文化各构成要素的发展现状和发展程度的指标,并构成一个庞大的指标体系,然后通过确定各项指标的分值和相应的评分标准,采用具体量化的方法准确地对企业文化进行评估的过程。

企业文化评价的具体方法,一般可以采取问卷调查或在线答题的形式,尽量让所有的领导和员工都参与进来,然后根据调查结果来判断现有企业文化的优劣。既要保持优势,又要改善劣势,使企业文化不断完善,与时俱进,更好地推动企业的长远发展。

企业文化测量与企业文化评价(评估)有着本质的不同,如表 2.4 所示。

表 2.4 企业文化测量与企业文化评价(评估)的比较

类别	对象	主要目的	典型方法	测评效果
企业文化测量	企业的文化特质	(1)判断企业文化的所属类型 (2)预测组织或员工的有效性 (3)揭示企业文化对经营绩效的贡献	采用定量方法 借助量表设计问卷施测,并转化为数据指标,比照常模,确定企业文化的类型或特质	(1)能够揭示企业文化的一些表象和表达的价值观 (2)方法相对简单,对操作者要求不高,利于大规模测试和比较 (3)被测者所提供数据的客观性和科学性有时遭到质疑 (4)特定量表的局限性难以展现企业文化的全貌
企业文化评价(评估)	企业文化的层次和要素	(1)了解和破解企业的文化 (2)评价特定企业文化的优劣	定性方法、定量方法均可采用 (1)通过个人或小组面谈的过程来评测,探查企业的文化,特别是文化深层次的潜在假设 (2)选定评价要素集(指标体系),给定各要素(指标层)权重,确定评价等级集,通常运用综合评价方法进行定量评价(给企业文化打分)	(1)访谈研讨法 ①能探查企业文化的深层假设,描述企业文化的全貌 ②能结合企业特定问题或专题展开,提出配套的文化变革方案 ③访谈效果对操作者的专业能力依赖性强,对操作者的要求较高,同时也不利于横向比较 (2)综合评价法 ①通过综合评价对总体打分,利于评比和比较 ②受评价者主观感受影响,评价结果存在较大主观性 ③虽然能形成整体性评判,但不利于系统提出诊断和改进方案

课堂讨论

在进行企业文化评价时,定性评价与定量评价各有什么优缺点?

二、企业文化评价的作用

企业文化评价可以对企业文化建设做出导向性的预测,从而使企业文化建设的动态调整内容有一个准确的定位。如果一个企业在自身的企业文化建设过程中,能够定期地按照评价体系进行评价,并记录随时间变化的结果,就可以得出该企业文化建设的一条发展轨迹。对其进行分析,可以了解企业文化的各构成要素在各个时期的发展状况,从而帮助企业决策者准确认识企业文化发展的状况,为企业文化的动态调整提供决策依据。

企业文化评价的作用具体体现在以下三个方面。

(1)企业文化评价为企业建设独具特色的企业文化提供了一套完整的衡量标准,为外界或企业自身对企业文化进行评价提供了依据。

(2)企业文化评价不仅有助于企业认识自身的文化发展状况,也是外界对其进行评价的验证尺度。

(3)企业文化评价的评价体系除了可以反映企业文化建设的现状以外,还可以反映出企业文化建设中相对薄弱和亟待加强的部分环节。

三、企业文化评价的类型

企业文化评价的类型一般与企业文化建设所处的阶段及组织发展需要相关,而且国内和国外还有很大的不同。

(一)国外企业文化评价的类型

用数据说话是优秀跨国公司的一种管理习惯,优秀跨国公司非常注重企业文化评价。通过企业文化评价,目的是建立企业文化"软数据",通过对企业的"软数据"进行有效管理,进而改善企业的"硬数据"(也就是企业业绩指标)。"软"数据和"硬"数据协调发展,促进企业的可持续发展。企业文化评价根据评价目的、评价时机和想要达到的作用的不同,应选择不同的评价类型和工具。

1. 诊断式评价

企业在进行组织转型或企业文化创新时往往需要进行企业文化诊断,目的是发现企业文化的优势和不足,找到企业文化改善的方向、突破口和策略。如2003年IBM公司准备从一家PC公司彻底转变为服务型的公司,因此专门成立企业文化工作小组,在全体员工中开展大规模的企业文化诊断,并邀请全体员工进行企业文化大讨论。最终通过大量数据和员工意见,IBM提炼出来一套适合服务型组织的价值观。企业文化的转型首先是价值观的转型,报告中大量的数据、员工的看法,促进管理层思考,且针对员工提出的诸多问题,制定对策来改进(如怎样相信员工如何更好地服务、如何发挥团队作用、怎样创新,等等)。通过企业文化诊断激发了员工参与组织变革的激情,对于组织变革起到巨大的推动作用。在企业文化总结提炼、企业文化规划时也需做此类文化诊断。这类企业评价可借鉴奎恩的企业文化竞争力模式、丹尼森的组织文化问卷、麦肯锡的企业文化调查问卷等,诊断目的是看方向、看要素,偏向宏观调查看导向、微观看关键问题。这类文化评价适用于阶段性评价。

2. 体检式(调查式)评价

很多跨国公司每年都要委托专业第三方做员工意见调查或客户意见调查,以了解企业文化建设的实际效果,通过调查给相关部门做反馈,而相关部门则根据调查来作为评价依据、基础和标准。公司可以提出要求,设计改善指标、改善企业管理和提高员工士气。这类企业文化评价大多在通用企业文化评价问卷基础上,结合企业文化要素,企业内部制定自己希望检查或审计的内容。体检式(调查式)评价是日常企业文化管理很重要的方式方法,要注意:问题要简洁,切中要害,有人对问题负责,应避免大而空的问卷和题目,以及没人能为问题负责的情况。这类文化评价适用于定期、持续性评价。

3. 审计式评价

思科是一家靠并购企业发展起来的国际著名公司,它结合自身的实践经验,总结和开发出一套成熟和适用的文化审计工具。思科在进行企业并购之前,总是要对并购对象进行企业文化审计,通过审计来发现被并购公司的文化优势和劣势,考察是否与思科文化契合,评估双方的融合难度。如果契合度较低,宁愿放弃并购,不然将为文化差距付出巨大代价甚至是失败。思科将此作为制定企业并购策略的重要依据。事实已经证明,很多企业并购失败的原因就是文化差异大,磨合难度非常大,即使花了巨大代价,也终将失败。这类文化评价是针对性较强的评审,注重共性问卷与个性问题相结合,在并购或重大组织变革之前开展组织文化摸底，找到双方优势差距、冲突点，做到心中有数，知道以后如何消除差距，消除冲突点。

4. 照镜式评价

一些跨国公司注重对员工个体文化和团队文化进行评价，通过评价来分析员工的个体性格、沟通风格和价值观等特征，以帮助员工正确地认识自我、认识他人，为上下级之间、团队成员之间相互理解、相互适应提供重要的依据和参考，进而促进员工自我管理技能，促进团队建设。比如，DISC（性格测试）、PDP（领导风格）、性格测评（九型人格）、情商测评（销售管理人员、服务人员）、团队互动分析技术等问卷。这类文化评价适用于小范围，未必是全公司，部门、小团队都可以适用，主要是团队成员之间相互认知、理解、沟通和融合。照镜式评价一次即可，不能常用，以免测试者对问卷敏感度高，导致测量结果不准。

（二）国内企业文化评价的类型

国内企业文化评价的类型主要有以下三种。

1. 以达标为导向的企业文化评价

以达标为导向的企业文化评价，适用于企业文化建设的初期，企业文化架构体系尚未建立。为了推动企业文化建设，把企业文化理念体系、行为体系、视觉体系等方面的要素细化成为一系列的评价指标，可以直接检查和发现企业文化标准化的体系和要素是否健全。例如，通过检查企业文化规划、工作计划和组织实施等方面的资料，检查企业文化手册、员工行为手册、企业VI（visual identity，视觉识别系统）手册和企业宣传片、企业文化环境布置等硬件是否具备，以此来推动企业文化建设的启动和开展。以达标为导向的企业文化评价多用定性的方式，通过实物观察和检验的方式来评价。考核对象是负责企业文化的部门，可以采取直接打分的方式，考核对于促使下属单位启动企业文化体系建设能起到较好的效果。但是，要防止误导企业文化，防止企业文化建设形式主义的产生。

2. 以过程为导向的企业文化评价

以过程为导向的企业文化评价，适用于企业文化建立架构体系之后，需要建立企业文化传播和落实体系，开展一系列宣贯活动。企业文化总结提炼出理念体系、行为体系和视觉体系之后，很多企业都头痛难以"落地"，企业文化部门通过策划一系列的企业文化传播活动，使企业文化在员工中被激活。

由于企业文化落地和激活是一个循序渐进的过程，需要在不同时期设计不同的主题、内容和形式。这个阶段企业文化评价的内容，大多为了检查各个单位是否开展了员工培训、案例征集、演讲比赛、团队建设等活动，以及各个单位参加文化活动的人数、频率以及学习效果。这种针对企业文化传播活动的评估，通过检查各个单位是否完成上级布置的各项工作任务，有力地促进各个单位企业文化的顺利开展。以过程为导向的企业文化评价属于针对性检查，每年都可以开展。

3. 以效果为导向的企业文化评价

以效果为导向的企业文化评价适用于企业文化架构体系和传播体系建立后，企业文化建设的重心转移到企业文化建设的效果评估上来。通过定期企业文化监测，不仅促使各单位的文化要符合企业的主流文化，并且要使企业文化发挥强大凝聚力、向心力和创造力作用。比如，一些企业把员工的价值认同度、员工敬业度、客户忠诚度等作为各个单位的考核指标，落实到各级经理和主管的绩效指标里，使企业文化成为各级经理和主管的职责，通过企业文化效果检测，企业文化工作更加系统化，不断凝聚和激发企业软实力，推动了企业长期发展。

> **知识点滴**
>
> 国内学者王建军（2019）构建的企业文化评价"4+1"模型，包含精神文化、制度文化、行为文化、物质文化4个内容维度和企业文化运行效果1个反馈维度（见图2.2），值得学习和参考。

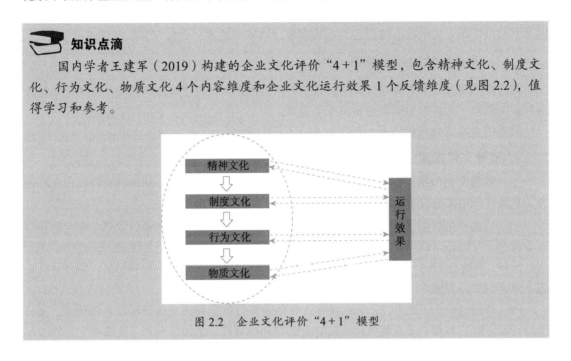

图2.2　企业文化评价"4+1"模型

四、企业文化评价的指标体系

企业文化评价是一项兼具科学性和艺术性的重要工作。企业文化评价不能随意开展，否则评价结果难以分析和使用。大量的理论研究和企业实践证明，企业文化评价从技术层面来看，关键在建立科学的评价指标体系和细化具体的评价指标。企业文化评价指标体系的建立，是一个企业的企业文化评价走向成熟的重要标志，而建立一个企业文化评价指标体系不能一蹴而就，需要多年的实践，不断调整、优化和完善才能逐步形成。

（一）建立评价指标体系应遵循的基本原则

建立科学的评价指标体系和细化企业文化评价指标，应遵循以下四项基本原则。

（1）指标要系统化。评价指标要系统化，也就是明确评价指标之间要有内在结构和相互作用关系，通过评价数据能分析出真正的问题在哪里。例如，有的企业在设计企业文化评价指标的时候，用了三套问卷：经理优秀度指标、员工敬业度指标和客户忠诚度指标。这三套问卷背后的逻辑关系是：优秀经理驱动敬业员工、敬业员工维护忠诚客户。通过这样系统化的指标设计，企业可以从各种日常管理现象发现管理问题背后的文化问题。

（2）指标要标准化。要把评价模型细化为一系列的工作标准或工作场所的行为标准。标准化有两个作用：一是标准本身就是尺子，能够衡量和指导人们的行为，以此来自我检查和改进工作；二是通过标准来使被评价者对问题有统一的理解，便于统一开展检验和评价。

（3）指标要实用化。被评价的问题应该能被有效解决，不能被解决的问题最好不要去问。例如，有的企业问员工：你对你的薪酬是否满意？你对公司战略是否满意？你对组织结构是否满意？类似这样的问题虽然在企业普遍存在，但是问了之后，根本无法解决，这对公司来说是一种浪费，对员工来说是一种欺骗。因为员工要适应公司的薪酬体系、战略与组织。

（4）问题要简约化。把指标变成简约和通俗易懂的问题，便于员工理解和填答。好问题不在多，而在于精准。例如，盖洛普发明的员工敬业度，问题虽然只有12个，但是每个问题都直指员工敬业度的核心维度，容易被理解、填答和改进，也便于各级经理改进提升。

（二）建立科学的评价体系

进行企业文化评价，前提是要建立科学的评价体系，因为评价体系决定了评价的总体方向和整体质量，为评价后期的分析奠定了基础。

完整的企业文化评价体系一般应包含以下四个维度。

1. 精神文化维度

企业精神文化包括企业愿景、企业使命、企业核心价值观、企业精神以及经营理念等内容。具体评价可考虑以下两个维度。

（1）内部评估。①认知：员工是否熟悉企业愿景、企业使命、企业价值观、企业精神等核心概念，并能够说讲。②识别：企业的员工是否认同企业愿景、企业使命、企业价值观和企业精神，并在他们的行为中体现出来。③接受：员工是否自觉维护企业形象，是否有自豪感、荣誉感和归属感。

（2）外部评价。①先进性：企业精神文化是否符合社会和国家倡导的基本价值观，充分结合行业发展趋势和企业发展方向，具有前瞻性和引领性。②指导性：企业精神文化能否反映企业发展的方向和目标，支持企业文化发展战略的制定和重大管理决策，引导和指导企业的制度文化建设、行为文化建设和物质文化建设，其内涵的解读是否有利于促进、指导和实现各部门的团队文化建设，并能指导各部门具体工作，形成正确的行业观和工作观，能指导员工按照企业的价值观行事。③特色性：企业精神文化主业是否突出，行业领先。

2. 制度文化维度

企业制度文化可以从组织架构、目标管理、规章制度、绩效管理及激励机制五个维度进行评价。

（1）组织架构。组织是否围绕工作任务建立、因事设岗，授权是否清晰明确，组织是否具有灵活的响应能力，能够快速响应市场需求的变化。

（2）目标管理。①绩效指标：是否根据战略目标建立关键绩效指标（KPI），这些指标是客观的，可以考评的。②经济指标：指标是否具体，能否分解、量化、定量来执行。③目标范围：目标建立是否涵盖企业、部门和个人。④目标评价：目标是否有完成的时间，是否有具体的责任、奖惩和考核评估方法。

（3）规章制度。①管理规范：是否制定企业经营管理的规章制度，职能明确，管理内容明确。②工作标准：是否建立了涵盖所有岗位所需的能力、资格和条件的体系，职责明确，工作具体。③技术标准：在性能标准化领域是否制定了需要协调统一的技术事项，以及为此形成的产品技术标准、工艺技术标准、设备技术标准、检验检测标准等。④持续改进：每年是否修改、完善各项规章制度，并持续改进。

（4）绩效管理。①绩效考核：是否根据确定的关键绩效指标，形成指标实施的评价机制。②绩效应用：是否根据考核结果实施奖惩。③绩效反馈：是否进行内部沟通，并不断修正执行效果，使其朝着既定方向发展。

（5）激励机制。根据关键绩效指标的考核评价结果，是否建立有效的奖惩激励机制，充分发挥员工的积极性、主动性和创造性。

3. 行为文化维度

企业行为文化也是企业文化的行为层，影响着企业的经营作风，代表着企业的精神，能够充分展示动态的人际关系，它也是企业精神和企业价值观的体现。

企业行为文化可以从员工行为、领导行为、团队行为、队伍建设和社会责任五个维度进行评价。

（1）员工行为。①工作主动性：员工在工作中是否积极主动，是否关注企业的发展，是否有强烈的积极晋升意识。②责任感：员工是否有责任心，热爱工作，爱岗敬业。③纪律性：员工是否严格遵守并自觉维护企业的各项纪律和制度。④行为规范执行：员工是否正确认识并同意企业的行为规范。

（2）领导行为。①授权：如果管理者合理授权下属，当责任和权利明确时，下属可以在自己的职责范围内或授权范围内做出充分决断。②管理模式：在日常管理中，是否规范操作，当下属犯错时，不仅要处罚，还要及时纠正和帮助。③沟通与倾听：管理者在带领下属完成工作时，是否善于沟通与倾听，准确把握任务进展、员工状态等重要信息，有效管理工作流程，及时调整工作目标和任务。

（3）团队行为。①团队意识：员工是否有强烈的团队荣辱感和合作意识，对本部门、其他部门及周围同事的工作比较了解。②团队合作：企业的沟通、分享和合作机制是否健全，以便以团队的方式开展工作。③团队氛围：团队是否倡导公平、鼓励、信任和开放，致力于营造团结、和谐的团队氛围。

（4）队伍建设。①思想教育：是否对员工进行思想道德教育，提高员工的综合素质。②学习与培训：是否有计划、有组织地对员工的业务知识、业务技能和管理能力进行培训与提升。③任用晋升：员工是否有平等的晋升或任用机制。④集团建设活动：企业是否开展内容健康、主题鲜明、积极促进发展的主题实践活动。

（5）社会责任。企业在遵纪守法、履行社会义务、公益事业、环境保护等方面是否履行社会责任。

4. 物质文化维度

企业物质文化可以从品牌建设、企业形象标识、硬件设施、文化产品四个维度进行评价。

（1）品牌建设。①品牌文化：企业是否建立了自己的品牌，是否制定了品牌建设和维护的规划和计划，是否形成了全体员工内部参与品牌建设的格局。②品质文化：质量意识是否深入人心，员工是否把自己的工作作为决定产品质量的重要环节，积极、自觉地维护产品质量。③创新文化：企业是否鼓励产品研发、持续的过程创新等创新行为。

（2）企业形象标识。①VI系统识别：员工对企业形象是否有统一和深入的认识，能否自觉维护企业形象，并在工作中展示这种形象。②VI系统应用规范：企业是否有VI系统应用规范，企业名称、标识等需要对内对外使用时，保持与企业形象标识的一致性和继承性的要求和规定。

（3）硬件设施。①沟通平台：企业是否建立了各种上下、内外的互动沟通平台，如网站、内部沟通等，能够有效促进企业的整体沟通和反馈。②共享平台：企业是否建立了各种有效的知识沉淀和共享的信息平台，并在各种知识沉淀和办公效率提升中发挥实际作用。③学习、娱乐、休闲场所：企业是否有清洁的环境和完善的设施，充分满足员工学习、生活、休闲的需要，并有效发挥实际作用。

（4）文化产品。①文化产品多样性：企业的精神文化是否形成了多载体记录、多渠道传播的格局。②文化产品的延续性：文化产品是否不仅有内容的汇编，反映一个时期的企业文化，还有对企业文化的发展进行系统的整理、提炼和记录，从而起到企业文化传承的作用。

当然，企业文化评价体系的建立要适应行业的具体特点，支撑企业发展战略，反映企业核心价值观，适应企业的发展阶段，反映员工真实的文化状态。只有把这五个方面都考虑到，才能从中找出企业文化的关键要素，并在关键要素之间建立科学联系，设计出科学的评价体系。

目前，一些国内企业在进行企业文化评价的时候，盲目地使用国际上所谓的先进模型和评价指标，大多因为水土不服而难以真正消化，根本无法形成自己的评价体系。因此，要真正建立适合自己的企业文化评价体系，一是要学习和借鉴国际先进的文化评价理论、方法和工具，二是要结合企业的真实情况，实事求是地设计企业文化评价模型和指标，踏踏实实地开展企业文化评价工作。

五、企业文化评价的流程

企业文化评价的流程应该与企业的运营和绩效管理流程相匹配，评价的数据要能直接为战略规划和修订提供文化数据支持，为人力资源发展和团队建设提供参照指标。评价不是目的，目的是改善和提升企业管理。因此，必须明确每个部门应该发挥的作用：企业文化部门发挥什么作用、公司领导发挥什么作用、员工发挥什么作用、其他部门发挥什么作用。

实施企业文化评价的流程，一般可以分为企业文化测评、企业文化改善与企业文化总结三个阶段。

（一）企业文化测评阶段

1. 评价策划

作为专业部门，企业文化部门要发挥最主要作用，要为公司领导提出主导意见供决策。要会问问题，帮助领导问对问题，让领导知道企业文化评价策划的目的以及结果如何运用，知道如何支持企业文化部门工作。形成企业文化测评的细致策划，企业文化评价的目标、计划、组织和实施要求。一般来说，为了保持测评的科学、客观和中立，可以选择具有权威的第三方作为测评机构。

2. 评价动员

企业文化部门要发动动员，告诉员工企业文化测评工作是为了了解工作状况和工作氛围，提升员工满意度，又保证测评的安全性，客观地、公正地、安全地让员工积极参与。对员工进行广泛动员，既要让员工对企业文化测评有一定的了解，对企业文化测评形成正确的认识，又要激发员工参与测评的热情，保障企业文化测评有足够的样本量和填答问卷的质量。

3. 数据收集与统计

如果员工能够上网进行问题填答最好，这样通过软件系统可以直接统计数据，对于不能上网进行问题填答的部分员工可以采用邮件或纸质方式作为补充。网上测评公正安全，且效率高。员工填答之后，可以适当做一些访谈、座谈，作为定性资料来解释定量数据。纸质效果也较好，且适用面广。

4. 报告撰写

企业文化部门在策划时要想好，在数据出来后如何形成标准化的报告，出来的成果怎么使用。在充分调研的基础上形成企业文化数据库，根据企业需要，制作定性和定量相结合的评价报告。

（二）企业文化改善阶段

1. 研讨决策

企业管理层在看到评价报告之后，要积极研讨和分析问题，针对一些制约企业管理和影响企业发展的问题，要及时作出改进的决策。评价报告是为了发现问题，作为公司管理变革、改善提高的参照和依据，甚至作为一种标准。特别是高层要率先示范，作出改善的承诺。企业文化的源头在高层，改善也应该从高层开始。

2. 培训宣贯

很多企业往往把企业文化评价报告束之高阁，不愿意给员工分享，从而员工对公司企业文化调研和评价积极性不高。企业文化部门应该将评价结果告诉员工，结果不用太细致，给出总的方向即可，同时应告诉员工公司根据评价结果制定的改善策略，以鼓舞员工信心。培训宣贯最好的方式是，经过公司对企业文化进行相关决策之后，公司要形成一系列配套政策，且对各级管理者进行相关培训。测评调研的主要结论、解决措施和实施要求应该告诉全体员工。员工有权知道评价的结果，也希望看到企业改进的计划。各级领导或企业文化部门应该给员工作适当的培训和宣贯。

3. 反馈改善

各单位的管理者应该对自己所辖部门的企业文化负起责任，依据评价报告，与下属员工进行沟通，反馈调查结果，发动下属一起制订群策群力的改善计划。

4. 改善行动

根据各单位改善计划，实施改善行动。企业文化部门应该为各个单位提供相应的政策指导和专业方法，提供工具方法支持，如何做、用什么方式、怎么做应该由企业文化部门提供，指出问题并提出解决方法和提供资源支持。

（三）企业文化总结阶段

1. 经验总结

企业文化部门应定期组织开展各单位企业文化评价改善的经验总结会，宣传、总结和固化其中的优秀经验。

2. 表彰激励

对企业文化改进的优秀单位，适当给予物质和精神奖励。

通过上述三个阶段 10 个步骤，把公司全体员工充分发动起来，文化部门是牵线部门、引导部门、推动部门，但大部分工作还是要全员参与、各部门负责。

六、企业文化评价的责任与考核

在设计企业文化评价体系的时候，还要回答一个关键问题：是各级主管还是企业文化工作者对企业文化评价负责？

从企业实践来看，企业文化评价的设计应该从企业战略出发，各级主管应该担负主要责任。企业文化部门作为一个战略性的职能部门，应该从服务企业战略的角度，发挥战略性职能作用——辅助作用。

企业组织管理链是由各级主管所形成的，是企业文化建设的主导线。企业文化的形成和发展，是各级主管通过自己的言行和管理行为逐渐形成自己团队的小文化，各个团队的文化最终汇集形成企业文化。实际上，评价企业文化，最终还是评价各个单位的文化。各级单位的一把手对企业文化发展发挥关键作用，各级主管应该对企业文化建设负主要责任，各级主管应该对企业文化评价的过程和效果负全责。所以，应把企业文化评价的过程和效果作为考核各级主管的主要指标。

企业文化部门作为公司负责企业文化建设的专业化或职能性部门，担负着对企业文化的总结规划、传播教育、组织实施和评价激励等职能性工作，这是企业文化部门和企业文化工作者应该担负的主要职责，这种职责相对各级主管而言，是企业文化评价的辅助线。

把企业文化评价的指标变成一种日常管理目标，纳入企业目标责任体系之中，形成企业文化工作目标责任制——"层层有指标，人人有任务"，这样企业文化就能像业绩指标一样被逐级评价与考核。同时，还需要营造一种"奖金靠绩效，升迁靠文化"的氛围，使企业文化与各级主管的发展结合起来，加大各级主管对企业文化的重视和投入。

目前，在一些企业中，绩效考核正受到很多挑战，把企业文化这样的软性指标纳入企业考核体系之中有较大的难度，需要谨慎操作。企业文化考核应该在绩效考核体系相对完善和企业文化相对成熟的企业中开展，防止使企业文化评价与考核流于形式。

 案例分析

中海船舶的企业文化评价

中海船舶燃料供应有限公司（以下简称"中海船舶"）是 2003 年 12 月由中国石油化工股份有限公司和中国远洋海运集团有限公司发挥各自产业优势、强强联合，共同出资组建的一家交通企业。中海船舶以"一个团队、一个文化、一个目标、一个梦想"为精神坐标，引领企业持续和谐发展的前进航程，涵养推动企业做强做优做大的内生动力。中海船舶秉承"成为国内一流的船舶燃料及物资综合服务商"的企业愿景、"为美好航程加油"的企业使命、"以人为本、客户至上"的企业核心价值观和"同舟共济"的企业精神，以市场为主导，以客户为中心，通过专业化的经营模式和优质服务，打造"专业、先进、安全、高效"的船舶供品品牌，努力成为世界各大航运企业在中国的首选供应商。

一、企业文化评价指标体系的构建

1. 评价指标体系构建的基本原则

（1）客观准确性。只有坚持客观性，才能准确反映影响企业文化现状的主要因素，避免主观臆断。

（2）全面综合性。运用系统分析的方法原理从各个角度选取合理指标，覆盖和描述企业文化的基本特征。

（3）动态渐进性。企业文化是一个动态、综合的概念。评价企业文化需要从评价要素的整体性和相关性等方面把握其现状与发展趋势。

（4）科学可行性。评价指标体系要方便数据资料的收集，评价程序与工作要尽量简化，便于操作。

（5）系统性。企业文化评价体系是一个由相互作用的部分和层次构成的有机整体。

2. 企业文化评价指标体系构成

企业文化由精神文化、行为文化、制度文化和物质文化四部分构成。企业文化评价指标，既有显性的，又有隐性的；既有定量的，又有定性的。要做到对企业文化的整体状况作出尽量客观的评估，就需要从多方位、多角度进行考察。

（1）精神文化指标体系。精神文化主要由使命目标、价值观念和员工素质三方面构成。第一，使命目标。使命目标是精神文化的核心部分，包括企业使命和目标愿景两方面。企业使命反映了企业存在的目的，是企业的公开承诺；目标愿景指的是企业中各个成员发自内心的共同目标。第二，价值观念。价值观念是为实现使命而提炼出来并予以倡导的、指导组织成员共同行为的永恒的准则。价值观念包含核心价值观、经营理念、管理理念和服务理念四个方面。核心价值观是最重要的价值观念，是全体成员必须完全信奉的指导原则；经营理念是管理者追求企业绩效的根据，是顾客、竞争者以及员工价值观与正确经营行为的确认；管理理念反映了企业从业人员对待本职工作的态度，是引导干部职工正确处理各项工作的准则，良好的管理理念将大大提高企业工作的效率和效果；优秀的服务理念应该把客户放在第一位，全心全意为客户服务。第三，员工素质。员工素质包括廉洁奉公、爱岗敬业和岗位培训三个方面。

（2）行为文化指标体系。企业行为文化是由核心价值观决定的，在日常经营管理活动中所形成的行为理念、行为方式、行为规范、行为形象等方面的总和，是企业文化的重要内容和具体表现。行为文化建设要体现各级领导的表率行为、规范干部的群体行为、塑造先进人物的模范行为等方面。对企业行为文化的评价主要从组织领导、组织群体、组织典型和文化传播等四个方面进行。第一，组织领导。其具体体现在领导行为的影响力、示范性和民主性。第二，组织群体。其主要包括人员行为的规范性、管理工作的执行力和经营服务的满意度，也就是指规范组织群体行为，通过各种途径和手段，形成广大员工所认同的行为，提高企业的执行能力和经营服务的满意度。第三，组织典型。它是文化建设成就品质化和具体化的表现，也是精神文化的现实体现，包括典型培养力、典型宣传力和典型影响力三个方面。第四，文化传播。作为一种文化的传递与扩散，分为内部传播和外部传播。内部传播，是指企业员工通过自己的工作或执行任务，以及做人做事来传递企业文化信息，去感染、感化周边的同事；或者企业通过完善内部报刊、广播、宣传栏等渠道与举办文化征文比赛、文艺晚会、演讲、评先等活动，以及健全相关管理机制体制，来宣传与推广企业文化，表现为活动影响力。外部传播，主要是通过行业报刊、网络与电视媒体等渠道来宣传企业文化，树立企业的形象，具体体现在企业对文化传媒的运用力上。

（3）制度文化指标体系。企业制度文化的组成包括制度制定、制度结构、制度执行和制度监督四个方面。第一，制度制定。要想真正使管理行为取得良好的效果，就必须注重制定健全、完善、切实可行的规章制度。第二，制度结构。分为行政管理制度和作业流程制度。第三，制度执行。管理制度的有效性和实施率决定着企业的发展质量和效果。第四，制度监督。制度监督对制度的执行力起到良好的促进作用，分为内部监督和外部监督。

（4）物质文化指标体系。企业物质文化包含经营收入、场所设施、交通环境、技术手段和交通标识等。文化设施的建设，是物质文化建设的辅助条件，包括企业员工工作学习交流平台的搭建，它能间接帮助员工在紧张的工作中减轻工作压力。技术手段是企业物质文化的软件支撑。加强信息系统的建设，能有效提升管理效率。

综上所述，企业文化评价指标体系如表2.5所示。

表2.5　企业文化评价指标体系

一级指标	二级指标	三级指标	一级指标	二级指标	三级指标
精神文化（A）	使命目标A1	企业使命A11	制度文化（C）	制度制定C1	制度规范性C11
		目标愿景A12			制度完备性C12
	价值观念A2	核心价值观A21		制度结构C2	行政管理制度C21
		经营理念A22			作业流程制度C22
		管理理念A23		制度执行C3	制度执行力C31
		服务理念A24		制度监督C4	内部监督力C41
	员工素质A3	廉洁奉公A31			外部监督力C42
		爱岗敬业A32	物质文化（D）	经营收入D1	收入数量D11
		岗位培训A33			收入质量D12
行为文化（B）	组织领导B1	行为影响力B11		场所设施D2	服务场所D21
		行为示范性B12			办公场所D22
		作风民主性B13			文化设施D23
	组织群体B2	行为规范性B21		交通环境D3	服务环境D31
		工作执行力B22			工作环境D32
		服务满意度B23			生活环境D33
	组织典型B3	典型培养B31		技术手段D4	硬件设施D41
		典型宣传B32			软件配置D42
		典型影响力B33			网上办公D43
	文化传播B4	活动能力B41		交通标识D5	形象标识D51
		沟通能力B42			标识展示D52
		传媒运用力B43			

二、企业文化建设水平评价

1. 评价方法选择依据

企业文化指标的主要特点为其应用模糊数学方法提供了前提。首先，企业文化评价中存在边界不明晰、具有过渡空间的现象。其次，企业文化各层次、各因素有着不同权重，要综合地作出评价。模糊数学的模糊变换方法则可以对应于企业文化权重性和综合性的特点，模糊数学评价的主要特性基本上满足了企业文化评价的要求。

2. 企业文化模糊综合评价算例分析

（1）成立评价小组。聘请10位专家组成评价小组，根据中海船舶企业文化建设状况进行实地调查、访谈和问卷统计，对每一项指标进行打分。

（2）设定评价等级。在对中海船舶企业文化建设评价指标进行评价时，设定每项指标五个等级，即优秀为5分、良好为4分、一般为3分、较差为2分、很差为1分。

（3）设定各指标权重。企业文化指标体系中各指标在企业文化中的重要性各不相同，因此需要根据每项指标在各层次中的重要性确定权重。该权重的设置同样根据各位专家的经验来确定。

（4）进行模糊综合评价。对每项指标由10个评价成员分别按照优秀、良好、一般、较差和很差进行评分，最后将所有评分按平均值作为该项指标的最终所得分值。以精神文化为例，评价指标数据见表2.6所示。

依据表2.6中的数据，运用模糊评价法计算可以得到：A1为3.70分；A2为4.01分；A3为4.30分，最后A的得分为3.99分。其他三个方面文化的评价，参照精神文化的评价方法进行类推，其最终结果为：精神文化3.99分，行为文化3.90分，制度文化4.04分，物质文化4.01分。同时，将4类文化评价的分数取平均值，得到中海船舶企业文化建设评价的总分为3.98，换算成百分制为79.7%。

表2.6　精神文化评价指标数据

一级指标	二级指标	权重	三级指标	权重	评分分值	最后得分
精神文化（A）	使命目标A1	0.35	企业使命A11	0.50	3.8	3.70
			目标愿景A12	0.50	3.6	
	价值观念A2	0.35	核心价值观A21	0.30	3.7	4.01
			经营理念A22	0.25	3.8	
			管理理念A23	0.25	4.1	
			服务理念A24	0.20	4.6	
	员工素质A3	0.30	廉洁奉公A31	0.40	4.9	4.30
			爱岗敬业A32	0.40	3.7	
			岗位培训A33	0.20	4.1	

3. 评价结果分析

从以上分析来看，中海船舶在四个方面的企业文化建设中，总体水平较高。对比四个方面的文化建设，制度文化在企业建设效果最好，精神文化、物质文化次之，而行为文化建设的效果相对滞后。因此，围绕中海船舶企业文化的建设，应当以行为文化为突破口，着重从领导执行力、企业典型的培养和文化传播方面不断完善和规范，进一步提升企业的文化管理水平。

三、总结

通过分析中海船舶企业文化的特点，建立了中海船舶企业文化指标评价体系，并运用模糊数学评价法作为企业文化评价方法验证了评价指标体系和评价方法的适用性。总之，中海船舶企业文化建设应体现精神文化是中心，行为文化是佐证，制度文化是支撑，物质文化是载体。企业文化作为企业的灵魂，在企业发展中始终占有重要的地位，这种地位在知识经济时代进一步转化为企业的管理根本，成为企业发展的精神动力。

启发思考：企业文化评价对企业文化建设有何作用？

本 章 小 结

　　企业文化测量是指通过开发的量表，测量目标企业现有企业文化的典型特征，而后通过与常模的比较发现目标企业的企业文化优势与劣势，并根据其特征进一步确定企业文化所属类型的过程。OCI 量表和 OCS 量表是两种典型的企业文化测量工具。企业文化测量的维度一般由人气指数模块、素质指数模块、环境指数模块和发展指数模块四个模块组成。企业文化测量分为测量模型设计阶段、测量模型检验阶段、正式测量阶段和统计分析阶段四个步骤。企业文化评价是指在企业文化发展目标的基础上，按照企业文化的结构内容建立一系列用来衡量具体企业文化各构成要素的发展现状和发展程度的指标，并构成一个庞大的指标体系，然后通过确定各项指标的分值和相应的评分标准，采用具体量化的方法准确地对企业文化进行评估的过程。企业文化测量与企业文化评价两者有本质的区别。国内和国外企业文化评价的类型不同。国外企业文化评价的类型主要有：诊断式评价、体检式（调查式）评价、审计式评价、照镜式评价；国内企业文化评价的类型主要有：以达标为导向的企业文化评价、以过程为导向的企业文化评价、以效果为导向的企业文化评价。完整的企业文化评价体系一般应包含精神文化、制度文化、行为文化、物质文化四个维度。科学的企业文化评价体系一般应遵循指标要系统化、指标要标准化、指标要实用化、问题要简约化四项基本原则。实施企业文化评价，基本上可以分为企业文化测评、企业文化改善与企业文化总结三个主要阶段。

练 习 题

自学自测　扫描此码

第三章　企业文化的塑造与落地

【学习目标】

了解企业文化塑造的价值意蕴、核心要义，把握企业文化塑造的具体路径；理解并掌握影响企业文化落地的关键问题，把握企业文化落地的具体路径。

引例

中天建设："砖"心致志塑造"品牌企业"之魂

在商界，"狼文化"被很多企业家奉为"图腾"，但中天建设集团有限公司（以下简称"中天"）从曾经"风雨飘摇、四面楚歌"的逆境中成长为如今建筑业知名企业且生机无限，靠的却不是争强斗狠的狼性精神，它用自身发展的实践证明：文化是引领中天持续健康发展的必要保证。中天的崛起，从某种意义上说，是现代企业和企业家的文化自觉，即注重企业文化建设的一份丰厚回报。

中天集团董事长楼永良在接受《中国建设报》记者采访时说，要想在当前一片"红海"的建筑市场实现其"成为具有核心竞争力和可持续发展能力的大型企业集团"的企业愿景，企业之魂的锻造尤为重要。他认为，这个"魂"指的就是"企业文化"。那么，中天企业文化的内涵是什么？它为何能凝聚人心，成为中天的核心竞争力之一？它又是如何在其日常工作中得到有效落实，成为中天魅力之魂？

一、管中窥豹，中天企业文化内涵求索

中天集团办公室主任助理、《中天人》主编永标说，中天的企业文化内涵最具特色的外在表现是"砖文化"。再高的大楼都是由一块块砖头砌成的，中天依靠每一点真诚的付出，在建筑行业构筑了中天品牌发展的特色之路。这里，或许可以从两个小故事说起。

黄志煌是中天多年合作的生意伙伴。有一次在进行结算时，由于自己的疏忽大意，他遗漏了清单，少算了材料费。与他对接的中天项目经理傅位荣在核查清单时发现了这一问题，并积极为黄志煌补齐货款。这件事感动了黄志煌，他说，多年的合作，让他觉得中天跟很多公司不一样，一两万元钱不算什么，但让他看到了以傅位荣为代表的中天人的诚信。

万科与中天是十多年的战略合作伙伴，中天能赢得万科的信任，其中很重要的一点就是用真心、讲诚信，不计企业得失，为客户提供"超越期望"的优质产品。万科四季花城总经理张宏斌说："房子渗漏是通病，但中天人在防渗漏方面却做得相当到位，比如在外墙防渗漏过程中，他们采用外墙连续48小时淋水试验，开创了建筑业的先河。在四季花城第二期项目施工中，中天花了10万元完成这项实验，这在合同中是没有明确要求的，都是由他们自己承担的。"

上面的小故事对中天人来说多如牛毛,但每一个故事背后却都是中天人负责任、讲诚信、以人为本、重视质量,强调务实、团结、协同的精神浓缩。这些元素体现在每一个中天人的身上,融入他们的血液中,形成了中天鲜明而有活力的企业文化。中天所倡导的企业文化精髓是"诚信经营、每建必优、以人为本",它也是中天人共同拥有的价值观。在这样的价值观与事业观的引领下,整个中天团队形成了"人心齐、风气正、干劲足、事业兴"的干事业的氛围,引领中天先后斩获了"全国质量奖单位""全国文明单位""全国守合同重信用单位""中国优秀企业公民""中华慈善奖"和首届"浙江省政府质量奖"等荣誉桂冠,成为行业学习的标杆。在浙江大学管理学院院长、博士生导师姚先国看来,中天集团能够取得如此惊人的发展业绩,关键在于:"中天集团以人为本的管理理念和独特的用人之道。'每建必优'是中天的特色。这看起来是狠抓质量的结果,可是,很多建筑企业也提出了类似的口号和目标,为什么中天集团成为其中的佼佼者?因为中天集团的管理模式造就了能实现'每建必优'的人才队伍,并且形成了'每建必优'的激励机制。中天'谁能升起谁就是太阳'等很多朴素而精彩的语言都包含着深刻的道理。中天不仅对高端人才求贤若渴,而且对每一个普通劳动者都关怀备至、充分尊重,给予其发展自身能力的机会,从而建立了和谐的劳动关系和昂扬向上的企业文化氛围,这是特别令人称道的。"这正是中天自我定位的实现途径,即为了成为一家有责任感的优秀企业,中天倡导"全体中天人不仅是'利益共同体',也是'事业共同体'和'价值共同体'"。

在新常态下,中天面对新的市场经济形势,提出要变"以人为本"的文化内涵为"以创业、创新为本",号召要把个人创业与中天发展融为一体,把个人的人生价值与企业和社会的需要相结合,形成良好的创业文化氛围,继续保持企业的战斗力。在中天,以"文化力"为底蕴的竞争力才是最强大的竞争力,用文化来引领企业不断成长已经成为中天人的共识。

二、文化兴企,塑造"品牌中天"之魂

成功的企业文化对外具有一定的吸引力,成为企业快速发展的"催化剂"。在楼永良看来,企业文化建设要讲究"变"与"不变"的平衡。以中天为例,"不变"的是其核心价值观——诚信为本、质量为本、正道经营,其保证的是企业的健康与稳定和企业发展的不偏不倚;"变"的则是,从长期来看,企业文化是一个系统工程,是一个长期动态演变的过程,需要根据内外部环境变化及时调整文化建设的思路与侧重点。因此中天不仅通过多个层面和角度强化企业文化建设工作,使其真正落到实处,还注重与时俱进,对企业文化进行有机更新,为企业文化建设注入新鲜血液,永葆生机。

实现企业文化发展规划与企业发展战略的统一、使其相互促进是企业文化建设的最终目的。永标说,中天企业文化建设得好,很大程度上得益于它完全源自企业的发展需求且经过充分论证、融合、渗透后内化成了中天企业管理的重要组成部分,并落实于企业体制和机制中,创新企业文化理念的生命力,从而彰显出"文化力"的巨大能量。因此,为了推动中天企业文化建设工作的开展,中天在集团第四个三年规划"转型升级战略"及第五个三年规划"转型强企战略"中,将企业文化建设作为一项重点工程来抓,将其纳入"队伍建设、质量提升、文化品牌建设"三大工程中,有目标、有措施,持续不断地推进企业文化品牌建设,为企业发展提供强大的动力支撑,同时也推动了企业文化建设的良性循环。

多项可靠制度保障了企业文化理念的落实。永标说,对于企业精神与企业理念的提炼与发布不能只是"写在纸上""挂在墙上",更应该形成制度并加以督促与落实。为此,中天制定并修订了《中天集团企业文化建设纲要》《企业文化手册》,不仅为中天企业文化建设制定

了纲领性文件，还与时俱进打造了具有鲜明时代特征和行业特色的企业文化；中天每年对企业宣传画册、企业形象片、企业简介等进行改版和修订，进一步丰富了企业文化内涵，促进了企业的品牌推广。另外，为了使中天的文化品牌建设更成体系、更有成效，2014 年，中天下发了《中天集团企业文化品牌建设体系》，促使中天的企业文化品牌建设更加规范化、制度化，同时为中天企业文化品牌建设的各项措施提供依据，保证其更具方向性、系统性和可操作性。

生动而多样化的传播载体使企业文化传播更加深入人心。楼永良认为，文化绝不是空洞的说教，也不是漂亮的时装，而是融汇于企业的角角落落、方方面面。只有成为每一个人的高度自觉，企业文化才能真正发挥它的巨大作用。为此，中天在企业文化宣传方面煞费苦心。在实施"价值观"工程建设中，中天在理念上墙、文化知识竞赛、演讲赛和公益活动等基础上，结合新颖的文化年鉴、专题片、高层访谈和文化典型等多种方式使"价值观"的宣贯如春风化雨，"润物细无声"。除此之外，中天加强了企业文化硬件设施建设，为企业文化传播提供了硬件保障。同时，还重视媒体的有效组合，注重报刊、内部杂志、网络电视等传统媒体与网络、手机、微信等新兴媒体的结合，构建传统媒体与新兴媒体、内部传播与外部传播相结合的创新传播形态，使企业的价值观建设深入人心。

良好的企业文化能够为品牌打造提供更为丰富的内涵，这是"品牌中天"的灵魂，就如同一块最普通的实心黏土砖塑就文化品牌内核，同样能锻造成为闪闪发光的"金砖"。在近20 年的发展历程中，中天不仅为社会提供了优质的产品，成为客户所信赖的企业，还勇于"承担社会责任"，向社会传递更多的"正能量"，成为受社会尊敬的品牌企业。未来，中天还将继续打造最具战斗力的"文化竞争力"，为经济发展和构建和谐社会作出应有的贡献，成为促进经济社会又好又快发展的一支生力军。

启发思考：（1）中天企业文化的内涵是什么？
（2）中天企业文化是如何塑造"品牌中天"之魂的？

第一节　企业文化塑造

企业文化是企业的灵魂。企业文化塑造（corporate culture shaping），是指企业有意识地发扬其积极、优良的文化，摒弃其消极、低劣的文化的过程。随着我国经济社会发展进入新的阶段，亟须通过企业文化塑造以激发企业发展的内生原动力，进而实现企业的持续健康发展。企业文化作为企业软实力的重要组成部分，是企业发展的基础性力量，是全体员工对企业发展的高度认可、实践与升华，是发展理念、价值观与行为准则的共同认知。加强企业文化塑造并形成价值引领和精神支撑，能够不断增强企业自身生存发展能力，从而引领企业不断发展壮大。

一、企业文化塑造的价值意蕴

立足于中华民族伟大复兴战略全局和世界百年未有之大变局，推进企业文化塑造可增强企业的凝聚力和协调性，为加快发展现代产业体系、巩固壮大实体经济根基提供有力支撑。因此，企业文化塑造是企业积极适应时代发展、实现企业高质量发展以及形成新时代企业文化的内在要求。

1. 有助于企业适应时代发展

企业文化不仅是企业的核心竞争力，也是企业可持续发展的活力支撑。在当前激烈的市场竞争压力下，我国大多数企业都相对忽视企业文化的塑造，极大地限制了企业的生存空间和长远发展。与之相反，也有少数优秀企业始终高度重视企业文化塑造，从而使得企业内化出强烈的生存发展意识，形成强大的凝聚力与科学的经营理念，营造出和谐的企业内外发展环境，使企业发展更具生机与活力。

做企业与做人一样，世界观、人生观、价值观决定着人在社会中的作为，而企业文化则决定着企业在市场和社会中的作为。人无远虑必有近忧，企业面对巨大的市场压力，倘若只是抱着"头痛医头、脚痛医脚"的心态去解决问题，未必能够找到问题的本质；如果只是一味被动地应付改革发展难题，忽视企业文化塑造，那就谈不上健康发展、高质量发展，也不利于自身的长远发展。企业只有积极适应时代发展要求，主动进行文化塑造，才能在未来的市场竞争中具有良好的企业形象、高度的社会责任感和广阔的国际视野。

2. 有利于推动企业高质量发展

进入"十四五"以来，我国企业迎来了重要的战略机遇期，体现为机遇与挑战共存、使命与责任同担。一方面，当前企业面临国际贸易争端、地区局势紧张与数智化转型等内外部不利因素的双重影响，企业发展的不稳定性与不确定性明显增加，企业实现转型升级与开拓市场面临的挑战也明显加大。另一方面，我国企业多处于传统产业和价值链中低端，是国内经济结构改革与深化供给侧结构性改革的重要组成部分，仅靠传统发展模式寻求发展将会难以为继。此时，企业可通过创建优秀的企业文化摆脱现实困境，实现企业的高质量发展。大力推进企业文化塑造，将会为企业发展注入生机与活力，助推企业理念、技术与管理模式等方面创新，激发企业创新动力，不断提升创新能力以及企业的全要素生产率。

立足新发展格局，企业既要坚持以新发展理念为导向，尤其要注重绿色发展理念，不断推动企业集聚化、产业化与规模化发展，加强产业链上下游、产供销协同发展，推动区域行业共同体建设，也要坚持创新引领供给，实现需求牵引供给、供给创造需求的动态平衡，以此不断提升企业整体发展水平。与此同时，企业需要紧跟国家改革发展方向，凭借自身体制机制灵活的优势，深刻把握市场发展规律，加快创新发展，共同繁荣社会主义市场经济。通过企业文化塑造，不仅可以使企业明确使命担当与发展方向，还可以促进企业自身的高质量发展，进而促进我国经济健康可持续发展。

3. 有益于促进新时代企业文化的形成

持续开展企业文化塑造，不仅有益于企业自身经营发展，而且有益于社会主义市场经济全局发展，还有益于促进新时代企业文化的形成。建设社会主义文化强国，主要是提高人民群众科学文化素质，引导人们自觉对主观世界进行认识与改造，进而提高人们改造客观世界和创造美好生活的能力。

具体到企业文化塑造，就是提高全体员工的素质，引领全体员工把思想、行动统一到企业快速发展上来，统一到社会主义现代化建设进程中。二者落脚点存在高度一致性，也反映出企业文化建设的时代特征——以人为本、为国分忧。同时，企业文化塑造作为建设社会主义文化强国不可或缺的一部分，也是推进中国特色社会主义事业顺利进行的有力支撑，因此加强企业文化塑造在全社会具有重要且特殊的意义。

在奋力实现第二个百年奋斗目标与中华民族伟大复兴的征程上，企业要积极贯彻落实新发展理念，努力破解文化塑造难题，探索推动企业不断发展的核心原动力，从而形成具有中国特色的新时代企业文化。

二、企业文化塑造的核心要义

尽管会面临经济增长放缓、贸易摩擦、数智化转型、环境污染和可持续发展等现实挑战，但我国企业也应看到经济社会发展稳定、市场需求旺盛、国内经济大循环持续向好的有利局面。正确判断形势，把握发展机遇，在构建新发展格局与建设现代化经济体系的背景下，大力弘扬企业家精神、科学精神与工匠精神，为新时代企业文化塑造注入新的内涵与价值，并为引领企业高质量发展提供精神支撑。

1. 弘扬企业家精神

企业家精神是企业文化塑造的核心价值。任何一个成功企业的发展背后都有一种精神动力在持续发力，将这种精神动力赋予人格化，实际上指的就是企业家精神。《关于营造企业家健康成长环境弘扬优秀企业家精神更好发挥企业家作用的意见》（中发〔2017〕25号）赋予了新时期优秀企业家精神的核心内涵：弘扬企业家爱国敬业、遵纪守法、艰苦奋斗的精神，弘扬企业家创新发展、专注品质、追求卓越的精神，弘扬企业家履行责任、敢于担当、服务社会的精神。企业家要带领企业战胜当前的困难，走向更辉煌的未来，就要在爱国、创新、诚信、社会责任和国际视野等方面不断提升。

（1）增强爱国情怀。虽然企业营销无国界，但是企业家有祖国。优秀的企业家必须对国家、民族怀有强烈的责任感，将企业发展与国家繁荣、民族兴盛、人民幸福密切关联，主动为国担当、为民分忧，带领企业顽强拼搏，实现保质量、创效益、提优势、扩影响的目标。

（2）勇于开拓创新。一直以来，政府都明确提出要加强对中小企业创新的支持。创新是中小企业发展的不竭动力，也是企业安身立命之基础。企业要敢于并且善于创新，努力做到人无我有、人有我精、人精我新。虽然受到国内国际发展环境的双重影响，当前经济增长速度有所放慢，但危中有机、危机并存，且唯创新者胜。

（3）坚持诚信守法。企业发展进程中，坚守良心是原则，守法经营是底线。要实现企业健康发展，企业家必须有坚守良心与守法的钢骨，否则就有可能突破底线，导致身败名裂。企业家要敢于做诚信守法的表率，勇敢担当起维护法律法规和公序良俗的责任，助力全社会道德素质与文明程度提升。

（4）承担社会责任。企业生存发展离不开社会的土壤，任何企业都是处于社会网络中的企业。近些年，企业在国家的鼓励支持下，获得了快速发展，实现了企业的经济价值，同时也要学会饮水思源，积极履行企业社会责任，勇于投身社会公益事业，为经济发展、共同富裕贡献自己的一份力量。

（5）拓宽国际视野。随着改革开放和经济全球化的深入推进，我国企业逐渐走上国际舞台，我国企业家也开始在国际市场上崭露头角。企业家需要进一步加强企业对外交流合作，激发企业发展活力；同时充分利用国内与国外两个市场，准确把握国际市场动向与需求发展趋势，提升国际市场开拓能力，从而带领企业切实"增强创新能力和核心竞争力"，"形成更多具有全球竞争力的世界一流企业"。

2. 弘扬科学精神

科学精神是企业文化塑造的关键特征。具体而言，科学精神是对真理的追求和对创新的尊重，重在崇尚理性质疑，将创新视作科学的灵魂。

科学精神通常体现在将科学知识、思想与方法具体运用在社会实践之中，蕴含了尊重知识、崇尚创新、尊重人才、热爱科学、献身科学的理念，也包含了为积极推进人类文明进程而勇于奉献的社会责任感。对于企业而言，实事求是的科学精神是企业不断进行科学探索的不竭动力，也是广大企业科技工作者立足实际、大胆假设与小心求证的高度统一，更是支撑企业不断前进的重要力量。由于大部分企业主要分布于传统产业以及价值链中低端，造成企业资源能源利用效率与专精尖程度不高，创新转化能力不强。同时，企业普遍抗风险能力不强，在面对经贸摩擦与转型升级叠加影响时，受到的冲击较大。对于中小企业来说，科学精神是引导它们走出发展困局的价值引领。中小企业需要不断增强创新能力，提升自主创新水平，推出高品质的产品与服务，努力实现自身的高质量发展。

3. 弘扬工匠精神

工匠精神是企业文化塑造的鲜明特征，凝结着执着专注、精益求精、一丝不苟、追求卓越等丰富内涵。在市场竞争愈发激烈的大环境下，大力弘扬工匠精神，有利于企业展现自身特点，实现企业的高质量发展。

一是要从中华优秀传统文化中汲取力量，以此厚植工匠文化。纵观历史，我们发现，中华优秀传统文化中，以"道技合一""匠工蕴道"为核心内涵的工匠精神已跨越历史长河，融入中国劳动人民的实践之中，并得到不断充实与发展，如鲁班制锯、蔡伦造纸、庖丁解牛等。工匠精神蕴含着先民对工匠精神本质的深刻探索，已经在中华民族骨子里打下了深深的烙印。正因为植根于中华优秀传统文化，新时代工匠精神与生俱来就拥有浓厚的民族底色、底蕴和底气，能够为企业发展源源不断注入生机与活力。

二是要从我国治国理政伟大实践中汲取力量，倡导尊崇工匠精神的社会风尚。我国治国理政伟大实践深刻解答了中国社会主义现代化建设中遇到的现实困境与实践难题，也为弘扬新时代工匠精神提供了重要的行动指南。一直以来，我国都不断强调工匠精神的重要性，并提出"劳动模范是民族的精英、人民的楷模""大国工匠是职工队伍中的高技能人才""建设知识型、技能型、创新型劳动者大军，弘扬劳模精神和工匠精神，营造劳动光荣的社会风尚和精益求精的敬业风气"等重要论述。因此，新时代企业弘扬工匠精神，不仅有利于积极营造尊崇工匠精神的良好氛围，还有助于培养更多高素质劳动者。

 知识点滴

企业文化塑造的关键要素

（1）平衡企业文化的价值性和功能性。企业文化是组织成员共享的核心价值观和行为规范。我们可以把企业文化的塑造更具象地理解为"这里做事的模式"。在塑造组织"做事的模式"过程中，必须平衡企业文化的价值性和功能性。

（2）关注企业文化生成的关键控制点。管理者需要在理解企业文化形成原理的基础上，抓住其形成过程中的三项关键控制点：一是梳理和提炼企业倡导的"理念"；二是强化"行动—行动成功/失败"之间的联系；三是推动成功行为复制。

（3）聚焦关键人物、场景和机制。许多优秀企业围绕企业文化塑造的关键控制点探索和总结了大量优秀的实践，这些实践看上去或纷繁复杂，或流光溢彩，或质朴厚实，但之所以有效，是因为它们抓住了关键人物、关键场景和关键机制。

三、企业文化塑造的具体路径

塑造优秀的企业文化，是一个长期而复杂的系统工程，不能一蹴而就，要结合现状，找准目标，学优学长，吸收新思想新方法，准确把握员工队伍的思想脉搏，有的放矢地开展工作。一般而言，企业文化须经历五个发展阶段，第一是生存阶段，企业为生存奋斗，价值取向以目标为导向；第二是企业家代表企业文化阶段，以规则为基础；第三是团队代表企业文化阶段，以绩效为基础，厚实的绩效帮助企业构建系统能力；第四是员工代表企业文化，以创新为导向；第五是企业文化真正形成阶段，这个阶段以愿景为导向，企业具有了核心价值能力，可以用文化凝聚所有人，从而获得强有力的竞争地位。目前，我国大部分企业（文化）依然在第二阶段即企业家文化阶段，也有少部分企业具有以绩效为基础的文化即第三阶段，极少企业到了第四阶段和第五阶段。因此，塑造优秀企业文化需要立足现实、统筹考虑、长远规划、长期打造。

企业文化塑造的具体路径大致可分为以下六个步骤。

（一）确定企业使命

一个企业的使命应该是怎样的呢？企业的使命至少应该能回答出以下问题：第一，我们的事业是什么？第二，我们的客户群是谁？第三，客户的需求是什么？第四，我们用什么特殊的能力来满足客户的需求？第五，如何看待客户、同仁、股东、社会的利益？归结起来就是企业存在的目的和理由。确定企业使命，就是要确定企业实现愿景目标必须承担的责任和义务。上述前四个问题，企业可以根据自身从事的行业特点来回答，至于第五个问题如何看待客户、同仁、股东、社会的利益，由于企业不仅是创始人的企业，也是员工、合作伙伴和社会的企业，随着企业走向发展和壮大，企业必须经历迈向社会化的过程。企业使命应该精简为简单易记的一句话。"志"越大越好，越精练越好，越容易让人记住越好，读起来越朗朗上口越好。越这样去做，企业使命越便于推广，越便于让外界记住，越容易扎根在同仁的内心之中。

例如，阿里巴巴提出的使命是"让天下没有难做的生意"。从中可以看出，在确定企业的使命时应该注意几个事项：一是使命一定要是"虚"的，而不是"实"的。二是使命一定要有"爱"，"爱"就是让他人变得更好。三是使命要能让员工热血沸腾。四是使命一般使用"让""使""为"等字开头。五是使命一旦确定，就不能轻易改变。

（二）规划企业愿景

在规划企业愿景之前，首先要思考三个问题，即：我们的企业是什么？我们的企业将是什么？我们的企业应该是什么？思考清楚这三个问题，也就对企业的愿景有了一个大致的轮廓。归结起来，设定企业愿景需要回答以下三个问题：我们要到哪里去？我们未来是怎样的？目标是什么？这三个问题想清楚之后，还要厘清愿景与企业战略之间的关系。企业战略是指企业根据环境的变化、本身的资源和实力，选择适合的经营领域和产品，形成自己的核心竞争力，并通过差异化在竞争中取胜，是对企业的当前及未来将如何行动的一种总体表述。愿景既是文化的导航，更是战略的指引。企业战略最重要的是方向。这个方向长远看是愿景，短期看是战略目标。因此，愿景首先体现于企业的战略，愿景制定之后，战略将围绕愿景制定企业阶段性战略指标体系、年度经营计划，以及与之相辅相成的关键业绩考核系统。

厘清以上问题和关系之后，就要开始设计最适合企业的愿景了。愿景是什么？就是预告事实，就是能让人的动力产生巨大的爆发性。那如何设计企业愿景呢？企业的愿景要与以下七个非常重要的词语相契合。

1. 清晰

既然愿景是还没有实现，还没有达成的一个图景，那就必须特别清晰。因为越清晰越准确，就越能让你的同仁感觉到这个愿景是可以看得见的，可以摸得着的，不是含糊其词的，不是一时的豪言壮语，也不是因头脑一时发热而说出来的话。

2. 年限

虽然愿景讲述的是未来企业的发展方向，但却不是永远实现不了的。因此，企业在设计愿景的时候，最好先设定一个年限。这个年限最起码要有十年的时间，最短也须五年，最长不能超过二十年。现实中，一般十年就可以了，五年太短，五年以下的叫战略目标，十年以上的愿景又过于遥远，无法激发员工奋斗的力量。

3. 冲击力

什么样的愿景具有冲击力呢？你的企业愿景是否能经常让你热血沸腾，甚至热泪盈眶；能否经常让你为它彻夜难眠；能否让你有一种热情，一股冲动，想将它与你的同仁分享。愿景的力量就在于它既是宏伟的又是激动人心的。比如，成为这个领域的引领者（著名、领导、主导、最大、最好、第一、最强、标杆、榜样……），有这样的词汇，这样的画面，这样的愿景，才能够产生冲击力。

也许有的人会说，愿景设定得太大了难以实现。试问，如果愿景是那么轻易就可以实现的话，那愿景又怎么会激动人心呢？愿景的哲学意义建立在"你想成为什么，所以你能成为什么"，而不是"你能成为什么，所以你想成为什么"。

当微软公司创始人比尔·盖茨（Bill Gates）在1980年说他的梦想是"让每家每户的每张桌面上都有一台个人电脑"时，很多人都认为他异想天开，但现在，他的梦想几乎已经实现。愿景就是这样一个企业的梦想。这种梦想通常会使人感到不可思议，但又会不由自主被它的力量所感染。因此，如果愿景是一种立即就能被人把握实现的目标，那它充其量只能说是一个战略目标，而不是我们所说的愿景。

4. 独特

一个成功的愿景常常是独一无二的，如果你想实现与其他企业完全相同的愿景时，在这样的两个企业之中，很难说一定是你会取得成功。如果你试图在市场上拥有与他人同样的地位，可能已经没有足够的地方了。所以，你的愿景必须是独一无二的，绝对不能抄袭对手，或者跟在对手后面跑。

例如，同行业的某个企业宣称要成为这个领域的"领头羊"，要把公司做到什么程度，他设计了一个宏伟的蓝图。这时，如果你跟在人家屁股后面，也设计了一个一模一样的蓝图，或者和它类似的蓝图，那些聪明的员工一看就知道这是和别人学的，是跟在人家后面转的，所以肯定没有未来，没有希望。有些员工可能还会对这种行为比较厌恶，觉得一个没有自我独特性、没有自我主张、没有自我安排的公司，会是一个没有前途的公司。

5. 服务

大家都知道猴子掰玉米的故事，掰一个丢一个，最后发现什么也没有得到。为什么？不是它没有能力，而是因为它做事不够专注，没有明确的定位。在设定愿景的时候，企业要服务于什么人，服务于什么群体，到底能为什么人创造价值，必须非常明确。只有明确了，才能让同仁知道你未来要走到哪个方向去。一个企业不能满足所有人的所有需要，也不能满足一部分人的所有需要，而只能满足一部分人的一部分需要。怎么才能满足一部分人的一部分需要呢？这就要对企业的服务有一个明确的定位。

6. 持久

什么叫持久？就是说你设计的愿景，不能轻易更改。如果你轻易改动，那些本来相信你愿景的人，也就不再相信了；那些原本不相信你的愿景的人，就更加不相信了。一般只有当原来设定的愿景实现时，才可以去重新规划新的愿景。

7. 关系

何为关系？就是说你所设计的愿景和你的员工有什么关系，这是愿景当中最重要的一条。说简单点，就是你给团队成员的利益承诺，也就是说这个愿景一旦实现了跟团队有什么关系，能给大家带来什么价值和好处。

例如，阿里巴巴的愿景：①活102年：我们不追求大，不追求强，我们追求成为一家活102年的好公司；②到2036年，服务20亿消费者，创造1亿就业机会，帮助1 000万家中小企业盈利。从中可以看出，在规划企业的愿景时应该注意几个事项：一是愿景一定要是"实"的，而不是"虚"的。二是愿景要宏大且能让员工受益。可以从这三个方面理解：愿景既要能满足员工的物质需求，也要能满足员工的精神需求，两者缺一不可；宏大的目标让员工获得成就感和实现自我价值主要是指精神层面的需求，让员工受益主要是指物质层面的需求；只有宏大且能让员工受益的企业愿景才能产生感召力。三是愿景一般使用"成为""让"等字开头。四是愿景是可以变化的。可以从这三个方面理解：愿景就是长期目标，而目标就是用来实现的；一旦企业实现了原来的愿景，就必须重新规划新的愿景；当企业实现了原来的愿景又没有新的愿景时，企业就会迷失方向。

（三）塑造核心价值观

核心价值观是企业在经营过程中坚持不懈、努力使全体员工都必须信奉的信条，体现了企业核心团队的精神，也是企业家身体力行并坚守的理念。它明确提倡什么、反对什么，哪一种行为是企业所崇尚的，鼓励大家去做的；哪一种行为是企业反对的，大家不应该去做的。正像一个人的所有行为都是由他的价值观所决定的那样，一个企业的行为取向也是由企业的价值观所决定的。这种价值观和理念是一个企业的文化核心，凝聚着企业高层管理人员和全体员工的思想观念，从而使大家的行为朝着一个方向去努力，反映出一个企业的行为和价值取向。

1. 企业核心价值观的要求

企业价值观是整个企业文化的核心和灵魂，选择正确的企业价值观对企业发展具有重大战略意义。因此，企业核心价值观应当符合三个方面的要求：一是企业价值观要体现企业的宗旨和发展战略与方向。立足于本企业的实际，根据企业自身的使命、宗旨、目标、环境、习惯和组织方式等，结合本企业自身的性质、规模、技术特点、人员构成等因素，选择适应企业发展需要的企业文化模式，在组织与组织成员之间达成共识。二是企业价值观要与企业文化各要素之间相互协调。要协调好企业价值观与组织环境、组织树立的典型模范、组织内部的文化仪式以及文化网络等各企业文化要素的关系，确保各要素之间相互组合与匹配的科学性，以实现企业文化系统的整体优化。三是企业价值观要得到组织成员和社会的认可与接受。良好的价值观应当能够凝聚全体组织成员的理想和信念，进而成为鼓励组织成员努力工作的精神力量。

2. 企业核心价值观的塑造

企业文化的核心是价值观，表现为行为，即企业的凝聚力，员工对企业的忠诚度、责任感、自豪感、精神面貌和职业化行为规范。比如，迪士尼公司的核心价值观是"健康而富有创造力"，简短而内涵丰富。企业文化建设始于核心价值观的精心培育，终于核心价值观的维护、延续和创新，这是成功企业不变的法则。因此，塑造企业核心价值观应当注重以下三个方面：一要着力挖掘自身文化。要注意从企业特定的外部环境和内部条件出发，把共性和个性、一般和个别有机地结合起来，总结出本企业的优良传统和经营风格，挖掘出本企业长期形成的宝贵的文化资源，在企业精神提炼、理念概括、实践方式上体现出鲜明的特色，形成既具有时代特征又独具魅力的企业文化。二要着力博采众长。广泛借鉴国外先进企业的优秀文化成果，大胆吸收世界新文化、新思想、新观念中的先进内容，扬长避短，为我所用。三要根据塑造形成的核心价值观指导企业的实际行动。

（四）强化认同企业文化

强化认同企业文化应当注重以下三个方面：一是广泛宣传。利用企业中一切可以利用的媒体如内部报纸、杂志、电视、网络、宣传栏等，广泛传播企业文化的内容和精要，营造浓厚的舆论环境氛围。二是培养和树立典型。模范典型是企业精神和企业文化的人格化身与形象缩影。企业通过表彰和奖励那些行为体现理想企业文化的组织成员，让他们以其特有的感召力、影响力为其他组织成员树立学习的标杆。"榜样就在身边"，组织成员会从典型模范的精神风貌、价值追求、工作态度和言行表现之中，深刻理解和体会企业文化的实质。三是加强培训和教育。企业通过开展目的明确的内部培训和教育，以及丰富多彩的活动，潜移默化地使组织成员系统接受和强化认同企业精神与企业文化。

（五）提炼定格企业文化

成熟的企业价值观和企业文化模式的形成不是一蹴而就的，必须经过精心分析、全面归纳和提炼定格。提炼定格企业文化应当注重以下三个方面：一是精心分析。企业价值观和企业文化模式经过广泛宣传、初步强化认同后，企业应当对反馈回来的意见和建议进行深入剖析和评价，找出可吸收的有关专家和组织成员的合理意见与建议。二是全面归纳。在系统分析的基础上，进行综合整理、归纳、总结和反思，摒弃那些落后的企业文化内容和形式，而对卓有成效的予以保留。三是提炼定格。对经过科学论证和实践检验的企业精神、企业价值观、企业伦理与行为，予以条理化、完善化和格式化，并从理论上和文字上进行加工处理，用精练的语言表述出来。

(六)巩固完善企业文化

巩固完善企业文化应当注重以下两个方面：一是建立规章制度。在企业文化演变为全体成员的习惯之前，要使每一位成员从一开始就自觉地、主动地按照企业文化和企业精神的标准去行动比较困难，因此，为了巩固、落实已提炼定格的企业文化，有必要建立奖优罚劣的规章制度。二是领导者率先垂范。正所谓上行下效，领导者在塑造企业文化的过程中起着决定性的作用，领导者自身的模范行为具有一种感召力和导向性，对广大组织成员会产生强大的示范效应。

第二节 企业文化落地

企业文化建设是一个需要长期坚持不懈的过程。企业文化建设需要贯穿于企业管理的全过程，通过塑造强大的企业文化，员工的思维方式、行为方式、业务流程都会产生质的改变。企业文化是一只无形的手，影响着企业方方面面的变革。因此，企业需要重视企业文化的建设与落地，从而更加有效地管理人才，最大化激发员工潜能，才能打造无可比拟的竞争优势。

前 IBM 公司总裁路易斯·郭士纳（Louis Gerstner）说："伟大的机构不是管理出来的，而是领导出来的。"这句话切实揭示了企业文化的真谛：优秀的文化不是管理出来的，而是需要有效的领导。但是，企业文化在落地的过程中，往往遭遇各种障碍。相关调查显示：难以获得高管支持、无法赢得员工认同、对推广难以坚持、无法看到实际效果、内容过少太单薄、内容过多不聚焦、缺乏统一的官方解释等成为企业文化落地过程中普遍存在的障碍。

一、企业文化落地的关键问题

企业文化建设是一个从"虚"到"实"的贯彻与执行的过程。企业文化要真正落到实处，执行是关键。企业文化落地（corporate culture implementation）在很大程度上需要与人力资源管理紧密结合，才能将核心价值观通过具体的管理行为表现出来，真正得到员工的认同，并由员工的行为传达到外界，形成在企业内、外部获得广泛认同的企业文化。要真正落实企业文化，必须注意以下关键问题。

1. 将企业的价值观念与用人标准结合起来

人员招聘时，根据应聘人员价值观念和行为方式是否与企业文化相吻合，来决定是否聘用。这要求企业在招聘面试过程中，根据分析人的性格特点及价值观念，与面试要求与标准的对照，录用那些与企业文化契合度较高的候选人。

2. 将企业文化的要求贯穿于企业培训之中

这种培训包括企业的正式培训和非正式培训。企业可以通过非正式培训，改变以往生搬硬套的模式，采取一些较灵活的方式，如非正式活动、非正式团体、管理游戏、管理竞赛等方式，不经意地在这些活动中表达出企业的价值观念，并潜移默化地影响员工的行为。

3. 将企业家精神的塑造贯穿企业文化建设全过程

要注重塑造企业家精神，并充分发挥企业家的权威性与文化感召力，使文化顺利推进与实施，发挥深刻的作用。企业家往往是企业的文化领袖，其言行举止会成为企业的文化象征。企业高层认识到文化对于经营的重要性，主动进行文化的倡导，大力支持企业文化建设工作，使得企业文化价值主张在企业内外进行延伸，从而有利于企业的发展和员工凝聚力的提升。

4. 将企业文化融入员工的考核与评价中

大部分企业在考核评价员工时，往往以业绩指标为主，忽视了对企业文化的考核。即使有些企业提出对企业文化进行考核，但考核内容也缺乏具体的解释，缺乏具体量化的描述，并未起到深化企业价值观的作用。因此，在考核体系中要加入企业价值观念的内容。其中，对企业价值观的解释要通过各种行为规范来进行，通过鼓励或反对某种行为，达到诠释企业价值观的目的。通过建立对文化价值观的绩效考核体系，不断加强员工对企业文化的认知与执行。

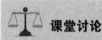
课堂讨论

你认为影响企业文化落地的最关键因素是什么？为什么？

二、企业文化落地的具体路径

（一）企业文化的宣贯

企业文化宣贯落地是整个企业文化建设过程中最关键的一环，也是最难的一环，事关企业文化建设能否实现增强核心竞争力的预期目的和效果。如果企业文化没有在员工心中落地生根，员工在言行举止中没有自觉地将企业文化加以体现，则不仅不能助力企业发展，相反，企业文化会成为好看不中用的"镜中花""水中月"。因此企业文化是否宣贯落地，是否做到了一以贯之，是判断企业文化建设成效好坏的标准，也是企业管理水平高低的重要体现。

1. 企业文化宣贯遇到的困难和问题

当前，许多企业已经建立起自己的企业文化框架体系，但多数企业都是借助外部力量定制一整套理念，有些对如何推进宣贯落地关注得不多，有些推进宣贯落地的效果不佳。结合企业文化宣贯工作的实践，一般认为企业文化宣贯存在以下困难及问题。

（1）企业文化宣贯与生产经营管理相脱节。企业文化要宣贯落地，应该把企业文化融入企业生产经营管理的各个环节、所有细节。企业的生产经营管理行为应体现企业文化的理念和价值。但一些干部职工将企业文化建设工作归属于政工工作范畴，认为是政工工作者的事，与自己的部门和岗位职责无关，人为地把企业文化建设与生产经营管理割裂开来，导致企业文化独成一套体系、企业文化活动脱离了生产经营管理。开展的企业文化活动不但不能使企业文化理念深入人心，反而成为"烫手山芋"，一些干部职工甚至认为是不务正业。

（2）企业文化宣贯的上下结合不够。企业文化框架体系搭建以后，为了使企业文化理念在员工中入心入脑，企业往往采用学习培训、知识问答、宣传手册等方式进行宣传。这种方式一定程度上扩大了企业文化理念的影响面，但没有深入结合部门工作实际，没有从员工心理需求出发，员工处于消极被动接受的状态，导致宣贯效果不佳，宣贯活动成了一种任务，成了"一阵风"。

（3）企业文化宣贯的方法、载体创新不够。企业文化理念宣贯一般以企业文化活动作为载体，但一些企业的文化活动仍采用陈旧的方式，如演讲比赛、征文比赛、文娱活动等，创新不够，尽管主题与文化建设挂钩，但员工参与的积极性不高，活动内容流于浅层表面，宣贯效果存在局限性。

（4）企业文化宣贯缺乏一套长效机制。企业文化宣贯工作的热潮往往在企业文化理念体系建立后的一小段时间出现，如何延续宣贯工作，形成常态化宣贯工作格局，却缺乏一套长效机制。企业文化宣贯工作机制、考评机制、创新机制等还没有建立健全，宣贯工作没有规划、没有具体计划，成了思想政治工作的附属品。

2. 企业文化宣贯的原则

企业文化宣贯是一个长期复杂的过程，必须反复实践论证，总结纠偏，推向前进。企业文化体系不同、发展阶段不同、企业基础不同，宣贯的方式方法不尽相同，但总体而言，应把握以下几个原则。

（1）注重发挥领导作用。火车跑得快，全靠车头带。没有领导的重视，企业文化宣贯只能是纸上谈兵，一事无成。单位领导是企业文化的倡导者、推行者、实施者，不仅要用理论诠释企业文化，更应用行动助推企业文化，成为加强企业文化建设的表率，引导广大员工树立企业文化理念，激发广大员工的创造力，把自上而下的指导与自下而上的实践结合起来，推进企业文化建设深入发展。

（2）注重全员参与。员工是建设企业文化的主体，没有广大员工的积极参与，就不可能形成优秀的企业文化。企业文化宣贯不是哪一个部门、哪一个人的事，它是一项全局性工作，涉及每一位员工、每一个部门、每一个角落。企业文化宣贯要注重全员参与，需要全体员工群策群力、共同践行。要以全体员工为主体，共同培养，共同建设，逐步形成全员共识，把共识倡导的文化理念转化为全体员工知行一致的共同规范。

（3）注重循序渐进。企业文化宣贯落地不是一蹴而就的，而是一项长期复杂的系统工程，需要统筹规划、分步实施，稳步推进，不断完善。要建立健全企业文化建设工作机构，形成主要领导挂帅，政工部门牵头，各部门各负其责、齐抓共管的工作机制，明确人员职责，制定文化建设规划，确保企业文化宣贯沿着既定的方向前进。同时，要完善考核机制，确保文化宣贯落实到位。

（4）注重与生产经营管理相融合。企业文化理念不能仅仅停留在灌输、倡导层面，停留在口号上，应该与企业的生产经营管理融为一体，通过出台与企业文化氛围相适应的制度，把企业价值取向、经营理念等形成制度化成果，从制度上为企业文化宣贯落地提供保障。同时，要将文化引领作为员工生产经营管理的原动力，把评优评先与文化建设相结合，发挥正面激励、示范引导作用，让践行企业文化理念成为工作价值取向。

3. 企业文化宣贯的途径与方法

企业文化宣贯是一项系统工程，不能一蹴而就，但也必须打破零碎敲打的现状，须建立企业文化长效宣贯平台，做到内化于心、外化于形、固化于制、实化于行，让企业文化理念深植于员工心中。

（1）凝聚内动力，推进企业文化内化于心。企业文化理念要宣贯落地，首先要员工认同企业文化理念，形成共同的价值理念，从而凝聚推动企业发展的强大内动力。

一是要创新载体，强化宣传。企业文化理念提炼出来以后，要借助宣传栏、画册、宣传片等载体全方位、立体式宣传，确保企业文化宣传到岗位、进家庭。要注重创新、灵活应用企业文化宣贯载体和方式，提高宣贯的效率和针对性。摒弃过去单纯依靠文件、宣传栏等呆板、单一的形式，充分利用短信平台、企业网站、内部刊物等形式，增强宣传生动性，增加员工接触企业文化的机会，使企业文化宣传覆盖到每个岗位、每个职工家庭，同时，创新宣贯方式，通过举办企业文化知识竞赛、文化宣贯演讲比赛等互动形式，以通俗易懂的方式，将企业文化融入其中，使员工易于接受、乐于接受。

 知识点滴

企业文化宣贯的载体

（1）传统载体：横幅（标语）、橱窗、板报、光荣榜、表彰大会、文艺活动（卡拉OK、诗歌会）、体育活动、集体旅游、年终尾牙。

（2）现代载体：公司网站、内部报刊、微信公众号、内部邮件、内部讲话、LOGO设计、团建活动、晨会晚会、司歌司旗、学习小组（读书会）、相亲会、集体婚礼、博物馆（展示中心）。

（3）高级载体：文化记忆（经典故事）、企业文化手册、员工手册、创始人著书立说。

二是要强化培训，普及推广。要把企业文化知识培训摆上日程，实行全员学习，并通过制度固化，有效消除企业文化理念领导知道得多、员工知道得少，机关知道得多、一线知道得少的现象。要在完成日常教育培训计划外，根据企业文化宣贯实际需要，开发出文化宣贯教育系列培训项目；通过学习原文，深度分析，延伸讲解，让企业文化在全员中入脑入心。同时为避免培训流于形式，要严格培训纪律，强化考核，通过抽查培训笔记、课后小测试等形式，把好培训效果关，切实提高培训实效性。

三是要正面引导，强化激励。企业文化宣贯落地就是通过企业一系列有意识的企业文化建设活动，清除企业中各种非主流文化，使企业倡导的理念深入人心。通过宣传好人好事，表彰工作先进，弘扬企业正气，抵制歪风邪气，从而促进企业文化理念的传播和影响。

（2）塑造形象力，推进企业文化外化于形。企业文化在员工心中往往是虚无缥缈的印象，要使企业文化理念以通俗易懂的形式为员工所认知，建立鲜明、独特的形象体系，使企业文化理念具体化、形象化是有效途径。

一是要应用视觉识别系统。视觉识别系统是企业文化形象化、具体化的视觉传达工具，是企业文化建设的重要组成部分。要按照行业要求，结合实际，对公司庭院、办公大楼、生产车间内指示牌、宣传栏、垃圾桶、文明用语等标识标牌进行规划和设计，形成统一、规范的形象。同时，充分利用名人字画、格言警句、绿色花卉等装饰物品，点缀公司庭院、办公大楼、生产车间环境，增加文化气息，营造文化氛围。

二是要丰富宣贯阵地。开展企业文化活动是实现企业文化宣贯的重要载体，而企业文化活动则要有场地作为保障。一些企业，开展文体活动无场地，文化活动基本处于空白状态，员工精神文化生活匮乏，企业文化宣贯无从谈起。要加大企业基础设施的投入，改善职工活动中心、篮球场、门球场等场地设施，丰富青年员工、离退休老同志业余生活，进一步强化企业文化宣贯阵地。

（3）增强生命力，推进企业文化固化于制。宣贯企业文化，不是一时而作，不能半途而废，而要着眼长远，遵循事物发展规律，以制度化、固定化作保障，将企业文化宣贯作为一项长期工程来推进。

一是要使员工行为规范化。要以教育培训为载体，以绩效考核为手段，全面落实行业行为规范，做到"四个统一"和"五个规范"：统一着装、统一工作环境标准（卫生、办公物品陈列等）、统一办公桌物品摆放、统一电脑桌面主题；规范生产行为、规范服务行为、规范日常行为、规范接待礼仪、规范工作作风。通过统一环境标准，规范员工行为，进一步提升员工队伍形象，改善员工精神面貌，改进员工工作作风。

二是要使文化活动常态化。不拘泥于形式，不考虑时间安排，把握一切能把握的机会，利用一切能利用的载体，全方位、高密度宣传企业文化理念，推动企业文化深入人心；制定企业文化中长远培训计划，细化方案，保障资金，严格执行，强化考核，提升培训效果；以人为本，统筹安排，持续开展各类丰富多彩、员工喜闻乐见的企业文化活动，丰富员工精神生活，增强企业凝聚力，营造浓厚的企业文化宣贯氛围。

三是工作机制明晰化。在企业文化宣贯过程中，要注重过程管理、痕迹化管理、闭环管理，形成企业文化宣贯工作机制，发挥领导作用，明确责任分工，细化管理流程，加强绩效考核，确保宣贯工作落实到位，有序推进。

四是文化宣贯模式化。企业文化宣贯不能照抄照搬，要根据实际情况，在企业文化宣贯中，不断总结，摸索出有自身特色的企业文化宣贯模式。

（4）转化行动力，推进企业文化实化于行。企业文化宣贯的最终目的是要员工自觉践行企业文化理念，推进企业发展战略的实现。因此，企业文化宣贯必须将企业文化理念融入企业经营管理中，将宣贯成果转化为员工自觉行动。

一是要推动由知到行的转变。在企业文化建设工作中，不仅要强调提高企业文化理念的知悉程度，更加注重践行企业文化理念。要通过开展系列竞赛活动、模范评选活动，营造创先争优的工作氛围，引导员工自觉践行企业文化，做到在工作上先人一筹。

二是要实现知行合一的跨越。要将企业文化有机地融入生产经营管理各项工作之中，不断提升企业管理水平，有效提升企业形象，打造企业服务品牌。在基础管理方面，要求每位员工全力以赴做好每一件事，脚踏实地地走好每一步，时时保持进取意识，不断追求新的进步。在队伍建设方面，要为员工搭建成长平台，加强员工的教育培训，提升员工整体素质，充分调动员工积极性。同时，用先进人物或典范事迹来引导、激励员工，用行为规范来塑造形象，从而推进企业文化实现知行合一的跨越。

视野拓展

企业文化生根 4R（Route）路径

第一步（R1）：入眼——企业文化的认知。梳理、凝练企业文化的核心——愿景、使命、核心价值观，编写体系（手册），让全员认识、感知自己的企业文化。

（1）氛围营造：①企业文化手册设计、印刷；②氛围营造、策划。

（2）文化考核：组织全员进行企业文化考核，采取自下而上的考核方式。

第二步（R2）：入脑——企业文化的认可。通过培训、研讨企业文化核心，让全体员工认可自己的企业文化。

（1）宣讲与培训：①为高层领导提供企业文化基本知识的宣讲；②为高层领导提供企业文化核心理念的培训；③为中层领导提供企业文化基本知识的宣讲；④为中层领导提供企业文化核心理念的培训；⑤为基层员工提供企业文化核心理念的宣讲培训。

（2）知识考核：①借助一些活动，如知识竞赛、诗歌朗诵、看板等方式；②组织企业文化考试。

第三步（R3）：入心——企业文化的认同。通过讨论、研讨企业文化核心，让全体员工认同、感受自己的企业文化。

（1）讨论与研讨：分专题进行讨论，分层级进行研讨。

（2）征文、演讲等比赛。

（3）故事征集。

（4）成果汇报。

第四步（R4）：入行——企业文化的践行。通过讨论、公开承诺，使理念变成行为，让全体员工践行、体验自己的企业文化。

（1）汇总讨论成果，形成行为规范。

（2）汇总故事案例，形成故事集。

（3）对照行为准则、规范，修正自己的行为。

（4）理念变为行为。

（5）长期坚持，慢慢形成习惯。

（二）企业文化的践行

1. 企业家亲力亲为

企业文化建设关键在企业家。企业家自身的文化底蕴是企业文化建设的重要力量，其亲力亲为更是推动企业文化建设顺利进行的根本保障。企业家要切实加强自身文化修养，以良好的文化追求和素养带动企业文化建设。同时，要将企业文化建设列入企业重大事项和关键基础性工作，亲力亲为，常抓不懈。只有企业领导真正重视起来，以身作则，身先士卒，正确的价值追求与企业发展愿景才会被广大员工所认同和接受。此外，企业家要注重以企业家精神推动企业文化建设高质量发展，实现两者之间的和谐发展。吉利控股集团董事长李书福对企业文化非常重视，他说："一个良好的企业文化能促进每一位员工的不断进步，并且获得成功；反言之，不好的企业文化也会影响员工的成长，把员工引向失败。""企业文化，其实就是一种环境、一种氛围、一种习惯，不是你花钱就能买到的，也不是从天上掉下来的，是要企业通过规范的制度建设、严格的管理和全体员工的共同实践，自然而然地形成的，看不见摸不着。'近朱者赤，近墨者黑'相互影响，这就是文化。"

2. 建立长效工作机制

要加大企业文化建设的组织领导力度，建立健全企业文化建设专职管理机构，配备必要的专职人员，提供必需的财力与物力支持。要明确企业文化建设目标与各级管理者的责任，明确阶段工作任务与措施，切实抓好督查落实和总结奖惩。注重企业团建活动、员工组织教育活动以及外出学习交流活动，注重收集整理文化建设素材并及时发布，与全体员工及时分享企业文化建设成果。此外，分管文化建设的企业管理者应协调好各部门关系，提高工作运行效率，形成合力，共同推进企业文化建设的步伐。

3. 确保建设经费的有效投入

文化建设不像经济建设，很快就能取得立竿见影的效果，而是一个需要持续性投入的整体性与系统性工程。要搞好此项工作，就要完善中小企业文化建设经费保障机制，增强企业文化建设工作的稳定性。一方面，企业文化建设经费应取得企业主的肯定与支持，并列入企业重要议程。另一方面，要明确企业文化建设经费使用范围，做到每一笔费用都用在文化建设工作上，并严格做好经费的监督管理工作，最终确保专项经费的有效投入。

（三）企业文化的传承

1. 打造以主业为核心的品牌

品牌通常是指能够给企业带来溢价、产生增值的一种无形资产，其载体是用以和其他竞争者的产品或劳务相区分的名称、术语、象征、记号或者设计及其组合。企业产品或服务的品牌与企业的整体形象联系在一起，是企业的"脸面"或"标识"。品牌之所以能够增值，主要来自消费者心目中形成的关于其载体的印象。苹果产品能赢得用户的青睐，不单单是因为看得见、摸得着的设计和功能，还在于苹果开创了一种全新的手机文化即苹果文化。苹果文化就是"让用户通过最简单的方式使用苹果产品，并且充分满足用户需求的理念成为苹果的另一大竞争力。"苹果公司联合创始人史蒂夫·乔布斯（Steve Jobs）说："苹果的核心优势就是知道如何让复杂的高科技为普通大众所理解，随着科技日趋复杂，这一点就变得越来越重要。"苹果产品的"i"，目标就是满足客户需求，它已成为苹果文化的代表符号。

在市场竞争中，企业无不重视其产品或服务品牌的建设。打造以主业为核心的品牌，是企业文化建设的重要内容。美国一家著名咨询公司指出，核心竞争力强的企业有三大法宝：一是员工的忠诚度，二是用户的忠诚度，三是品牌的影响度。企业应当将核心价值观贯穿于自主创新、产品质量、生产安全、市场营销、售后服务等方面的文化建设中，着力打造源于主业且能够让消费者长久认可、在国内外市场上彰显强大竞争优势的品牌。

2. 体现以人为本的理念

儒家文化的核心是以人为本，强调"仁者爱人""己所不欲勿施于人"，每个人的独立人格都应受到尊重。"以人为本"是企业文化建设应当信守的重要原则。企业要在企业文化建设过程中牢固树立"以人为本"的思想，坚持全心全意依靠全体员工办企业的方针，把尊重人的个性、关注人的价值、激发人的潜能，作为企业文化建设的立足点。在企业文化建设中，应坚持以人为中心，用科学的机制激励人，用优美的环境熏陶人。要让员工有荣誉感、成就感和归属感，有家的温暖。

同时，要尊重全体员工的首创精神，在统一领导下，有步骤地发动全体员工广泛参与，从基层文化抓起，集思广益，群策群力，全员共建，努力使全体员工在主动参与中了解企业文化建设的内容，认同企业的核心理念，形成上下同心、共谋发展的良好氛围。

3. 强化企业文化建设中的领导责任

在建设优秀的企业文化过程中，领导是关键。俗话说，一头狮子带领一群绵羊，久而久之,这群绵羊就会变成"狮子"。要建设好企业文化,领导必须高度重视,认真规划、狠抓落实,才能取得实效。企业主要负责人应当站在促进企业长远发展的战略高度重视企业文化建设,切实履行第一责任人的职责,对企业文化建设进行系统思考,出思想、谋思路、定对策,确定企业文化建设的目标和内容,提出正确的经营管理理念。企业文化建设的领导体制要与现代企业制度和法人治理结构相适应,要明确企业文化建设的主管部门,安排专(兼)职人员负责此项工作,形成企业文化主管部门负责组织、各部门分工落实、员工广泛参与的工作体系。

与此同时,企业要深入调研、制定规划,认真梳理整合各项工作任务,分清轻重缓急,扎实推进。要着力将核心价值观转化为企业文化规范,通过梳理完善相关管理制度,对员工日常行为和工作行为进行细化,逐步形成企业文化规范,以理念引导员工的思维,以制度规范员工的行为,使企业全体员工增强主人翁意识,做到员工与企业"风雨同舟、合力共赢",真正实现"人企合一",充分发挥核心价值观对企业发展的强大推动作用。

4. 加强企业和员工的融合,增强企业发展壮大的强大动力

企业和员工是实现企业共同价值的共同体。为了员工和企业的共同发展,二者应当融为一体。首先,处理好企业与员工的关系,是建设优秀企业文化的坚实基础。其次,企业领导与员工积极作为,是建设优秀企业文化的重要条件。企业高层地位重要,责任重大,因此,企业高层必须努力做到:勤勉尽责、信诺守信;励精图治、敬业报国;公正廉洁、以德为业;克勤克俭、艰苦奋斗。员工是企业文化建设的主体,因而,员工也必须做到:爱岗敬业、忠诚守信;服务客户、奉献社会;遵纪守法、廉洁自律;文明礼貌、办事公道;艰苦奋斗、勤俭节约。只有企业领导和员工都尽心、尽力、尽职、尽责,并不断创新,企业才能形成能量,健康发展。最后,企业领导与员工的融合,是建设优秀企业文化的关键。企业领导与员工的融合,是员工个人成长进步,实现自我价值,为企业打造品牌,树立形象,实现利润最大化的实际需要,是实现双赢的必然选择。融合不是形式的融合,也不是表面上的融合,而是"心"的融合、"言"的融合、"行"的融合,这才能称得上是真正融合。建设企业文化,要发挥企业领导和员工双方的积极性,做到心心相印、同心同德,形成"积极进取、团结向上、齐心协力、共同作为"的良好企业文化环境,使企业成为真正具有核心竞争力的优秀企业,在市场经济的大潮中立于不败之地。

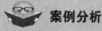 案例分析

华邦建设:根植文化建设 熔铸企业之魂

山东华邦建设集团(以下简称"华邦建设")是一家拥有建筑工程施工总承包特级资质,集建筑、市政公用、园林绿化工程施工、房地产开发、工程设计、建材生产与销售、物业管理、建筑劳务输出等于一体的全国大型企业。

企业要持续健康发展,就必须以先进文化为引领,在丰厚的文化积淀中凝聚起更加强大的创新发展活力。多年来,作为省级文明单位,华邦建设注重企业文化和思想政治建设,打造了独特的企业文化体系。集团在"磨砖精神"和"德、能、干、成"核心价值观的指引下,以"铸造精品,追求卓越"为企业精神、以"拼搏、创新"为企业风骨、以"关注

民生，奉献社会"为企业宗旨、以"打造高素质团队，强化管理，实现目标，迈向大型建筑企业"为企业愿景，并将这些内容外化于行，内化于心，郑重写入集团企业管理制度，成为全体员工自觉遵守的行动指南和文化纲领。

一、LOGO 先行

为坚定企业文化自信，不断提升文化软实力，反映集团精神面貌，助力集团形象升级，集团对企业标识进行了精心设计。标识主体由"华邦"的汉语拼音首字母"H"演变而成，搭配拼音及汉字，构成了"华邦建设"形象的唯一性与关联性（见图3.1）。标识整体以立体建筑物形象呈现，使集团的行业特征显而易见，同时又表达了集团深植厚土、稳筑根基、勇于向上、不断进取，努力打造建筑行业强势品牌的目标和信念。绿色作为主色，构图充满张力，蓄势冲刺，喻示集团一往无前的发展气势及直面未来挑战的魄力，也代表集团所崇尚的拼搏进取、

图 3.1　华邦建设 logo

攻坚克难的奋斗精神。辅以橙色点缀，表达了企业的人文关怀和创造热情，更提升了标识的可读性和认知度。标识用色彰显了创新、协调、绿色、开放、共享、理性、稳健、科学、活力、和谐的独特个性，设计简洁、动感、大气、新颖、独特、现代感强，表达了华邦建设"和谐创新，科学管理，优质高效，筑造精品"的企业文化特征。

二、工会赋能

作为企业文化建设的参与者，工会通过其特有的桥梁纽带作用和开展有效的活动来营造企业文化建设氛围，助推企业构建和谐企业文化。华邦建设依托"劳模·工匠创新工作站"和"职工之家"，大力弘扬劳模精神、劳动精神和工匠精神，努力营造劳动光荣的社会风尚和精益求精的敬业风气，先后涌现出一大批"全国劳动模范"、省市劳动模范和"富民兴鲁""富民兴潍""富民兴市"获得者以及各级各类工匠技师。"劳动最光荣、劳动最崇高、劳动最伟大、劳动最美丽"的理念在集团上下蔚然成风。

"立身以立学为先，立学以读书为本。"《华邦周刊》面向全体员工公开征集各类稿件，开辟展示企业风采和员工才华的专栏、专刊，至今已连续出版七年，极大地丰富了集团文化宣传板块；职工书屋配备文学、经管、社科、建筑等各类图书3 000余册，不仅丰富了员工的精神文化生活，也进一步推进了公司的企业文化建设，让"华邦书香"明世人、久流传；集团网站和微信公众号平台作为文化建设的前沿阵地和走向全国的重要平台，深入持久地宣传集团的实力水平、成绩荣誉、业务范围，讲述华邦好故事，传播华邦正能量；新时代文明实践"邻里守望"学雷锋志愿服务活动、"华邦建设杯"男子篮球友谊赛、"匠筑潍坊"潍坊市砌筑工职业技能大赛等文体技能活动，丰富了文化活动载体，主动走出去请进来，形成人人参与、人人建议的企业文化，凝聚员工向心力，积极打造命运共同体，赋能企业高质量发展。

三、企业家精神为本

创新是优秀企业家的重要特征，是企业核心竞争力的重要源泉。华邦建设人才荟萃，拥有各类专业技术职称人员1 500余人，其中，高、中级职称人员520余人，注册执业人员380余人。集团全体职工凝心聚力、奋力拼搏、善于创新、成果卓著，获评山东省全员

创新企业,拥有博士后科研工作站、山东省认定企业技术中心、BIM中心、建设工程研究实验室,主编参编国家、地方标准6项,获国家专利170余项,其中发明专利9项,拥有山东省省级工法40余项,荣获国家、省、市级各类科技奖项200余项,被认定为国家"高新技术企业"。集团倾力塑造一流团队,全力打造一流企业,全体员工拼搏进取,攻坚克难,铸造辉煌,精品工程数不胜数。近年来,创出"国家优质工程奖""全国建筑业创新技术应用示范工程""全国AAA级安全文明标准化工程""华东地区优质工程奖""泰山杯""鸢都杯"等各类国家、省、市名牌工程300余项。

四、公益慈善事业为基

集团始终把"报效国家,回馈社会;筑梦华夏,惠泽家邦"的理念贯穿于企业文化建设和经营发展全过程,将"公益慈善"作为企业文化的重要组成部分。十几年来,华邦建设先后组织开展设立青州二中奖学金、困难职工帮扶基金,捐助医院、校车、公共自行车,修桥铺路,援建灾区等多项社会公益活动,特别是在新冠疫情暴发期间,华邦建设通过潍坊市慈善总会捐款2 000万元人民币,用于支援新冠疫情防控工作。助力社会公益事业发展,已成为企业一贯恪守的社会责任。近年来,华邦建设累计为社会公益事业捐款出资逾亿元,为社会做出巨大贡献,受到社会广泛认可,先后荣获"全国抗击新冠肺炎疫情先进民营企业""山东省抗灾救灾先进基层组织""第七届山东慈善奖""潍坊市履行社会责任优秀企业"等荣誉称号。2021年11月10日,华邦建设董事长赵本明在山东省慈善总会第三届会员代表大会上,当选为省慈善总会荣誉会长,公司总裁刘庆云当选为省慈善总会第三届理事会理事。

长期以来,集团在文化建设方面精耕细作,积极创建学习型企业,实现了快速健康发展,年产值突破100亿元,连续6年上缴税金过亿元。文化建设的成功,极大地增强了集团高质量发展态势,成效卓著,后劲十足。在向着第二个百年奋斗目标的新征程上,华邦建设将持续积蓄企业文化软实力,增强高质量发展硬动力,为全面提升行业文化建设水平,助力建设品质城市贡献力量。

启发思考:(1)华邦建设企业文化的塑造对企业发展有何影响?
(2)华邦建设的企业文化是如何落地的?

本 章 小 结

企业文化塑造,是指企业有意识地发扬其积极、优良的文化,摒弃其消极、低劣的文化的过程。企业文化塑造的价值意蕴主要体现在三个方面:有助于企业适应时代发展、有利于推动企业高质量发展、有益于促进新时代企业文化的形成。弘扬企业家精神、科学精神、工匠精神是企业文化塑造的核心要义。企业文化塑造的具体路径可分为六个步骤:确定企业使命、规划企业愿景、塑造核心价值观、强化认同企业文化、提炼定格企业文化、巩固完善企业文化。企业文化要真正落到实处,执行是关键。将企业的价值观念与用人标准结合起来、将企业文化的要求贯穿于企业培训之中、将企业家精神的塑造贯穿企业文化建设全过程、将企业文化融入员工的考核与评价中是企业文化落地需要解决的关键问题。企业文化落地的具体路径可以从三个方面入手:企业文化的宣贯、企业文化的践行、企业文化的传承。企业文化宣贯可能会遇到四个方面的困难和问题:企业文化宣贯与生产经营管理相脱节,企业文化宣贯的上下结合不够，企业文化宣贯的方法、载体创新不够，企业文化宣贯缺乏一套长效机制。企业文化宣贯的途径与方法有：凝聚内动力，推进企业文化内化于心；塑造形象力，推进企业文化外化于形；增强生命力，推进企业文化固化于制；转化行动力，推进企业文化实化于行。企业文化的践行可从三个方面入手：企业家亲力亲为、建立长效工作机制、确保建设经费的有效投入。企业文化的传承主要体现在四个方面：打造以主业为核心的品牌；体现以人为本的理念；强化企业文化建设中的领导责任；加强企业和员工的融合，增强企业发展壮大的强大动力。

练 习 题

自学自测　扫描此码

第二部分

内在机理篇

第四章　企业文化与企业战略

【学习目标】

了解企业战略的定义、结构和特征及企业文化与企业战略的关系；理解并掌握企业文化与企业战略如何双轮驱动、和谐共进推动企业可持续发展。

引例

海尔：企业文化与企业战略的双轮驱动

海尔集团（以下简称"海尔"）创立于1984年，是全球领先的美好生活和数字化转型解决方案服务商。海尔作为实体经济的代表，持续聚焦实业，布局智慧住居和产业互联网两大主赛道，建设高端品牌、场景品牌与生态品牌，以科技创新为全球用户定制智慧生活，助推企业实现数字化转型，助力经济社会高质量发展、可持续发展。

一、海尔的企业文化

1. 海尔的愿景和使命

海尔的愿景和使命是致力于成为行业主导，用户首选的第一竞争力的美好居住生活解决方案服务商。海尔通过建立人单合一双赢的自主经营体模式，对内，打造节点闭环的动态网状组织，对外，构筑开放的平台，成为全球白电行业领先者和规则制定者，全流程用户体验驱动的虚实网融合领先者，创造互联网时代的世界级品牌。"海尔之道"即创新之道，其内含是：建立一流人才的机制和平台，由此持续不断地为客户创造价值，进而形成人单合一的双赢文化。同时，海尔以"没有成功的企业，只有时代的企业"的观念，致力于打造基业长青的百年企业，一个企业能走多远，取决于适合企业自己的价值观，这是企业战略落地，抵御诱惑的基石。

2. 海尔的核心价值观

（1）是非观："永远以用户为是，以自己为非"的是非观是海尔服务用户的动力。海尔人永远以用户为是，不但要满足用户需求，还要创造用户需求；海尔人永远自以为非，只有自以为非才能不断否定自我、挑战自我、重塑自我——实现以变制变、变中求胜。这两者形成海尔可持续发展的内在基因特征：不因世界改变而改变，顺应时代发展而发展。这一基因加上每个海尔人的"两创"（创业和创新）精神，形成海尔在永远变化的市场上保持竞争优势的核心能力特征：世界变化越烈，用户变化越快，传承越久。

（2）发展观：创业创新的两创精神是海尔文化不变的基因。海尔不变的观念基因既是对员工个人发展观的指引，也是对员工价值观的约束。"永远以用户为是，以自己为非"的观念基因要求员工个人具备两创精神。创业精神即企业家精神，海尔鼓励每个员工都应具有企业家精神,从被经营变为自主经营,把不可能变为可能,成为自己的CEO;创新精神的本质是创造差异化的价值。差异化价值的创造来源于创造新的用户资源。两创精神的核心是强调锁定第一竞争力目标。目标坚持不变,但为实现目标应该以开放的视野,有效整合、运用各方资源。

(3)利益观:人单合一双赢的利益观是海尔永续经营的保障。海尔是所有利益相关方的海尔,主要包括员工、用户、股东。网络化时代,海尔和分供方、合作方共同组成网络化的组织,形成一个个利益共同体,共赢共享共创价值。只有所有利益相关方持续共赢,海尔才有可能实现永续经营。为实现这一目标,海尔不断进行商业模式创新,逐渐形成和完善具有海尔特色的人单合一双赢模式,"人"即具有两创精神的员工;"单"即用户价值。每个员工都在不同的自主经营体中为用户创造价值,从而实现自身价值,企业价值和股东价值自然得到体现。每个员工通过加入自主经营体与用户建立契约,从被管理到自主管理,从被经营到自主经营,实现"自主,自治,自推动",这是对人性的充分释放。人单合一双赢模式为员工提供机会公平、结果公平的平台,为每个员工发挥两创精神提供资源和机制的保障,使每个员工都能以自组织的形式主动创新,以变制变,变中求胜。

二、海尔的战略发展

从1984年创业至今,海尔经过了名牌战略阶段、多元化战略阶段、国际化战略阶段、全球化品牌战略阶段、网络化战略阶段五个阶段,2019年12月,海尔进入第六个发展阶段——生态品牌战略阶段(见图4.1)。创业30多年来,海尔致力于成为"时代的企业",每个阶段的战略主题都是随着时代变化而不断变化的,但贯穿海尔发展历程的,都离不开企业文化,重点关注的就是"人"的价值实现,使员工在为用户创造价值的同时实现自身的价值。海尔从2005年提出"人单合一"已经近20年,现在"人单合一双赢"模式因破解了互联网时代的管理难题而吸引了世界著名商学院、管理专家争相跟踪研究。

图4.1 海尔的战略发展阶段

1. 名牌战略阶段(1984—1991年)

这一阶段,海尔抓住改革开放的机遇,以过硬的质量奠定了在中国冰箱行业第一品牌的地位。1985年中国电冰箱市场"爆炸式增长",市场供不应求,很多厂家大上产量,但不注重质量。别的企业年产量都已经百万台了,海尔才不到10万台,但海尔树立"要么不干,要干就要争第一"的名牌意识,不盲目上产量,扎扎实实做质量。这时,海尔发生了"砸冰箱"事件,连海尔的上级主管部门都点名批评海尔,但正因为这一事件,唤醒了海尔人"零缺陷"的质量意识。后来，著名导演吴天明拍摄了电影《首席执行官》，再现了"砸冰箱"的场景。1989年市场疲软，很多冰箱厂家降价销售，但海尔提价12%仍然受到用户抢购，当时一张海尔冰箱票的价格甚至被炒到上千元。海尔创业仅用4年时间，拿到了中国冰箱行业的第一枚质量金牌。

2. 多元化战略阶段（1991—1998年）

这一阶段，海尔借着邓小平同志南方谈话的机遇，兼并了18家亏损企业，从只干冰箱一种产品发展到多元化，包括洗衣机、空调、热水器等。那时，舆论称"海尔走上了不规则之路"，行业也认为企业要做专业化，而不是"百货商场"，而海尔则认为"东方亮了再亮西方"，海尔冰箱已做到第一，在管理、企业文化方面有了可移植的模式。另外，不管是专业化还是多元化，本质在于有没有高质量的产品和服务体系。事实证明，开始坚持做专业化的企业后来也开始做多元化了，海尔起步比他们早了至少10年。海尔的兼并与众不同，并不去投入资金和技术，而是输入管理理念和企业文化，用无形资产盘活有形资产，以海尔文化激活"休克鱼"。海尔文化激活"休克鱼"这个案例在1998年被写入哈佛案例库，张瑞敏也成为第一个登上哈佛讲坛的中国企业家。这样，海尔在中国家电行业奠定了领导地位。

3. 国际化战略阶段（1998—2005年）

20世纪90年代末，正值中国加入WTO，很多企业响应中央号召走出去，但出去之后非常困难，又退回来继续做定牌。海尔认为"国门之内无名牌"，"不是出口创汇，而是出口创牌"，并且提出"下棋找高手""先难后易"，先进入发达国家创名牌，再以高屋建瓴之势进入发展中国家。1999年，海尔在美国建立第一个海外工业园时，受到很多质疑，当时很多媒体说，美国的工厂都到中国来设厂，海尔反其道而行地跑到美国去设厂，最后肯定以失败告终。媒体有一篇文章题目就是五个字"提醒张瑞敏"。还有媒体说："别的企业到美国投资都不成功，海尔也很难成功""海尔等于是不在国内吃肉，却到国外啃骨头、喝汤"。只看当时，海尔到美国去设厂肯定没有成本优势，但今天来看，这无疑是个高度前瞻的、正确的决定。今天海尔满足美国当地消费者需求正是依托于美国南卡的海尔工厂。2001年，美国当地政府为感谢海尔为当地所做的贡献，无偿命名工厂附近一条道路为海尔路，这是美国唯一一条以中国品牌命名的道路。海尔打造国际化品牌就是按照"走出去、走进去、走上去"的"三步走"思路。"走出去"阶段，海尔以缝隙产品进入国外主流市场；"走进去"阶段，海尔以主流产品进入当地主流渠道；"走上去"阶段，海尔以高端产品成为当地主流品牌。这样，海尔逐渐在国际上树立品牌，成为中国品牌走向全球的代表者。

4. 全球化品牌战略阶段（2005—2012年）

从2005年开始，海尔进入全球化品牌战略阶段。全球化和国际化的不同在于其核心是本土化，这和国内企业OEM（original equipment manufacture的缩写，指一种"代工生产"方式）不同，也和日韩企业派驻本国员工到全球各地不同，海尔是创立自主品牌，在海外建立本土化设计、本土化制造、本土化营销的"三位一体"中心，员工都是当地人，更了解当地用户的个性化需求。现在海尔已经在全球建立五大研发中心，21个工业园，66个营销中心，全球员工总数超过6万人。其实，海外创牌之路很难，一般在国外培育一个品牌的赔付期是8~9年，所以，作为一个创自主品牌的企业，需要付出，需要有耐心。从目前中国品牌海外市场的占比来看，虽然中国家电产量占到全球的49.1%，但中国品牌的品牌份额只有2.89%，而这2.89%里面有86.5%是海尔品牌，也就是说，每10台中国品牌的家电，有8台是海尔品牌。在这个阶段的标志事件是：2012 年，海尔收购三洋电机在日本、东南亚的洗衣机、冰箱等多项业务，成功实现了跨文化融合；之后，海尔还成功并购新西兰高端家电品牌斐雪派克（Fisher & Paykel）；2016 年 1 月 15 日，海尔全球化进程又开启了历史性的一页——海尔与 GE（General Electric Company，美国通用电气公司）签署战略合作备忘录，整合通用电气家电业务，不仅树立了中美大企业合作的新典范，而且形成大企业之间超越价格交易的新联盟模式。《华尔街日报》形容海尔创造了"中国惊喜"。海尔在国际市场真正"走上去"，成为全球大型家用电器的第一品牌。

5. 网络化战略阶段（2012—2019 年）

这一阶段，海尔从传统制造家电产品的企业转型为面向全社会孵化创客的平台，致力于成为互联网企业，颠覆传统企业自成体系的封闭系统，而是变成网络互联中的节点，互联互通各种资源，打造共创共赢新平台，实现攸关各方的共赢增值。为此，海尔在战略、组织、员工、用户、薪酬和管理六个方面进行了颠覆性探索，打造出一个动态循环体系，加速推进互联网转型。在战略上，建立以用户为中心的共创共赢生态圈，实现生态圈中各攸关方的共赢增值；在组织上，变传统的自我封闭为开放的互联网节点，颠覆科层制为网状组织。在这一过程中，员工从雇佣者、执行者转变为创业者、动态合伙人，目的是要构建社群最佳体验生态圈，满足用户的个性化需求。在薪酬机制上，将"企业付薪"变为"用户付薪"，驱动员工转型为真正的创业者，在为用户创造价值的同时实现自身价值；在管理创新上，通过对非线性管理的探索，最终实现引领目标的自演进。2016 年海尔的战略方向是以诚信为核心竞争力，以社群为基本单元，建立后电商时代的共创共赢新平台。海尔重点聚焦把"一薪一表一架构"融入转型的六个要素中。"一薪"即用户付薪，是互联网转型的驱动力；"一表"为共赢增值表，目的是促进边际效应递增；"一架构"是小微对赌契约，它可以引领目标的自演进。三者相互关联，形成闭合链条，共同推进互联网转型。

6. 生态品牌战略阶段（2019 年至今）

2019 年 12 月 26 日，海尔创业 35 周年暨第六个发展阶段主题和企业文化发布会上，随着新战略主题与新海尔文化的发布，海尔也将展开新画卷，进入物联网生态品牌新时代。这一阶段，海尔精神是：诚信生态、共赢进化；海尔作风是：人单合一、链群合约。所谓共赢进化，就是和用户一起进化，这体现了区块链的一个很重要的特征——去中心化的用户自信任。去中心化之后，用户可以信任你，是因为他和你共赢进化，某种意义上说，用户也是一个创造者。所谓链群合约，体现了区块链的另一个很重要的特征——去中介化的价值自传递。因为在链群合约里，所有的价值，所有的节点，都是融合在一起的。

启发思考：（1）如何理解海尔的人单合一双赢模式？
（2）海尔战略的核心是什么？

第一节 企业战略的内涵

战略一词，原为军事术语，指作战的谋略。《辞海》对战略的解释是："军事名词，对战争全局的筹划和指挥。依据敌对双方的军事、政治、经济、地理等因素，照顾战争全局的各方面，规定军事力量的准备和运用。"在西方，strategy（战略）一词来源于希腊语"strategos"，其含义是指将军指挥军队的艺术。19 世纪初期的战略大师克劳塞维茨（Clausewitz）在其著作《战争论》中指出:"战略是为达到战争的目的而对战斗的运用。"长期以来,虽然人们一直在争论军事战略原理对企业的普遍适用性,但是,越来越多的人承认:军事战略对企业管理有重要的借鉴作用。正因为如此,自从 1965 年美国著名管理学家安索夫(Ansoff)发表《企业战略论》以来,企业战略(enterprise strategy)一词得到了越来越广泛的应用,越来越多的学者对企业战略管理的理论展开了深入的研究,战略的内涵也在研究中不断得到丰富和完善。

一、企业战略的定义

美国哈佛大学商学院教授安德鲁斯(Andrews)认为:"战略是目标、意图或目的,以及为达到这些目的而制定的主要方针和计划的一种模式。这种模式界定着企业正在从事的,或者应该从事的经营业务,以及界定着企业所属的或应该所属的经济类型。"他认为,企业战略应该包括企业希望取得的目标,以及为实现这些目标而采取的手段。

美国著名管理学家安索夫认为,企业战略是贯穿于企业经营与产品和市场的一条"共同经营的主线"。这条主线决定着企业目前要从事的或计划要从事的经营业务的基本性质。

战略管理大师迈克尔·波特(M. E. Porter)从核心竞争力和竞争优势的角度将企业战略定义为:企业战略是企业"设计用于开发核心竞争力和获取竞争优势而整合与协调企业系列资源和行为的谋划。"他认为,战略的本质是抉择、权衡和各适其位。

> **知识点滴**
>
> 迈克尔·波特是当今全球第一战略权威,是商业管理界公认的"竞争战略之父",其最具代表性的"竞争三部曲"是指《竞争战略》(1980 年)、《竞争优势》(1985 年)和《国家竞争力》(1990 年)三本著作。

加拿大麦吉尔大学管理学院教授亨利·明茨伯格(H. Mintzberg)将企业战略的内容定义为 5P,即计划(plan)、计策(ploy)、模式(pattern)、定位(position)、观念(perspective)。他认为企业战略应该是一个动态的过程,是一种由计划的战略到实现的战略的流动过程。在这个流动的过程中,部分计划的战略没有实现,同时还出现了一部分自发实现的战略,这样,已实现的战略实际上包括了部分计划的战略的实现和一些自发战略的实现。

从上面这些代表性的定义中可以看出,虽然不同的学者对企业战略有不同的认识,但是其本质是一致的,即企业战略是企业根据市场状况,结合自身资源,通过分析、判断、预测,设立愿景目标,对实现目标的发展轨迹进行的总体性、指导性谋划。因此,我们认为,企业战略是企业为了适应未来环境的变化,寻求长期生存和稳定发展而制定的总体性和长远性的谋划与方略。它是在对未来外部环境的变化趋势和企业自身实力充分分析的基础上,通过一系列科学决策程序绘制出来的,是企业经营思想的集中体现,其实质是实现外部环境、企业实力和战略目标三者之间的动态平衡。

正确理解这个概念,需要把握以下几点:第一,企业未来的生存和发展问题是企业制定战略的出发点和归宿。企业不仅需要了解企业本身及所处行业的过去和现在,还要关注其内外部环境的动态变化,从而把握这种变化的趋势。第二,战略应为企业确定一个简单、一致和长期的目标。这种目标不仅指明未来的发展方向和引导资源的配置，而且有助于协调不同部门和个人之间的活动，增强组织的凝聚力。第三，企业战略应是在经营活动之前有目的、有意识并且主动地制定的，它应能适应环境变化所带来的挑战，同时也能利用环境变化所带来的机遇。第四，战略的实质在于帮助企业建立和维持持久的、强大而灵活的竞争优势，这种竞争优势能给企业带来高于行业平均利润水平的超额利润，从而使企业获得良性的可持续发展。

二、企业战略的构成要素

企业战略的构成要素存在于企业各个层次的战略之中，企业战略的层次不同，构成要素的相对重要程度也不同。企业战略的构成要素对企业的生产经营有着重要影响。一般认为，企业战略主要包括以下四个要素。

1. 经营范围

经营范围指要明确企业所从事的生产经营活动的领域，即企业应在哪些领域中经营。企业经营范围的确定，应该着重考虑与企业最密切相关的环境，根据企业所处的宏观环境、行业环境、生产的产品和市场等来确定经营范围。

2. 资源配置

资源配置指企业中各种资源配置的状况。企业有形资源和无形资源的合理配置形成企业的能力，从企业所拥有的各种能力出发，企业可以发掘出自身的核心能力。资源是企业一切生产经营活动的基础。资源贫乏或配置不合理，将限制企业的经营范围，影响企业战略目标的实现。研究发现，大多数成功的企业在针对外部环境的变化考虑采取相应的战略行动时，都要对已有的资源配置进行不同程度的调整，以支持企业总体的战略目标。

3. 竞争优势

竞争优势指企业通过确定资源配置与经营范围，所形成的在市场上与竞争对手不同的竞争地位。竞争优势既可以来自产品和市场的定位，也可以来自企业对特殊资源的运用。产品和市场的定位对于企业总体战略非常重要，资源配置对企业经营战略发挥着相当重要的作用。

4. 协同作用

协同作用指企业从资源配置和经营范围的决策中所能寻求到的各种共同努力的效果。协作不仅可以产生积极作用，即企业总体资源的收益大于各部分资源收益之和，也可以产生消极作用。例如，当企业在新的领域进行多种经营时，新行业的环境条件与过去经营环境是截然不同的，以往的管理经验也发挥不了作用，在这种情况下，管理协作便会产生消极作用，企业可以通过评价由于联合经营而使企业成本下降的程度，或由于联合经营而使企业纯收入增加的程度，来衡量协作的效果。

三、企业战略的结构

一般来讲，在大中型企业中，企业的战略可以分为公司战略、竞争战略、职能战略三个重要层次（见图 4.2）。

1. 公司战略

公司战略又称企业总体战略，是企业战略中最高层次的战略，是一种有价值取向的、概念性的战略。公司战略应着重解决两个方面的问题：一是从公司全局出发，根据外部环境的变化及企业的内部条件，选择企业所从事的经营范围和领域，即要回答这样的问题：我们的业务是什么？我们应当在什么业务上经营？二是在确定所要从事的业务范围后，在各项业务之间进行资源分配，使各种经营业务相互支持、相互协调，以实现

图 4.2　企业中的战略层次

公司整体的战略意图，这也是公司战略实施前的关键措施。从战略的构成要素上看，经营范围和资源配置（投资组合问题）是公司战略中主要的构成要素。公司战略主要有三种基本形式：增长型战略、稳定型战略、紧缩型战略。

（1）增长型战略。增长型战略是一种使企业在现有的战略基础水平上向更高一级目标发展的战略态势。它以发展为核心内容，引导企业不断开发新产品、开拓新市场，采取新的生产方式和管理方式等。其主要目的在于扩大规模、增加生产量和销售量、提高赢利水平等，从而保持企业长盛不衰。

（2）稳定型战略。稳定型战略是在内外部环境的约束下，企业在战略规划期内使资源分配和经营状况基本保持在目前状态和水平上的战略。其目的在于维持现状，或者等待时机，再图扩张，或者暂时稳定，逐步紧缩，即企业的经营方向和经营产品在其经营领域内所达到的产销规模和市场地位都大致不变，或以较小的幅度增长或减少。

（3）紧缩型战略。紧缩型战略不谋求企业经营规模的扩大或产量的增长，而是相应地缩小和减少；不谋求对新的行业或经营领域的介入，而是谋求从已有的行业或经营领域中退出或部分退出。主要表现在外部环境对企业不利、企业面临较大困难时，不得已而采取"向后退"的总体战略。通常情况下，这种战略都是在不能适应经济变化快且处于逆境时的情况下所采用。

2. 竞争战略

竞争战略又称业务战略，主要解决在总体战略的指导下，企业的某一项特定业务如何与竞争对手展开竞争的问题，即主要解决竞争手段问题。因此，业务战略就是战略经营单位、事业部或子公司的战略。从战略的构成要素上看，竞争优势和资源配置是竞争战略中最重要的组成部分。按照战略管理大师迈克尔·波特1980年出版的《竞争战略》一书的观点，竞争战略主要有三种基本形式：成本领先战略、差异化战略、重点集中战略。

（1）成本领先战略，也称为低成本战略，是指企业通过有效途径降低成本，使企业的全部成本低于竞争对手的成本，甚至是在同行业中最低的成本，从而获取竞争优势的一种战略。

（2）差异化战略，是指为使企业产品与竞争对手产品有明显的区别，形成与众不同的特点而采取的一种战略。这种战略的核心是取得某种对顾客有价值的独特性。

（3）重点集中战略，也称为聚焦型战略，是指企业或事业部的经营活动集中于某一特定的购买者集团、产品线的某一部分或某一地域市场上的一种战略。这种战略的核心是瞄准某个特定的用户群体、某种细分的产品线或某个细分市场。

3. 职能战略

职能战略又称职能部门战略，是企业内主要职能部门的短期战略计划，使职能部门的管理人员可以更加清楚地认识到本职能部门在实施公司战略中的责任和要求，有效地运用研究开发、营销、生产、财务、人力资源等方面的经营职能，以保证实现企业目标。从战略的构成要素上看，协同作用和资源配置是职能战略的关键因素，而经营范围则通常不用职能战略考虑。一般认为，职能战略主要有五种基本形式：研发战略、营销战略、财务战略、生产战略、人才战略。

公司战略是涉及企业全局发展的、整体性的、长期的战略计划，对企业的长期发展产生深远影响；竞争战略则着眼于企业整体中的有关事业部或子公司，影响着某一类具体的产品和市场，是局部性的战略决策，只能在一定程度上影响公司战略的实现；职能战略用于确定和协调企业短期的经营活动，期限较短，一般在1年左右，而且职能战略是由职能部门的管理人员在总部的授权下制定出来的，它较公司战略、竞争战略更为具体。因此，公司战略、竞争战略和职能战略是企业战略的不可或缺的组成部分，它们之间相互联系、相互配合。每一层次的战略构成下一层次的战略环境，同时，低一层次的战略又为高一层次的战略的实现提供保障和支持。

第二节　企业文化与企业战略的关系

企业战略是企业为谋求长期生存和发展，在分析外部环境和内部条件的基础上对企业经营目标、经营方向、方针策略以及实施步骤所做出的长远的、系统的和全局性的谋划。而企业文化是企业在长期的生产经营活动中形成的，并且为企业员工普遍认可和遵循的，并自觉付诸实践的价值理念。所谓谋划也是思路，它无法躲避既定的一些理念和思想的支撑，而价值理念若缺乏有目的、有规划的载体，往往会成为空中楼阁，因此，企业文化和企业战略之间一定存在某种关系。

一、企业文化与企业战略存在交集

图4.3　企业文化与企业战略存在交集

哈佛商学院曾经就企业文化和企业战略方面的问题调查多名企业界人士，但同一个问题在一部分人看来属于企业文化范畴，在另一部分人看来却属于企业战略范畴，由此分析得出，企业文化与企业战略这两个看似泾渭分明的概念之间存在着十分密切的联系，两者之间存在着一个"交集"。这个"交集"就是企业的经营哲学，它既属于企业文化，又属于企业战略（见图4.3）。

经营哲学是企业的最高指导思想，体现了企业的使命和目标。作为企业的指导思想，企业经营哲学在企业战略上表现为企业的远景规划、企业定位、指导思想等，在企业文化上则表现为企业的愿景、使命、核心价值观等，由此可以看出，企业战略是企业经营哲学的理性反映，而企业文化是企业经营哲学的人性反映。因此，企业经营哲学是企业文化和企业战略的共同起点。

二、企业文化与企业战略的相互关系

企业文化通过企业的经营哲学决定着企业战略的制定和经营模式的选择,影响着企业战略的实施,调节着企业战略的控制,而企业战略的实施促进企业文化的发展,企业战略的变革推动企业文化的创新,两者之间存在着相互约束、相互影响和相互促进的关系(见图 4.4)。

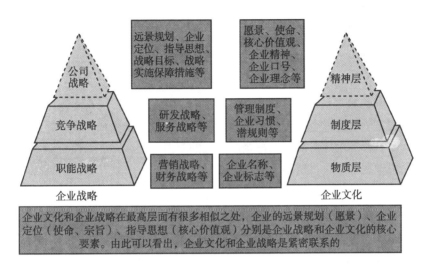

图 4.4　企业文化与企业战略的关系

(一)企业文化对企业战略的影响

1. 企业文化决定企业战略的选择

战略文化理论认为,企业战略根植于企业文化及其背后的社会价值观念,其形成过程是一个将企业组织中各种有益的因素进行整合以发挥作用的过程。因此,企业战略是企业文化的重要组成单元,是企业文化的一种反映;企业使命和企业愿景为企业战略的制订提供基本依据、发展方向和长远目标;有什么样的企业文化,便会产生什么样的企业战略。由此,我们认为,企业文化是引领企业战略的导航仪,优秀的企业文化能够凸显企业的个性特征,有利于企业制订出与众不同的、克敌制胜的发展战略和经营战略。

(1)企业使命影响企业的战略选择。管理大师彼得·德鲁克(Peter Drucker)曾经指出,有效的企业管理必须回答"企业存在的理由是什么?业务是什么?业务应该是什么?"这三个基本问题。这些听上去似乎很简单的问题,正是企业必须时时作出明确答复的最大难题。事实上,对"企业的业务是什么?"这一问题的回答就是要明确"企业的使命是什么",而定义企业使命就是要阐明企业的根本性质与存在的目的或理由,说明企业的经营领域、经营思想,为企业目标的确立与战略的制定提供依据。达成目标需要战略支持,战略支持需要信念引导。我们知道,企业使命是企业文化的核心理念之一,企业文化代表着组织成员所共享的价值理念和行为方式,因此,企业使命影响企业的战略选择并为企业战略的选择提供基础性的依据。

(2)企业文化特性决定企业战略的行业选择。一方面,企业文化作为某一特定文化背景下该企业独具特色的管理模式，应充分体现企业的个性特色和文化底蕴，反映企业品牌的内涵，具有不可模仿性；另一方面，不同行业存在着不同的行业文化，而且行业之间的文化往往有着较显著的差异。因此，企业在制定总体战略时，尤其在考虑行业选择时，不仅要考虑自己企业的文化现状，而且要以所处行业的企业文化特质为基础，从而作出企业战略的行业选择。

（3）企业文化的核心价值观决定着企业战略的定位。一方面，企业在制定企业战略或确定取舍的决策过程中必然受其价值观的影响。迈克尔·波特就认为，一个好的企业战略定位第一条就是"必须有一个独特的价值观"。对于企业来说，其外部环境、内部资源都是容易趋同的，而企业文化却难以模仿。因此，企业文化，尤其是企业核心价值观造就了企业鲜明的个性特色。优秀的企业文化既对外界环境有一定的适应性，又别具一格，在这样的文化背景下制定的企业战略必然与众不同，有强大的竞争力。另一方面，企业文化在企业战略的选择与战略目标的确定上，通过企业使命和愿景来指引企业战略的方向，具有导向功能。企业战略的选择和战略目标的确定，需要发挥企业文化的凝聚和协调功能，使企业能发扬民主，把各方面的意见集中起来，经过协商、组合、调整、筛选，使企业发展战略具有开拓性、竞争性，处于时代发展的前沿。

2. 企业文化影响企业战略的实施

从企业战略实施的角度看，企业文化既能够为实施企业战略服务，又有可能制约企业新战略的实施。当企业战略目标通过企业文化的渗透成为员工共同的追求时，企业的事业就成了员工的事业，员工在执行企业战略时就会表现出充分的自觉性和自愿性。强大的执行力是企业战略顺利实施的保障，而企业文化是培育企业执行力的土壤。企业文化的优劣关系着企业战略的质量，而企业文化的认同是否一致，关系着企业的发展与提升。企业制定战略后，就需要全体成员积极有效地贯彻实施。这时企业的共同价值观就发挥其导向、凝聚、激励、约束等作用，使全体员工齐心协力地为实现企业目标而努力。企业文化正是激发人们热情、统一群体成员意志的重要手段。优秀的企业文化不仅指导有效的企业战略的制定，而且是实现企业战略的驱动力与重要支柱。正如美国著名的《财富》杂志在扉页上写道："没有强大的企业文化，没有卓越的企业价值观、企业精神和企业哲学信仰，再高明的企业经营战略也无法成功。"

（1）企业文化导向功能的影响。企业文化的导向功能是指企业文化能对企业整体和企业员工的价值取向及行为取向起显示、引导和坚定作用。首先，企业文化能显示企业发展方向。企业文化以概括、精粹、富有哲理性的语言明示着企业发展的目标和方向，这些语言经过长期的教育、潜移默化，已经铭刻在广大员工心中，成为其精神世界的一部分。其次，企业文化能引导企业行为方向。企业文化建立的价值目标是企业员工的共同目标，它对员工有巨大的吸引力，是员工共同行为的巨大诱因，使员工自觉地把行为统一到企业所期望的方向上去。再次，企业文化能坚定企业行为方向。企业文化是企业发展潜在的生产力，是企业持续发展的强大引擎，也是企业员工共同的精神支柱。企业文化是企业的核心竞争力。因此，优秀的企业文化能有效地弥补人的有限理性的不足，将广大员工的行为引导到共同的企业发展目标和方向上来。最后，企业文化对外的导向作用有利于为企业战略的实施营造良好的外部环境。企业文化对外的一个重要功能是塑造企业的形象。企业文化中的价值观、经营思想、行为模式等通过企业的产品、服务、形象以及对社会和社区承担的社会责任在实际行动中表露出来，为企业创造良好的外部发展环境。

（2）企业文化凝聚功能的影响。企业文化的凝聚功能是指企业文化能够使企业员工通过共同价值观、精神理念凝聚在一起，产生一种强大的向心力和凝聚力，发挥企业巨大的整体效应。在实施企业战略的过程中，良好的企业文化像一种"强力黏合剂"，可以增强员工个体对群体的归属感，促使员工的个人目标与企业目标达到高度的一致，把员工对个人价值的追求纳入企业整体的价值创造活动的轨道，不断激发人的积极性、创造性，使企业保持活力。

（3）企业文化激励功能的影响。企业文化的激励功能是指企业文化不仅有一种"无形的精神约束力"，而且还有一种"无形的精神驱动力"，使每个员工都受到尊重，个人价值获得充分实现，在工作中受到极大激励，从而提高全体员工的积极性。新制度经济学认为：人具有双重性，一方面追求物质利益最大化，另一方面又追求精神需求的最大化。企业文化可以很好地满足这两个方面的需求，在实施企业战略的过程中，一方面，良好的企业文化像一种"催化剂"，可以激励员工勤奋地工作，在为企业取得效益的同时，通过一系列的激励措施很好地满足员工对财富最大化的需求；另一方面，企业文化的核心是确立共同的价值观，在满足员工物质需要的同时，崇高的核心价值观带来的满足感、成就感和荣誉感，使企业员工的精神需求获得满足，从而产生深刻而持久的激励作用。有专家提出"企业文化对员工来说应该是一种待遇"，工作在具有优秀企业文化的企业，员工心情舒畅，更易做出成绩，而且，还会有一种无形的激励促使员工为完成企业目标而勤奋工作。

（4）企业文化约束功能的影响。企业文化的约束功能是指企业文化对每个企业成员的思想和行为具有约束和规范作用。新制度经济学认为：一方面，人不可避免地具有机会主义的行为倾向，在没有监督的情况下总是倾向于使自己的利益最大化，有时甚至妨碍企业和社会的利益；另一方面，在实施企业战略的过程中，员工与员工之间、员工与企业之间也难免会产生矛盾，因此都需要约束。如何约束？一般认为可通过制度的管理，用制度来约束。但是制度存在明显的不足，一方面它很难做到完善，因为制度是人制定的，人是有限理性的；另一方面，即使制度很完备，制定制度的成本也会很高，而且落实制度的监督成本也往往很高。因此，可以用企业文化约束。首先，企业文化这种规范与约束是一种"不成文"的规范与约束，是一种无形的、理性的韧性约束，是与规章制度的"硬"约束相对应的"软"约束。而且，这种无形的"软"约束比有形的"硬"约束具有更强大、更持久、更深刻的效果。其次，企业文化是一种"润滑剂"，能够协调人际关系，营造和谐的工作氛围，自动地调节员工的心态和行动，促进企业内部关系和谐，提高企业的生产效率。

3. 企业文化调节企业战略的控制

战略控制是将战略执行过程中实际取得的成果与预期的战略目标进行比较，评价达标程度，分析其原因并及时采取有力措施纠正偏差，以保证战略目标的实现。从控制的时间上来看，企业战略控制可以分为事前控制、事中控制和事后控制。事前控制要求在战略实施之前，要设计好正确有效的战略计划，然而战略计划的设计必须与企业文化相协调，倘若两者出现偏差，企业文化会发挥其调节器的作用使事前控制顺利进行；事中控制主要体现在企业文化影响企业战略的实施过程中；企业文化对战略控制的作用更显著地表现在对事后控制的调节上。企业文化对战略控制的调节，对战略活动结果与目标之间偏差的纠正运用的是非制度、非技术、非经济的方式,是从企业的精神出发,充分发掘员工的自我控制和自我调节的潜能,运用人性化的方式进行的调节。

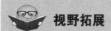

企业战略和企业文化

企业文化是指一个企业的指导思想、经营理念和包括价值观、道德观、行为规范在内的工作作风等。企业情况不同,企业文化也各不相同。但有一点是共同的,即每个企业都有与企业发展相适应的,有自己特色的、广大员工认可的行为规范、规章制度、企业理念、核心价值观等等。正是这些有形的"硬"文化和无形的"软"文化,指导着企业战略的实施,支撑着企业的发展。

一、企业文化和企业战略的关系

目标带动战略,战略驱动文化。企业必须确立目标,进而达成目标。达成目标需要战略支持,战略的实施需要信念的支持。企业文化是企业战略思想的表现,也是企业家团队信念的表现。企业文化和企业战略看似是两个泾渭分明的概念,其间有着十分紧密的联系,主要表现在以下几个方面。

(1)优秀的企业文化是企业战略制定获得成功的重要条件。优秀的企业文化能够突出企业的特色,形成企业成员共同的价值观念,而且企业文化具有鲜明的个性,有利于企业制定出与众不同的、克敌制胜的战略。

(2)企业文化是企业战略实施的重要手段。企业战略制定以后,需要全体成员积极有效地贯彻实施,正是企业文化所具有的导向、凝聚、激励、约束及辐射等作用,激发了员工的热情,统一了企业成员的意志,使全体成员为实现企业的目标而共同努力奋斗。

(3)企业文化与企业战略必须相互适应和相互协调。战略制定之后,企业文化应该随着新战略的制定而有所变化。但是,一个企业的文化一旦形成,要对企业文化进行变革难度就会很大,也就是说企业文化具有较大的刚性和一定的持续性,在企业发展过程中有逐渐强化的趋势。因此从战略实施的角度来看,企业文化要为实施企业战略服务,又会制约企业战略的实施。所以,企业在进行重大变革时,必须考虑与企业的基本性质与地位的关系问题,因为企业的基本性质与地位是确定企业文化的基础;同时要发挥企业现有人员的作用,保证企业在原有文化一致的条件下实施变革。企业高层管理者要着重考虑与企业原有文化相适应的变革,不要破坏企业已经形成的行为准则。

综上所述,企业在进行战略管理分析时,应给企业文化以足够的重视。只有企业文化与战略共同发挥作用才能使企业更好地发展。

二、企业文化在企业战略管理中的作用

企业文化的核心价值观始终是企业生命力的基本点,是企业理念客观存在的必然。企业思想是企业文化的主线,企业的社会使命与责任属于企业文化的核心理念之一,企业的战略规划受企业思想的制约,以企业使命为基础性依据。因此,企业战略的研究、规划与实施必须与企业文化的塑造和提升并重。企业战略制定以后,就需要全体成员积极有效地贯彻实施。企业文化通过其物质文化层次、制度文化层次、精神文化层次的共同作用,激发员工热情、统一群体成员意志。

（1）企业文化为战略实施提供行为导向。在企业中往往并不是所有的员工都能在同一时间对企业新的发展战略、经营思路做到完全领悟，在这种情况下，大家如何齐心协力往前走，就需要企业文化的引导。首先，企业文化能显示企业发展方向。企业文化的概括、精粹、富有哲理性的语言明示着企业发展的目标和方向，这些语言经过长期的宣传，已经铭刻在广大员工心中，成为其精神世界的一部分。其次，企业文化能引导企业行为方向。企业文化建立的价值目标是企业员工的共同目标，它对员工有巨大的吸引力，是员工共同行为的巨大诱因，使员工自觉地把行为统一到企业所期望的方向上去。因此优秀的企业文化能有效弥补人的有限理性不足，将广大员工的行为引导到共同的企业发展目标和方向上来。

（2）企业文化具有独特的激励功能。企业文化做得好的企业很注重对员工的物质激励，如实施员工持股计划、高级管理人员的股票期权制度等。这很好地满足了人们对财富的需求；文化管理的一个最大特点是注重精神文化氛围的营造，通过共同使命的认定、团队建设、情感的管理等来满足人们对非财富的追求，使大家能认识到在企业工作的价值。因此，企业文化可以全方位起到一种激励的作用。

（3）企业文化具有良好的约束功能。这种约束功能主要包括硬约束和软约束。硬约束主要表现在制度的约束，软约束主要表现在文化的约束。制度的约束常存在不足，因为制度是人制订的，人是有限理性的，所以很难完善，而且落实制度的监督成本也往往很大。相对来说，文化这种软约束是硬约束的补充。通过共同的舆论导向，共同的行为模式，形成员工自觉的行动。

三、建立符合企业发展战略的企业文化

通过对国内企业文化与国外企业文化的研究与分析，在未来的全球竞争中，企业要立于不败之地，就必须建立优秀的企业文化。但是，企业文化建设涉及方方面面，需要系统思考、协调发展，最主要的是企业文化建设必须符合企业发展战略要求。

（1）企业文化理念必须以企业发展战略为依据。企业理念中的基本理念，如企业目标、经营理念等与企业的发展战略所规定的产业结构、未来目标、经营方向直接相关。

（2）企业制度和行为文化必须以企业发展战略为依据。如企业实行差异化战略，则企业在规章制度的制定上要较为灵活，给员工的空间要较为宽泛，鼓励员工进行创新。一个规章制度制定比较严谨的企业与崇尚自由创新的企业战略是不相符合的。总之，制度和行为要与企业发展战略相匹配和适应。

（3）企业物质文化必须以企业发展战略为依据。物质文化是企业文化理念的载体，也是企业战略实施的重要条件。近年来，全球经济增长减缓，市场竞争变得越来越激烈。许多企业纷纷调整竞争战略，企业的经营理念也相应随之发生变化。为了在新的竞争环境中重新定位企业形象，展示企业新的文化理念，获取新的竞争力，许多企业纷纷进行企业品牌标识的创新和切换，道理就在于此。

综上所述，企业文化建设离不开企业发展战略。企业战略是一个企业的长期规划，必须把它作为一项重要工作来抓。对于尚未进行战略发展规划的企业来说，企业文化建设的首要任务之一，就是要规划出企业发展战略的轮廓，或者制定出企业发展战略目标方向，并以此作为企业文化建设的基本依据，才能将企业文化建设工作扎实有效地推进

下去。

四、总结

企业文化在企业战略管理过程中起着极其重要的作用。正确运用企业文化能使战略计划目标的制定和企业整体目标一致,使企业朝着更高、更远、更有利的方向发展,最终实现企业愿景。一个拥有优秀文化的企业将文化作为重要资源,将企业的发展愿景以企业文化的形式渗透给员工,从而使企业战略从制定到实施都能够得到可靠的保障。

(二)企业战略对企业文化的影响

目标带动战略,战略驱动文化。企业通过战略管理实现企业使命和达成愿景,同时,企业战略又要反映企业宗旨和核心价值观,有着深刻的企业文化烙印,因此,企业战略是企业文化建设的基础。企业战略的制定既要充分体现获取最大经济效益的重要原则,又要体现义与利、经济效益与社会效益、奉献与得益相统一的原则;既要把企业战略放在追求投资回报、利润最大化和企业自身的发展上,又要充分体现企业存在的社会价值,这正是企业战略对企业文化的基本要求。

1. 企业文化必须体现企业战略的要求

依据微观经济学的经济人假设,企业战略的制定必须体现企业追求经济利润最大化的目标。然而随着具有信息化、网络化、知识化和全球化特征的新经济时代的到来,企业所追求的目标也由获取最大经济效益转为追求可持续发展。企业对可持续发展目标的追求要求其在战略制定上不仅要体现经济效益还要体现社会效益,不仅要体现企业存在的经济价值还要体现企业存在的社会价值。而这些正是企业战略的理性制定对企业文化人性因素的最充分的体现。首先,企业精神文化必须与企业战略相一致。企业精神文化中的基本理念如企业目标、经营理念等不仅与企业战略所规定的产业结构、未来目标、经营方向等直接相关,而且应该保持一致。例如,企业若采用成本领先的竞争战略,则企业理念应突出强调成本意识和成本管理;企业若实施一种人力资源的职能战略,则企业理念应突出人才理念和人本精神。其次,企业制度文化必须与企业战略相结合。规章制度是保证企业管理有序的基本手段,企业的规章制度会直接影响到企业员工的工作态度和工作绩效。因此,制度建设要服务于企业战略的实施。最后,企业物质文化必须以企业战略为依据。物质文化是企业理念文化的载体,也是企业战略实施的重要条件。面对日趋激烈的市场竞争,企业纷纷调整竞争战略,收缩或者扩展业务,不断创新产品和服务,正是物质文化理念的充分体现。

2. 企业战略的实施促进企业文化的发展

企业的外部经济环境、市场环境以及社会环境总是在不断发生变化,这就要求企业战略在实施过程中要不断随环境进行调整,进而适应新的经济环境,满足新的市场要求,符合新的社会标准。企业在不断变化的环境中实施战略的同时必然会促进企业文化的发展。然而一般情况下,在内外部环境不发生重大变化的情况下,作为企业文化核心的企业价值观会保持相对的稳定,因此不要轻易对核心价值观进行修补。除此之外,企业文化的其他方面会随着企业战略在实施中不断地调整、完善而得到相应的丰富和发展。所谓丰富和发展就是要取其精华,弃其糟粕,保留有利于战略有效实施的成分,抛弃不适应战略实施的成分,增加适应新环境的成分。

3. 企业战略的变革推动企业文化的创新

一般来说，企业文化一经形成便具有相对的稳定性，对企业的发展将产生稳固而持久的影响，但同时它兼有动态的变化性。企业文化在保持一定时期内稳定的同时会随内外环境的变化做出及时的调整，甚至重塑。与此同时，企业战略的制定和调整也必须适应已有的企业文化。当两者不相适应和协调时，企业文化就会制约企业战略的实施，甚至成为实施企业新战略的阻力。因此，一方面，优秀的企业文化是实现企业战略的重要保证；另一方面，企业战略的变革又会推动企业文化的创新，以促使两者的相互适应和相互支持。实践证明，变革后的战略如果是适应时代发展潮流的，那么企业必然会抛弃羁绊企业发展的旧企业文化，塑造适应企业未来发展的新企业文化，以此来解决企业战略与企业文化之间的矛盾，并最终实现企业文化在企业变革推动下的创新。

三、企业文化与企业战略的互动优化

企业文化决定着企业战略的选择、影响着企业战略的实施、调节着企业战略的控制，而企业战略的实施促进企业文化的发展，企业战略的变革推动企业文化的创新。卓越的企业必然有一个卓越的企业发展战略，卓越的发展战略的制订和实施必须有优秀的企业文化的支持，因此，在战略管理过程中，只有企业文化与企业战略的互动优化才是战略实施获得成功的重要保证。

课堂讨论

企业战略调整以后，企业文化要不要变革？变与不变对企业战略的实现会产生怎样的影响？

1. 企业战略选择与行业文化培育

企业战略的选择必须适应企业文化的现状，而企业文化又必须适合企业的行业特性并能自觉地推动战略目标的实现。当两者不相适应和协调时，企业文化就会制约企业战略的实施，甚至成为实施企业新战略的阻力。因此，只有加强企业的行业文化培育，使企业文化的特性与产业的特质相一致，并善于将企业战略具体演化为与行业相适应的企业使命、企业精神、价值观和行为方式等，才能使企业的战略目标转化为一种可操作的实现过程。

2. 企业战略并购与两种文化融合

企业并购是实现企业快速成长和低成本扩张的一种重要方式，但纵观历史上的企业并购重组，往往以失败者居多。究其原因，双方企业文化不能很好融合是其中一个重要因素。并购企业与被并购企业如果在企业文化上存在很大的差异，企业在完成并购后，原有各企业长期奉行的决策偏好和参照系统往往会发生冲突，严重影响并购后企业的有效运作和最终企业的经济效益。因此，企业在兼并或收购其他企业的过程中，应坚持以文化为先导，注重用自己的强势文化去沟通和融合被兼并或收购的企业，或者将被并购企业在并购前形成的企业文化有效地融合到并购方的企业文化中，以降低一体化经营过程中的内部摩擦成本，提高企业的最终运行效果。

3. 企业战略调整与企业文化变革

由于企业的外部环境在不断改变,企业的战略也必须随之不断地调整,相应地,就需要进行文化的变革,即企业文化与企业战略必须相互适应和协调。一方面,企业战略的调整不可避免地将与企业现有的文化发生冲突,要求企业文化随着新战略的制定而有所变化,而企业战略调整所引起的人员调整对企业引起的震荡程度也在相当程度上受企业的"软条件"——企业文化的影响;另一方面,企业的文化一旦形成,对它进行变革难度很大,也就是说企业文化具有较大的刚性和很强的持续性,会在企业发展过程中逐渐强化。从战略实施的角度来讲,企业文化既要为实施企业战略服务,又会制约企业战略的实施。因此,针对企业战略调整所进行的企业文化变革,一方面要不断丰富和完善企业文化以实现对企业战略的"支持性",即形成战略支持型企业文化;另一方面企业文化要具备与时俱进的品质,要不断完善和发展,才能更好地为企业战略的实施提供精神动力和智力支持,适应企业战略的延展与创新。

4. 企业战略实施与优秀文化创建

企业战略的实施以及战略目标的实现,必须有优秀的企业文化来导航和支撑,良好的企业文化氛围是实现企业战略的重要保证。从企业内部看,企业文化对企业成员的精神信仰起着良好的凝聚、约束和激励作用,促进企业战略的正常实施;从企业外部看,企业文化有助于企业战略适应各种人文环境,解决跨文化管理及资产重组中的文化整合问题,间接影响企业的市场竞争力,尤其是影响未来企业经营发展的业绩。因此,只有通过创建优秀的企业文化,用文化打造企业品牌,用文化树立企业信誉,用文化传播企业形象,用文化提升企业竞争力,才能最终实施企业战略。

第三节　企业文化与企业战略的双轮驱动

企业文化和企业战略的关系,就好像人的行为与观念的关系,人先有了观念,对事物有了或初步或成熟的看法与认识,然后才产生在观念支撑下的行为,而行为又影响了人的观念。所以,我们认为:一方面,企业战略是企业文化的重要组成单元,是企业文化的一种反映,有什么样的企业文化,便会产生什么样的企业战略。企业通过战略管理实现使命和达成愿景,企业战略反映着企业宗旨和核心价值观,有着深刻的企业文化烙印。另一方面,企业文化应该服务于企业的战略,企业要创建有利于企业战略实现的优秀企业文化;优秀的企业文化往往会指导形成有效的企业战略,并且是实现企业战略的驱动力与重要支柱。企业文化在指导企业制定战略的同时,又是调动企业全体员工实施战略的保证,是"软"管理的核心。

一、企业战略类型与企业文化特质的对应

有效的战略和优秀的文化是企业成功的模式和基础,但并不是所有的企业文化都有利于企业战略的实施。企业实施不同类型的战略,相对应地需要不同特质的企业文化与之相配合。

1. 增长型战略对应扩张型企业文化

增长型战略以高速成长为指导,强调企业的超速发展,立足于创新,以把握更多的发展机会,谋求更大的风险回报。如果一个企业的文化氛围是以稳定为其主旋律的话,那么增长型战略的实施就要克服相应的"文化阻力",这无疑增加了战略的实施成本。当然,增长型战略可以通过发展扩大自身的价值和通过不断变革来创造更高的生产经营效率与效益,使企业不断获得新的机会,避免组织的老化,使企业充满生机和活力。这种类型的企业战略,一方面需要市场作基础,另一方面需要有相应的企业文化作支撑。在这种情况下,企业文化大多会体现出其创造性,使企业乐于追求各种不同的风险及变化,具有创新性,以创造未来为己任,即所谓的扩张型文化。扩张型企业文化对企业的高速成长有利,能够使企业内部形成一种积极的工作热情,促进生产效率的提高,但也可能会造成企业的盲目发展、过度开发企业资源及社会资源,造成激进式的发展,无法正确实施企业战略。

2. 稳定型战略对应防御型企业文化

采取稳定型战略的企业,一般处在市场需求及行业结构稳定或者较少动荡的外部环境中,因而企业所面临的竞争挑战和发展机会都相对较少。同时企业经营风险也相对较小,能避免因改变战略而改变资源分配的困难和因发展过快而造成的资源的大量浪费,可以给企业一个较好的休整期,使企业积聚更多的"能量",以便为今后的发展做好准备。但稳定型战略容易减弱企业的风险意识,大大降低企业对风险的敏感性、适应性,从而增大风险的危害性和严重性。在这样的环境中,企业的文化就会体现出稳中求胜、惧怕风险、回避风险和缺乏进取心的特质。美国著名管理学家安索夫从组织发展导向的角度出发,将其称为防御型文化。防御型企业文化对一些行业(如保险业、银行业等需要谨慎的行业)是有利的,企业可以在稳定中求发展,但是对一些具有高速成长要求的高科技产业行业来说,则可能影响企业的快速发展,导致企业丧失斗志,经受不起冲击。企业管理者及战略制定者思想保守都可能导致企业的保守,对有风险和不熟悉的领域不敢进行尝试。

3. 紧缩型战略对应消极型企业文化

由于企业经营环境的不断变化,原本有利的环境在经过一段时间后会变得不利,原来能容纳许多企业发展的产业因进入衰退阶段而无法为所有企业提供最低的经营报酬,这会迫使企业考虑紧缩目前的经营,即实施紧缩型战略。紧缩型战略是企业从目前的战略经营领域和基础水平收缩和撤退,且偏离战略起点较大的一种经营战略。与稳定型战略和增长型战略相比,紧缩型战略是一种消极的发展战略。一般来说,实行紧缩型战略会引起企业内部人员的不满,从而引起员工情绪的低落,因为在某些管理人员看来紧缩型战略意味着工作的失败和无力。实施紧缩型战略的企业在市场竞争的环境下显得很被动,这与企业本身内部环境的文化是分不开的。消极型企业文化使得企业只愿意接受最小的风险,不轻易作任何改变,最终导致采取紧缩型战略来维持经营。

4. 竞争型战略对应不同类型企业文化

迈克尔·波特提出的竞争战略理论强调了企业在分析产业(市场)结构竞争环境的基础上制定竞争战略的重要性,分析了企业因取得成功而需要不同的技能和要求,提出了三种最基本的竞争战略:成本领先战略、差异化战略、重点集中战略。基本战略的思想对竞争制胜的文化发生作用,是成功企业的一个重要因素。然而不同的战略选择也对应着不同的企业文化。实行成本领先战略的企业文化可能是节俭、遵守纪律及注意细节的,要求有结构分明的组织和责任,按照肯尼迪与迪尔对企业文化的分类,此类文化属于按部就班型文化。如沃尔玛公司就很重视对职工勤俭风气的培养,从经理到雇员,都要关心公司的经营状况,勤俭节约、杜绝浪费,从细微处做起。而推行差异化战略的企业文化也许是鼓励创新的,发挥个性、勇于探索的,按照肯尼迪与迪尔对企业文化的分类,此类文化属于硬汉型文化,如惠普公司、索尼公司等。而实施重点集中战略的企业文化可能是积极参与市场竞争的,在很正式的、有层次的环境中工作,以企业目标为导向,在企业里每一个成员都具有一系列基本一致的共同价值观,按照肯尼迪与迪尔对企业文化的分类,此类文化属于赌博型文化。企业文化作为企业获得竞争优势的一个手段,在不同战略发展过程中都会形成不同的企业文化。因此,企业在做出战略选择时,一定要考虑文化因素,考虑两者之间是否相匹配,才能实现公司的目标和达成愿景。

二、企业文化与企业战略的融合

企业文化引领企业战略,而企业战略又是在企业文化的约束和指导下进行的一切行动指南,一切企业行为和企业员工的行为都必须与企业文化保持一致,企业发展战略也不例外。因此,企业战略与企业文化必须有机地融合在一起。

 视野拓展

苹果公司以文化引领战略实现

苹果公司强调"文化优先"的理念,将企业文化视为推动创新和业务增长的核心因素。从 CEO 蒂姆·库克(Tim Cook)到每位员工,苹果公司的文化理念都深深植根于企业的每个角落。

首先,苹果公司严格要求员工对公司价值观的认同和遵守。苹果公司的价值观是:创新、简单、卓越和倾听(think different, keep it simple, best or nothing, we are listening)。这些价值观贯穿在整个组织中。在招聘和晋升过程中,苹果公司会特别优先考虑那些能够符合公司文化及价值观要求的员工,确保人才队伍与企业文化相匹配。

其次,苹果公司尊重员工的价值观和工作方式。苹果公司以工作为乐,鼓励创新精神和自由自在的想象力,让员工充分展示他们的才华。同时,苹果公司尊重员工的个性,提供相应的福利和支持,包括健康保险、有竞争力的薪酬和股票期权,以及生活和工作平衡等方面的支持。

最后,苹果公司定期举行活动,引导员工了解文化及其价值。例如,苹果公司每年都会举行创意节,在这一周里,苹果员工可以参加各种艺术活动、设计比赛、文化界的讲座等,这些均有助于提升员工的文化素养,促进员工间的沟通及团队合作。

通过这些举措,苹果公司成功地把文化理念贯穿于企业管理中。这种文化引领战略实现的方式,促进了产品开发和创新,同时也树立了其全球知名的品牌形象。

1981 年,美国管理学家理查德·帕斯卡尔和安东尼·阿索斯提出企业组织七要素的思想,麦肯锡顾问公司在此基础上进一步提出了关于企业文化与企业战略选择的 7S 战略

模型（见图 4.5）。7S 战略模型认为，一个企业的发展受 7 个 S 即战略（strategy）、结构（structure）、制度（system）、员工（staff）、风格（style）、技能（skill）和共同价值观（shared values）的影响。7S 战略模型既包括了企业中的"硬件"要素，又包括了企业中的"软件"要素。其中"硬件"要素包括战略、结构和制度，而被认为是企业成功经营的"软件"要素包括风格、员工、技能和共同价值观。7S 战略模型以企业文化为核心，各层面相辅相成，共同为企业的发展保驾护航，同时也体现出了战略与企业文化都是共同影响企业发展的因素。

图 4.5　7S 战略模型

这种管理方法由理论到实践的发扬光大是由 20 世纪 80 年代两位著名的斯坦福学者托马斯·J. 彼得斯和小罗伯特·H. 沃特曼完成的。他们在访问了美国最优秀、最杰出的 43 家模范公司，其中包括 IBM、德州仪器、惠普、麦当劳、柯达、杜邦等各行业中的佼佼者后，以麦肯锡顾问公司研究中心设计的企业组织七要素（即 7S 战略模型）为研究框架，在《成功之路——美国最佳管理企业的经验》一书中总结了这些成功企业的一些共同特点，使众多美国企业在经济不景气的大环境下看到了榜样的力量，重新找回了失落的信心，也为新的经济振兴带来了无限智慧并提供了方法上的支持。

1. 将企业战略的理念融入企业精神文化建设之中

作为企业精神文化最深层次的文化要素，企业价值观决定了企业的基本特征、经营风格、管理特色以及每个员工的个人取向。价值观的精神作用可以化为无穷的力量，它可以帮助企业摆脱困境。对每个员工来说，企业价值观也是其精神的寄托和依赖，是其努力工作的最终理想。因此，作为企业战略理念的经营哲学、指导思想等必须融入企业精神文化建设之中。

2. 将企业战略的目标融入企业制度文化建设和行为文化建设之中

企业行为文化系统包括行为规范和规章制度两部分。规章制度是保证企业管理有序的基本手段，行为规范会直接影响企业员工的工作态度和工作绩效。企业文化使企业领导者和员工形成对企业的社会责任和使命的看法，思考和明确企业存在的社会意义和价值，确立企业的长远奋斗目标。世界上的优秀企业，企业文化中都有明确的企业使命表述，为企业战略发展指明了长期努力方向。例如，迪士尼公司的使命是"使人们过得快活"，索尼公司的使命是"体验发展技术造福大众的快乐"，惠普公司的使命是"为人类的幸福和发展做出技术贡献"，微软公司的使命是"致力于提供使工作、学习、生活更加方便、丰富的个人电脑软件"，

IBM 公司的使命是"无论是一小步，还是一大步，都要带动人类的进步"。崇高的使命和战略目标，反映了对企业发展规律和内外环境条件的正确认识，为企业发展战略的正确性和可实现性提供了最基本的前提。同时，企业价值观和企业哲学影响战略思维的深度和广度，也对企业确立战略目标、制定发展战略起着举足轻重的作用。

3. 将企业战略的要求融入企业物质文化建设之中

比如企业战略要求企业员工必须有较高的专业素质，那么在企业物质文化建设中就可以增加一些专业技术学习、培训和交流活动，帮助员工提高专业素质。另外，在物质生活水平不断提高的今天，员工对精神需要的追求愈加强烈，建立和完善员工的文化设施，积极开展健康有益的文体活动，不仅是许多优秀企业的重要物质文化内容，而且也可以留住优秀人才，有利于企业战略目标的实现。

三、企业文化与战略管理的和谐共进

企业文化与战略管理之间的和谐共进是企业实现可持续发展的重要保障。它要求：一方面，企业的一切行动都必须在企业文化的约束和指导下进行，一切企业行为和企业人的行为都必须与企业文化保持一致；另一方面，企业文化不仅要不断丰富完善以实现对企业战略的"支持性"，亦即形成战略支持型企业文化，同时要保持创新的动力，以适应企业战略的延展与创新。

1. 构筑共同愿景

战略管理成功的关键在于如何发挥企业能量从而取得成功，这需要从试图说服那些参与人员接纳新的战略开始，同时也取决于企业成员能否在企业的前景问题上达成一致，其最好的方式就是规划共同愿景。

愿景告诉人们"我们（企业）将成为什么"，它不同于战略目标——明确告诉员工什么时间能达成什么具体目标。一个明晰的愿景，应该是对企业内外的一种宏伟的承诺，使人们可以想见达成愿景后的收益。它应该具备以下特征：能够让人们激情澎湃，鼓励成员，调动他们的积极性，让人们觉得有点高远但又愿意全力为之奋斗。20 世纪 50 年代初，当索尼还是一家很小的企业时，它宣称的愿景是"成为最知名的企业，改变日本产品在世界上的劣质形象"。一个令人振奋不已的愿景很容易在股东、员工及其他相关利益者之间进行沟通，达成共鸣。如果没有规划共同愿景，战略管理很容易在一大堆项目的混乱选择中迷失方向，各部门间的变革因为没有人知道变革将会带领企业走向何方而毫无意义。员工会对变革产生抵触、困惑或觉得与自己毫不相干。如果员工不相信变革会成功，他们则往往置身事外，那么当变革需要牺牲一部分人利益时，组织者将会发现他们正被孤立于这场变革之外，最终的战略变革流于形式也就不可避免了，因为没有人愿意相信变革会带来利益。从观念上对员工进行危机意识的阐明，让员工明白如果不及时进行战略变革，企业的生命将受到威胁，从心态上迫使员工接纳战略变革的重要性。同时在这个阶段中也要按愿景规划中所提到的，给员工一个足以让他们兴奋不已的蓝图。所以战略变革时要和员工共同创立新的愿景，让他们提供帮助，甚至于牺牲短期利益。用愿景激发员工变革的欲望，这是战略变革必不可少的一环。

2. 塑造核心价值观

价值观是指导人的行为的一系列基本准则和信条。它回答以下问题："什么事至关重要?""什么事很重要?""我们信奉什么?""我们该怎样行动?"一个企业的价值观是该企业对于内部和外部各种事物和资源的价值取向,是企业在长期的经营哲学指导下形成的共同价值观念。价值观是企业进行决策、确定政策、策略和方法,以及选择行为方式的指导方针。

企业核心价值观是企业文化的灵魂,也是与其他企业的本质区别。因此,建设战略支持型企业文化,要把着力点放在塑造企业核心价值观上,在企业内部确立人的价值高于资产价值、共同价值高于个人价值、团队价值高于单体价值、社会价值高于经济价值的价值观。

战略管理往往会涉及几个方面的因素,如环境评估、领导变动、战略与经营变化的联系、人力资源管理及变革管理中的协调,这些无一不跟企业的价值理念有关,因为战略管理最终会落实到每一个人的行动中。企业文化本身具备的相对稳定及持久的惯性使得变革充满阻力,因此,促进企业中的人拥有变革的观念,对既有的价值观进行创新,使之匹配新的战略实施框架,是战略管理能否实施的价值基础。

塑造核心价值观不可能在短期内奏效,需要一个相对漫长的过程。一个与企业发展战略相适应、相匹配的企业核心理念体系的创建和丰富完善,为企业发展战略的推进提供着生生不息的价值导向、智力支持、精神动力、舆论引导和文化支撑,对企业的未来产生深远的影响。

3. 践行企业文化

经过共同愿景的规划以及核心价值观的塑造,一种支持发展战略的企业文化就初步建立起来了,而这仅仅是开始,企业成员对于新的价值观只是停留在了解阶段,让企业成员高度认同企业价值观并将其转化为自觉行为才意味着长期的胜利。因此,必须关注以下几个要素。

(1)领导团队身体力行。价值观念并不像战略、组织机构、人力资源等管理职能一样清晰可见,也无法在短期内见效,要使企业中的每一个人相信愿景并愿意去实践共同的价值观,领导团队的身体力行最为重要。如果共同的价值观只是停留在口头、文字、会议等形式上,则这样的价值观是不可能被员工所接受的。价值观不应该只是每天不断地说教,而是应该每时每刻体现在行动上,领导团队的行动也就更为重要。企业文化说起来是一些理念和口号,但实质是"行为",从根本上说,企业文化要靠每天的决策、做事、待人的方法来形成,而且,企业文化是多数人形成的,不是一个领导者提倡就能形成的。领导者的作用是,有非常敏锐的洞察力,关注企业所有成员的心理以及客观的环境,透过口号和行为引导形成共识,让大家行为一致,形成优势文化,形成强势力量。

(2)让价值观体现在工作绩效上。任何精神层面的东西,如果不体现在物质层面上,是不可能让人们折服的。要员工信奉共同价值观,必然要让他们相信这样的价值观是能够给他们带来绩效的,无论是在薪酬上或者是个人发展空间上,必须有一个体现的载体。所以要有意识地向员工表明新的战略是如何帮助他们提高工作绩效,从而使他们在战略的实施中产生与价值观的联系,进而愿意去坚持这种价值观。

(3)清除变革途中的障碍。无论企业战略还是企业文化都需要变革,战略的变革会带来不确定性和风险,尽管战略变革前企业必须做好各种资源的评估,但由于企业文化的存在,不同个体对战略变革的结果接纳性及风险意识不同,对战略变革的态度就自然不同,甚至战略变革会激起反抗,从而导致战略变革的失败。这些压力可能来源于几个方面:股东、领导层、员工、顾客、政府、供应商和银行,这些都可能是企业的既得利益者,他们抵制变革的原因很多,战略变革开始往往让企业成员在观念上无所适从,文化惯性使他们怀疑变革的真实性,既得利益者更会在非正式场合散播变革的不利因素。如何让变革深入人心,让创新价值观成为坚定不移的价值取向,是这场变革的关键。标杆效应是让成员迅速适应变革的有效方法,让反对和不支持战略变革的人离开团队,奖励在战略变革中有示范效应的员工,是使员工清楚对与错的捷径。变革是需要付出成本的,解雇不适合战略变革的成员,本身就是一种价值观取向的标杆,形成主流文化,坚决清除变革途中的障碍,是向企业成员宣示这场变革的决心的最好途径。

综上所述,企业战略与企业文化是相辅相成的关系,是企业长远持续发展的两条坐标轴。企业文化与企业战略都需要随着外部环境的变化而变化。企业文化是企业战略制订的前提、基础和保证,企业文化决定企业战略的选择、影响企业战略的实施、调节企业战略的控制,企业战略如果没有企业文化的支撑,就缺乏精神与灵魂,企业很难长久发展;企业战略制订中包含企业文化,企业文化是企业战略制订的一个重要内容,企业战略的实施促进企业文化的发展,企业战略的变革推动企业文化的创新,企业文化如果没有企业战略的指导,就成了无源之水。企业虽然一团和气,但缺乏了目标和追求,动力很难持久。因此,只有有效的战略与优秀的企业文化相结合,才能形成卓越的生产力;只有企业文化与企业战略的相互协调、相互促进、双轮驱动、和谐共进才能保障企业的持续健康发展。

 **案例分析**

吉利汽车:以企业文化引领战略落地

浙江吉利控股集团(以下简称"吉利")成立于1986年。吉利从1997年进入汽车行业,到发展进程中的每一次战略转型,企业文化所发挥的引领、导向、凝聚、融合作用举足轻重。全体吉利人"认准一个方向,坚定一个信念,凝聚一股力量,提炼一种精神,完成一个使命",让吉利在风云变幻的全球汽车行业中占据了重要的一席之地。

文化的不变与变:文化有不变恒定的部分,也有变的内容;不变的是定海神针,变的是顺应环境的调整;不变的是企业家内心涌动的梦想和初心,如吉利的造车梦,虽然企业在不同的发展阶段,但造车梦不变,让吉利汽车走向全世界的愿景不变,变的是不同阶段的战略重点,围绕战略落地的重点,在文化上进行因时因地的进化。

一个企业的初心、情怀和使命感,是驱动业务发展的动力源泉,由此生发出愿景、战略,并指导愿景实现和战略落地。回看吉利企业文化的进化之路,会看到里面蕴含着一条文化引领战略落地的链条。

从1997年到2014年,吉利文化进化的过程,中间一条线是"造车"使命的进化,从造"三五"车,"造老百姓买得起的好车","造最安全、最环保、最节能的好车",再到"造每个人的精品车",既是造车定位的升级,也是文化的升级。

2018年,吉利发布四大管理文化:奋斗者文化、问题文化、对标文化和合规文化。开启文化引领业务的新阶段,背后是用文化来指引经营和管理。

2020年7月,吉利正式发布全新使命价值观,用文化赋能组织能力,以文化引领战略落地,推动集团向科技出行企业快速转型。

一、冲破垄断:"先描红再写字,先学走路再学跑步"

1997年,在一没资金,二没技术,三没人才的情况下,吉利决定造车。当时合资企业占据中国汽车市场，民营企业很难取得造车资质，轿车是绝对的奢侈品。为了促使轿车从奢侈品变成老百姓都能买得起的消费品，确定批量造车的吉利提出了"先描红再写字，先学走路再学跑步，先从低端做起，从零部件做起，再做高端"的技术路线，提出了"售价五万、油耗五升、能坐五人"的"三五"造车目标。最终，吉利一举冲破合资企业的市场垄断，陆续推出豪情、美日、优利欧等汽车品牌，以低价战略成功跻身轿车行业十强，提前圆了中国老百姓的轿车梦。

二、制造升级：造老百姓买得起的好车

从"三五"造车，到"老百姓买得起的好车"，开始注重制造升级，向正规化迈进。2001年，中国加入世界贸易组织，吉利也终于正式拿到轿车生产"准生证"，开始规范化生产。但是，在相继推出几款低价车型占领市场后，吉利意识到这一战略不可持续，特别是随着经济的飞速发展和人们生活水平的提高，消费者对高品质汽车的需求越来越迫切。

2003年下半年，汽车市场大幅回落，产销低迷，吉利抓住时机，迅速调整，利用第一款正向设计车型——自由舰研发契机实施质量战略，投资十几亿对生产基地进行大规模技术改造，使工厂管理逐步达到了国内一流水平。2004年，吉利将使命正式调整为"造老百姓买得起的好车"，这也标志着吉利向正规化、机械化、自动化造车的转型升级。

三、战略转型：造最安全、最环保、最节能的好车，让吉利汽车走遍全世界

2007年，党的十七大报告提出，坚持对外开放的基本国策，把"引进来"和"走出去"更好结合。"走出去"战略让吉利更加坚定了参与全球化竞争，打造全球化企业的战略方向。当时，吉利年产销已达20万辆，发展势头良好，但基于对国家政策、国际市场的变化及预判，吉利提出年产销200万辆的目标。

为推动目标达成，同年5月，吉利发布《宁波宣言》，宣布从"低价战略"向"技术先进、品质可靠、服务满意、全面领先"战略转型，确立了"总体跟随，局部超越，重点突破，招贤纳士，合纵连横，后来居上"的发展战略，企业使命也从"造老百姓买得起的好车"向"造最安全、最环保、最节能的好车，让吉利汽车走遍全世界"转变。

通过此次战略转型，吉利彻底抛弃了低价策略，从容应对了2008年全球金融危机，形成了经济全球化条件下参与国际经济合作和竞争的新优势，赢得了难得的发展机遇。

四、决心变革：三品牌归一，造每个人的精品车

2014年，由于外部市场环境的重大变化，吉利只完成41.8万辆的销量。为保证企业在高水平、高质量方向持续发展，吉利下定决心变革。同年，借北京车展，吉利对外发布了新的品牌架构，将帝豪、全球鹰、英伦三个子品牌归一，在统一的品牌架构下完善产品谱系。12月15日，"吉利汽车品牌之夜"在北京"水立方"隆重举行，吉利汽车发布具有划时代意义的首款中高级轿车博瑞，提出了"造每个人的精品车"的品牌使命。

启发思考：吉利是如何用文化引领战略落地的？

本 章 小 结

企业战略主要包括经营范围、资源配置、竞争优势、协同作用等四个要素。企业的战略可以分为公司战略、竞争战略、职能战略三个重要层次，其中，公司战略主要有三种基本形

式：增长型战略、稳定型战略、紧缩型战略；竞争战略主要有三种基本形式：成本领先战略、差异化战略、重点集中战略；职能战略主要有五种基本形式：研发战略、营销战略、财务战略、生产战略、人才战略。企业文化决定企业战略的选择，影响企业战略的实施，调节企业战略的控制，而企业战略的实施促进企业文化的发展，企业战略的变革推动企业文化的创新，两者之间存在着相互约束、相互影响和相互促进的关系。企业实施不同类型的战略，相对应地需要不同特质的企业文化与之相配合。只有企业文化与企业战略相互协调、相互促进、双轮驱动、和谐共进才能保障企业的持续健康发展。

练 习 题

自学自测　扫描此码

第五章 企业文化与企业核心竞争力

【学习目标】

了解企业核心竞争力的定义、特征以及核心竞争力的识别和判定标准；理解并掌握企业文化与企业核心竞争力的关系、企业文化对于企业核心竞争力提升的重要意义；了解用优秀企业文化打造企业核心竞争力的基本原则，掌握构建优秀企业文化提升企业核心竞争力的有效途径。

引例

红豆集团：企业文化是增强核心竞争力的有效保障

红豆集团创始于1957年，现有员工近3万名，是国务院120家深化改革试点企业之一、国家市场监督管理总局认定的国家商标战略实施示范企业。多年来，红豆集团以优异的销售业绩稳居中国服装业百强。近年来，红豆集团加快转型升级步伐，实施多元化发展战略，通过大胆创新实践，在柬埔寨建立了西港经济特区。红豆集团充分利用两个市场、两种资源，已经成为具有一定国际竞争力的企业集团。

红豆集团作为江苏省重点企业集团，一贯注重企业文化建设。形成了以红豆商标为载体的"情文化"，以企业团建为特色的"红色品格"，以"诚信、感恩、创新、卓越"为内涵的核心价值观，以"共同富裕、产业报国、八方共赢"为内容的企业使命，以"打造世界一流企业"为目标的企业愿景，有力增强了企业的软实力，为社会传递了正能量，为广大民营企业树立了标杆。

优秀的企业文化体系是企业增强核心竞争力的有效保障。红豆集团内部以《红豆报》、红豆团建网、红豆电视台等为载体，出版首个企业版"弟子规"，创新思想文化宣传教育方式方法，用"情文化"打造和谐企业，让员工"生活有保障、事业有希望、情绪有释放"，过上幸福开心的生活。不仅如此，2001年集团在全国首倡举办"红豆七夕节"，并连续23年举办"红豆七夕节"系列活动，全力塑造品牌新形象，以"打造中国主流生活方式"不断丰富红豆"情文化"品牌内涵。与此同时，红豆将承担更多的社会责任上升到企业文化建设的高度，自觉守法，诚信经营，正确处理企业与员工、企业与社会的关系，积极参与光彩事业，捐款捐物累计超5.8亿元。2021年，红豆集团荣登中国民企社会责任百强榜。

未来，红豆集团将加快完善中国特色现代企业制度，坚持实施"三自六化"战略，加快进化升级，追求卓越绩效，向"千亿红豆、智慧红豆、幸福红豆、百年红豆"目标奋进。

启发思考：（1）红豆集团"情文化"的内涵是什么？

（2）红豆集团如何用优秀文化增强企业的核心竞争力？

第一节 企业核心竞争力的内涵

企业核心竞争力也称为企业核心能力，是企业持续发展的源泉，是从根本上决定并制约企业自身生存和持续发展以及持久竞争优势的能力。这样的竞争力具有价值性、独特性、整合性、延展性和动态性，是企业在某一市场上长期具有竞争优势的独特的资源和能力。

一、企业核心竞争力的定义

1990年，美国密歇根大学商学院教授普拉哈拉德（C. K. Prahalad）和伦敦商学院教授哈默尔（Gary Hamel）在《哈佛商业评论》发表《企业核心竞争力》（The Core Competence of the Corporation）一文，首次正式提出企业核心竞争力的概念。他们认为："核心竞争力是在一个组织内部经过整合了的知识和技能，尤其是关于怎样协调多种生产技能和整合不同技术的知识和技能。"他们提出，核心竞争力是企业可持续竞争优势与新事业发展的源泉，它们应成为企业战略的焦点，企业只有把自己看作是核心能力、核心产品和市场导向的新事业的层次结构时，才能在全球竞争中保持领先地位。其基本要点包括：核心竞争力的载体是企业整体，而不是企业的某个业务部门或某个行业领域；核心竞争力的形成是企业在过去的成长历程中积累产生的，而不是通过市场交易获得的；核心竞争力的关键在于"协调"和"整合"，而不是某种可分散的知识和技能；核心竞争力的存在形态基本上是结构性的、隐性的，而非要素性的、显性的。

在普拉哈拉德和哈默尔提出"核心竞争力"概念后，越来越多的学者开始研究"核心竞争力"，出现了很多新的关于核心竞争力的理论，而且这些理论已经不再限于原来所指的核心技术能力。不同的研究者所理解的企业核心竞争力有很大区别，其中具有代表性的有技术观、资源观、知识观、组织与系统观、文化观等。

1. 基于技术与技术创新观的企业核心竞争力

普拉哈拉德和哈默尔是从技术和产品创新观研究核心竞争力的代表。他们的一个重要思想是，企业核心竞争力是存在于企业的产品（技术）平台——核心产品之上的，企业核心竞争力的积累过程就伴随在企业核心产品（核心技术）的发展过程中，因而，企业核心竞争力是企业以往的投资和学习行为所积累的具有企业特定性的专长。帕特尔和帕维特（Patel & Pavitt）在1994年首次提出了"核心技术竞争力"的概念，并就核心技术竞争力对企业战略管理的影响做了研究。

2. 基于资源观的企业核心竞争力

资源观强调资源和能力对企业获得高额利润回报和持续竞争优势的作用。资源学派最著名的代表人物之一——杰伊·巴尼（Jay Barney）认为，企业资源只有具备价值性、稀缺性、难以模仿性和不完全可替代性这四个特征，才能创造持续的竞争优势。这些资源包括企业的资产、知识、信息、能力、组织程序等要素，而且这些要素又可以方便地分成财务、实物、人事和组织资源等几个种类。

3. 基于知识观的企业核心竞争力

知识观流派认为，企业核心竞争力是指具有企业特性的、不易外泄的企业专有知识和信息,而学习能力是核心竞争力的核心。巴顿(Dorothy Leonard-Barton)是该流派的代表,他认为,企业核心竞争力是使企业独具特色并为企业带来竞争优势的知识体系,包括技巧和知识基础、技术系统、管理系统、价值观系统等四个维度。同时,他还把企业能力归结为核心竞争力、辅助能力与操作能力等三种形式,指出核心竞争力构成企业的竞争优势,它随时间积累而不易为其他企业所模仿。

4. 基于组织与系统观的企业核心竞争力

组织与系统观流派认为,核心竞争力是企业不同的集散系统、管理系统、社会心理系统、目标和价值结构系统等的有机结合,而体现在这种组织中的核心内涵是企业所专有的知识体系。从企业核心竞争力的开发与提高来看,作为核心竞争力载体的人才是企业最宝贵的资源,因此,企业核心竞争力必须有沟通、参与和跨越组织边界的共同视野和认同。库姆斯(Coombs)1996年提出了企业核心竞争力包括企业技术能力以及将技术能力有效结合的组织能力。

5. 基于文化观的企业核心竞争力

基于文化观研究企业核心竞争力的代表是拉法和佐罗(Raffa & Zollo)。他们认为,企业核心竞争力不仅存在于企业的操作子系统中,而且存在于企业的文化子系统中。在知识密集的现代企业中,核心竞争力根植于复杂的人与人、人与环境的关系中。严格地说,企业真正的核心竞争力是不可分割的,它是技术核心能力、组织信息能力和文化核心能力的有机结合,不可能在企业里分散开来加以定位。因此,企业核心竞争力的积累蕴藏在企业的文化中,渗透在整个组织中,而恰恰是组织共识为综合的、不可模仿的核心竞争力提供了基础。

国际著名的兰德公司(RAND)经过长期研究发现,企业的竞争力可分为三个层面:第一层面是产品层,包括企业产品生产及质量控制能力、企业的服务、成本控制、营销、研发能力;第二层面是制度层,包括各经营管理要素组成的结构平台、企业内外环境、资源关系、企业运行机制、企业规模、品牌、企业产权制度;第三层面是核心层,包括以企业理念、企业价值观为核心的企业文化,内外一致的企业形象,企业创新能力,差异化、个性化的企业特色,稳健的财务,拥有卓越的远见和长远的全球化发展目标。第一层面是表层的竞争力;第二层面是支持平台的竞争力;第三层面是最为核心的竞争力。随着经济社会的不断发展和科技信息的畅通化,企业间相互模仿和借鉴的速度越来越快,企业在第一层面和第二层面上具有的战略优势很难保持长久,而企业文化的独特性、难交易性、难模仿性使得企业文化成为有效提高和保持企业核心竞争力的源泉。因此,有学者认为,核心竞争力是以企业核心价值观为主导的不断创造新产品和提供新服务以适应市场的能力,不断创新管理的能力,不断创新营销手段的能力。

综上所述,我们认为,企业核心竞争力是在整合企业所拥有的独特的资源和能力的基础上,形成的一种能帮助企业超越竞争对手,在市场竞争中获得竞争优势和可持续发展的核心性能力。

二、企业核心竞争力的特征

企业核心竞争力存在于企业内质之中,是企业获得持续竞争优势的基础。因此,并不是企业所有资源、知识和能力都能形成核心竞争力,只有当资源、知识和能力同时符合以下特性时,才有可能成为企业的核心竞争力。

1. 价值性特征

价值性是核心竞争力的最基本特性。识别一种竞争力是否为核心竞争力，首先要判断其是否具有价值性。核心竞争力应当能够使企业为客户创造价值，实现用户所看重的核心价值；应当有利于企业效率的提高，能够使企业在创造价值和降低成本方面比竞争对手更优秀。以海尔和长虹为例，两者同属电器企业，海尔的核心竞争力是其"五星级"的销售和服务体系，而长虹的核心竞争力则是它的低成本和规模优势，当用户注重购买方便和售后服务时，就会倾向于海尔，而当价廉物美成为首要选择时，就会倾向于长虹。

用户价值除了体现在用户所看重的核心价值上外，还包括企业对用户价值的维护和增值，它包括价值保障、价值增值、价值创新三个方面。价值保障是一个价值传递的过程，它要求在不断降低成本的同时，保证价值的有效传递，保证产品价值和顾客可接受的价值不受影响；价值增值是一个增值的过程，是对现有产品和服务进行不断改进以提高产品和服务的价值含量；价值创新则是一个创造过程，是企业运用核心竞争力开发研制全新的产品和服务，以满足客户新的需求。

2. 独特性特征

独特性又称异质性，是指企业的核心竞争力必须是独一无二、为企业所特有，没有被当前和潜在的竞争对手所拥有。核心竞争力是企业在长期的发展过程中培育、积淀而成的，它存在并融合于企业内质之中。核心竞争力在竞争差异化方面所体现出来的优势和独特性，是企业所特有的，难以被其他企业模仿和代替的，即具有不可模仿性和不可替代性。如果核心竞争力容易被替代或模仿，则意味着这种竞争力很弱，无法给企业创造较大的和持续的竞争优势。

核心竞争力是企业在其长期经营活动中以特定的方式，沿着特定的技术轨迹逐步积累起来的，它不仅与企业独特的技能与诀窍等技术特性高度相关，还深深印上了企业组织管理、市场营销以及企业文化等诸多方面的特殊烙印。作为特定企业个性化发展过程的产物，企业核心竞争力既具有技术特性又具有组织特性，企业的运作模式、营销方式、规章制度，企业员工的素质、能力、观念以及行为方式等因素共同支撑着企业的核心竞争力，因此，核心竞争力很难被竞争对手完全掌握而轻易复制，更难进行市场交易。企业核心竞争力的独特性，不仅决定了企业的独特性，也决定了不同企业的效率差异、收益差别与发展潜力。

3. 整合性特征

整合性是核心竞争力的显著标志。一组分散的技术或技能不能形成核心竞争力，核心竞争力是提供其竞争能力和竞争优势基础的多方面技术、技能和知识的有机整体，是把多种能力提炼、升华为超强核心能力的结果。

4. 延展性特征

延展性是指企业能够从核心竞争力衍生出一系列的新产品和新服务以满足客户的需求。核心竞争力有从核心竞争能力—核心技术—核心产品—最终产品的延展能力，即企业的核心竞争力包含着一项或几项核心技术，而这些核心技术相互配合形成一个或多个核心产品，再由核心产品衍生出最终产品。在这个延展过程中，企业的核心竞争力是主导力量。

核心竞争力具有延展性，即能够不断地开拓出新产品，具有旺盛、不衰竭、持久发展的生命力。核心竞争力能够同时应用于多项不同的任务，可以使企业进入各种相关市场参与竞争,能在较大范围内满足用户的需要;可以从现实事业领域开拓出未来新的事业领域;可强力支持企业向更有生命力的新事业领域延伸,衍生出一系列新产品和新服务以满足用户需求,保证企业多元化发展战略的成功。

核心竞争力的延展性使企业能够较大程度地满足客户的需求,不仅是当前的需求,而且包括潜在的需求。这种需求的满足是通过核心竞争力充分发挥其延展性,在新的领域内积极运用而得以实现的。延展性使核心竞争力更能保证企业多元化发展的成功。以日本夏普公司为例,其核心竞争力是液晶显示技术,该项技术使夏普公司在笔记本电脑、袖珍计算器、大屏幕显像技术等领域都具有竞争优势。

5. 动态性特征

企业核心竞争力是在长期的经营实践中逐步积累形成的,它作为支撑企业长期发展的主动力,具有较强的稳定性,其生命周期也远远超过了一般产品的生命周期。但是企业的核心竞争力总是与一定时期的企业文化、产业动态、管理模式以及企业资源等变量高度相关。随着时间的推移,企业核心竞争力必然发生动态演变,经历产生、成长、成熟、衰亡等阶段。因此,企业的核心竞争力既具有相对的稳定性,又兼有动态的变化性。企业核心竞争力的生命周期可划分为以下几个阶段:无竞争力阶段、一般竞争力阶段、初级核心竞争力阶段、成熟核心竞争力阶段、核心竞争力弱化阶段、核心竞争力新生阶段。

企业核心竞争力在形成以后,就面临再培育和提升的问题,否则随着市场竞争的加剧和科学技术的发展,核心竞争力也会逐渐失去其竞争优势,沦为一般竞争力,甚至完全丧失竞争优势。因此,企业若想长久保持核心竞争力的领先优势,就必须对核心竞争力进行持续不断的创新、发展和培育,要根据产业的发展方向、管理的更新趋势以及企业自身资源的发展状况,对企业的核心资源重新配置与定位,实现企业核心竞争力的及时跃升,以维持和扩大核心竞争能力的竞争优势。

三、核心竞争力的识别和判定标准

企业的核心竞争力是指能够长期产生竞争优势的竞争力,然而,并不是企业所有的竞争力都能形成核心竞争力。我们可以根据对核心竞争力要求的描述来识别和判断哪些竞争力可以成长为核心竞争力。

1. 核心竞争力是价值高的竞争能力

核心竞争力必须是那些能增加企业外部环境中的机会或减少威胁的竞争能力,它能够帮助企业在激烈的市场竞争中保持长期的竞争优势。

2. 核心竞争力是稀有的竞争能力

核心竞争力是企业独一无二的、没有被当前和潜在的竞争对手所拥有的竞争能力。即使一种竞争能力很有价值,但是如果可以被许多竞争对手所拥有,那它产生的则只能是竞争均势而不是竞争优势。

3. 核心竞争力是难以模仿和学习的竞争能力

核心竞争力必须是不易被其他企业模仿和学习的,并且模仿和学习的成本很高。在以下情况下形成的企业核心竞争力很难被竞争对手所模仿和学习:企业核心竞争力的形成有其独特的历史经历和条件；企业核心竞争力与其所表现的竞争优势之间的联系不易被清楚分析；企业核心竞争力的形成与一定的社会人文环境有关，包括社会文化、价值观念、习俗传统等。例如日本企业中家族式的管理能创造极高的企业效率，但这种管理模式却很难被美国企业所模仿。

4. 核心竞争力是难以被替代的竞争能力

核心竞争力必须是难以被替代的，它应该没有战略性的等价物。所谓战略性等价物是指如果当两种不同的资源或竞争力可以分别用于实施同一种战略的话，那么这两种资源或竞争力在战略上讲就是等价的。通常来说，一项竞争力越是来源于知识与技能的结合，就越难找到战略上的替代物。

第二节 企业文化与企业核心竞争力的关系

企业核心竞争力之所以能把整个企业的技术、生产能力、人力资源等整合为一个整体，使企业能够适应千变万化的市场并在市场竞争中处于优势地位，正是由于其将企业的整体价值与企业经营者和员工的个体价值有机地结合在一起，实现了整体价值与个体价值的统一，而促进这种整合与价值统一的重要因素，是同样以企业价值观为核心，通过寻求企业核心价值观与个人自我价值追求一致，从而引导整体价值与个体价值实现的企业文化。企业的发展依靠核心竞争力，核心竞争力来自技术，技术来自管理，而管理靠的是企业文化。因此，企业文化决胜企业核心竞争力，不仅是因为它具备核心竞争力的特征，更是因为它影响并决定核心竞争力。

一、企业文化具备核心竞争力的特征

任何一个企业的企业文化都不是一蹴而就的，优秀的、独特的企业文化更是如此，都必须在企业的生产经营活动中经过长期积累才能形成。同时，企业文化必须通过物质、行为、制度、精神方面表现出一种被企业内各成员共同认可的价值观，而且企业一旦形成了其独特的、有个性的企业文化，就很难被其他企业所获取或模仿，这也就决定了企业文化具有核心竞争力的特征。

1. 从企业文化的形成来看，企业文化的形成与企业家精神是分不开的

企业家精神是企业文化形成的前提，是企业文化表层活动的偶像。不同的企业家具有不同的思想和作风，他的思想和作风对于企业文化的形成起着奠基的作用。在扑朔迷离、尘埃未定的情况下，由企业家的洞察力、决策力而综合起来的人格魅力是不同的，企业文化也是如此。从海尔的张瑞敏砸掉第一台劣质冰箱开始，他就已经奠定了海尔文化的基调，这与张瑞敏的气度和具有大家风范的人格魅力是不可分割的。正是由于企业文化是企业家精神的升华，便决定了企业文化的独特性和异质性，也决定了企业文化的不可复制性，因为没有一个人能够模仿另一个人的精神，所以企业文化是企业所独有的专利。

2. 从企业文化的形态来看，企业文化是一个企业的无形资产，任何一个企业都不可能将它很具体、直观地描述出来

企业文化只能以一种意识形态——共同价值观被企业全体员工认可，形成员工共同遵守

的伦理道德、思维方式、行为规范和共同的工作风格。没有一个员工能够用言语表述它，只能在其思想上达成共识。企业在将企业文化对内和对外表述时，只能用富有哲理的简短的句子表达。企业文化存在的形态决定了企业文化的缄默性。这种缄默性的内容大多是难以用语言、文字、符号来直观表示的。

3. 从企业文化的竞争角度来看，企业文化对内对外都发挥着重要作用

从对内竞争的角度来看，企业文化对员工的激励作用，有利于提高员工的工作效率，从而提高企业的效率。员工在企业文化的激励下，能够充分发挥工作的主动性和积极性，提高工作热情，有利于企业技术的改革和创新，有利于产品的开发，帮助企业降低生产成本；企业文化对员工的约束作用能够使员工在处理个人利益和组织利益时以大局为重，从维护企业的利益出发。企业文化的对内作用能够使企业创造自身价值。从对外竞争角度来看，企业能够在自身优秀、独特的企业文化的引导下为顾客提供优质的产品和良好的服务，为顾客创造价值。在与竞争对手竞争时强调公平竞争为主，并且在竞争过程中以社会利益为重，不图一时之利而有损社会的可持续发展。而当企业扩大规模、拓展新业务时，企业文化的作用也十分显著。海尔文化在海尔兼并、收购重组过程中发挥了巨大的作用。企业文化的渗透和扩张，体现了核心竞争力的价值性和延展性的特征。

二、企业文化是企业核心竞争力的主要构成部分

在激烈的市场竞争中，能获得持续竞争优势的企业文化必然具有三个基本条件，即有价值、杰出和难以模仿。

首先，有价值的企业文化能在制度和经营流程上使企业以高销售、低成本和高收益的方式运行，或者以其他方式实现企业价值和增值。关于企业文化的许多文献都认为文化对企业而言具有重要而积极的经济价值，一定的企业文化可促使企业按照其员工、顾客、供应商和其他组织期望的方式进行经营，而没有这样文化的企业则很难做到或者不能获取相应的价值与经济地位。

其次，杰出的企业文化具有与其他大多数竞争对手的企业文化不同的属性和特征，反映了在企业中工作的员工的独特的个性、经验和历史约束性，也部分反映了其成长背景的特定状况，其创立者的独特个性，以及其成长的特定环境。

最后，难以模仿的企业文化使竞争对手不能实施改变其自身文化的行为从而具有被模仿企业的文化特征，或者即使能尝试模仿，这些竞争者相对于被模仿的企业也将处于某种不利状态（如企业声誉、经验等）。

参照核心竞争力的识别和判定标准，判断一个企业的资源和能力能否构成核心竞争力，可以从有价值、稀少和独特、难以模仿、不可替代和具有延展性五个标准来着手（如表5.1所示）。有价值意味着企业能通过利用其外部环境中的机会或消除外部环境中的威胁来创造价值，形成和实施能创造特定客户价值或客户感知价值的战略。稀少和独特意味着企业拥有的构成核心竞争力的资源和能力在竞争对手中是差异化的、稀缺的和非普遍存在的。而难以模仿则强调，不同的企业有其不同的成长路径，能不断积累反映其独特历史的能力和资源；同时，这些能力和资源形成的原因与具体在企业中的运用是比较模糊的，其中许多也是复杂的社会现象和社会资源的产物，包括企业长久形成的公众关系、声誉等，都是竞争对手难以清晰辨别加以模仿的。不可替代指企业拥有其他竞争对手所不具有的战略对等资源。资源和

能力越不可替代,而且越不可见,竞争对手就越难以超越企业现有的竞争优势和地位。资源和能力的延展性要求其能拓展到企业其他产品和服务中,形成资源和能力的规模经济效应。

表 5.1 判断一个企业的资源和能力能否构成核心竞争力的标准

标准	含义
有价值	帮助公司消除威胁或利用机会
稀少和独特	不被其他许多公司拥有
难以模仿	历史的:一种独特而有价值的组织文化和品牌
	模糊性原因:竞争力原因和应用是不清楚的
	社会复杂性:人际关系、信任以及管理者、供应商和客户之间的友谊
不可替代	不具有战略对等的资源
具有延展性	能将竞争优势扩散到本企业其他产品或服务

从上述分析可知,企业文化作为一种有价值、杰出和难以模仿的资源,是企业核心竞争力的主要构成部分。把文化作为一种资源进行开发和利用,已经成为企业增强活力、提高竞争优势的有效方法,是企业参与市场竞争的高层次选择。

知识点滴

判断文化竞争力的四个标准

1. 是否具有价值

企业文化有没有价值,首先要看它能否在企业获取市场的过程中作出贡献。曾有研究者对 1987—1991 年期间美国 22 个行业 72 家公司的企业文化和经营状况进行了深入研究,列举了强力型、策略合理型和灵活适应型三种类型的企业文化对公司长期经营业绩的影响,并用一些著名公司成功与失败的案例证明,企业文化对企业长期经营业绩有着重大作用。因此,企业文化对企业来说是一笔巨大的财富,具有重要价值。

2. 是否稀有

企业文化是企业在长期的经营活动中形成的。它不仅与企业所处的国家、地区、行业等有关,还与企业的创建者、领导者以及所处的生命阶段有关,是稀有的、独一无二的。例如,IBM 创始人托马斯·沃森(Thomas J. Watson)在企业留下的"影子"比起他本人活得更久,而且他有意识地在任职期间把那些曾经使 IBM 获得成功的价值观制度化。

对于具有强烈个性的继任者来说,企业往往是变革的试验田。TCL 总裁李东生就是一例,在他的带领下,TCL 形成了独特的合金文化。他认为 TCL 能取得今日的成就,建立开放的企业文化体系是一个重要的因素。

3. 是否难以模仿

阿里巴巴就是一个以文化为特征的企业。众多企业都去阿里巴巴取经,其中不乏大量互联网企业。参观过后,这些企业依然保持原来的运营方式,难以将阿里巴巴的经验消化吸收,部分原因在于企业的执行力不够,但更主要的是固有的企业文化在潜移默化地起作用。这种无形的东西是无法学习和模仿的。

企业文化所倡导的价值观念、团体意识、行为规范和思维模式都是无形的。无形，就意味着难以学习与模仿。

4. 是否不可替代

无形本身就是难以替代的。企业文化的持续性让生活在其中的个人心甘情愿地调整自己的行为以适应企业，直到将这些规范内化于心，成为一种无意识的行为。从本质上说，这种规范也是无法替代的。

按照企业核心竞争力的四个衡量标准，企业文化无疑是企业核心竞争力的来源。

三、企业文化决胜企业核心竞争力

现代企业间的竞争，既是科学技术和经济实力的竞争，更是企业文化力的较量，文化力已经成为企业核心竞争力的重要组成部分。

（一）企业文化对企业核心竞争力的作用

美国加利福尼亚大学日裔美籍管理学教授威廉·大内在《Z理论——美国企业界怎样迎接日本的挑战》一书中特别强调"以人为本"的企业文化对其核心竞争力的作用，他认为：现代企业竞争的重点正从产品竞争上升到企业文化，没有文化的企业是绝对没有竞争力的；管理"人"的不是制度，而是以人为本的健康企业文化环境。现代管理理论也认为，企业只有把员工群体意识与企业的管理哲学、管理行为联系起来，建立一种从企业文化角度出发的管理体系，才能激励员工的创新精神；企业文化是企业生存和发展的"元气"，其在本质上反映的是企业生产力成果的进步程度；企业环境培养企业文化，而企业文化又反过来影响、改善企业环境，不断提高企业的核心竞争力。

随着经济全球化的深入和知识经济的兴起，现代企业的竞争已从产品平台的表层竞争转向理念平台的深层竞争；管理理论也已从"传统经验管理"阶段、"科学管理"阶段发展到了"文化管理"阶段。因此，未来企业的竞争必将是企业文化的竞争，企业文化已成为企业核心竞争力的核心要素，是企业核心竞争力的活力之根和动力之源。

（二）企业文化影响企业核心竞争力的具体体现

1. 企业文化是企业战略的指南针

战略文化理论认为，企业战略根植于企业文化及其背后的社会价值观念，其形成过程是一个将企业组织中各种有益的因素进行整合以发挥作用的过程。美国著名管理学家托马斯·J. 彼得斯和小罗伯特·H. 沃特曼在《成功之路——美国最佳管理企业的经验》一书中指出：没有强大的公司文化（即价值观和哲学信念），再高明的战略也无法成功。企业战略是企业文化的重要组成单元，是企业文化的一种反映，有什么样的企业文化，便会产生什么样的企业战略。一方面，企业战略是在企业价值观、经营理念等企业文化核心要素所规范、营造的总体经营思想、路线和方针的指导下产生的，企业文化通过企业的经营哲学决定着企业战略的制定和经营模式的选择；另一方面，企业文化以其所营造的企业整体价值取向、经营理念和行为方式潜移默化地引导企业全体成员去贯彻、执行企业既定的战略，保证战略目标的达成。由此可见，优秀的企业文化不仅能指导有效的企业战略的制定，而且是实现企业战略的驱动力与重要支柱。

2. 企业文化是企业经营业绩的保障

自从美国哈佛商学院著名教授约翰·科特（John P. Kotter）和詹姆斯·赫斯克特（James Heskett）在其著作《企业文化与经营业绩》中提出企业文化对企业经营业绩有重大作用以来，企业文化对企业经营业绩的促进作用已得到公认。詹姆斯·赫斯克特曾指出，无论是对付竞争对手、为顾客服务，还是处理企业对内对外关系，企业文化所形成的企业竞争力必然产生强有力的经营效果。特雷斯·迪尔和阿伦·肯尼迪等通过实证研究得出：杰出而成功的企业都有强有力的文化。英国组织行为学家约翰·维克斯从发展的角度指出企业文化就是各种文化基因相互竞争的积累结果，从经济效益角度分析，企业文化的质量与企业的现实经济效益、动力效益以及人力资源的全面效益都成正相关发展态势。纵观世界成功企业，如美国通用电气公司、日本松下电气公司等，其经营绩效长盛不衰的主要原因就是拥有优秀的企业文化。正如《财富》杂志一篇评论员文章所说，世界500强企业的经营绩效胜出其他企业的根本原因，就在于这些企业善于不断地给企业文化注入新鲜活力。

IBM咨询公司对世界500强企业的调查也表明，这些企业出类拔萃的关键是拥有优秀的企业文化，它们令人瞩目的技术创新、制度创新和管理创新均根植于优秀而独特的企业文化。总之，企业文化是它们跻身500强而闻名于世的根本原因。美国权威机构调查显示，能够存活5年的企业不超过62%，能够存活20年的企业不超过10%，能够存活50年的企业不超过0.2%。这些数据表明，企业要保持可持续发展确实非常困难，其核心竞争力就是企业文化。另外，企业文化对企业经营业绩的作用还常常表现在企业对内、对外经济合作的成败上。有关研究表明，大约30%的经济合作是由于技术、财务或者战略方面出现问题而搁浅；大约70%的失败是由于文化沟通方面出现问题造成的。由此可见，优秀的企业文化是企业经营业绩的根本保障。

3. 企业文化是企业组织力的灵魂

企业组织力不仅反映静态的制度，更主要地体现组织过程和功能，从而与竞争力产生一种更为直接和动态的联系，这种不具模仿性的联系，正是独特企业文化整合而形成的核心竞争力。企业文化的实质是通过共同的价值观整合企业的行为，从而形成企业整体的合力，形成市场竞争优势。对于稳定的组织结构，企业文化的自我调控、约束和规范功能可以积极、有效地防止和降低企业组织行为僵化的倾向，促成从协调一致到创新张力的转变；对于相对松散的网络化组织结构，企业文化的导向、凝聚功能，可以使松散的结构形成一个有机的系统，在庞大的机构和快速反应能力之间实现平衡。企业的经营理念、价值观只有贯穿于企业经营活动和企业管理的每一个环节及整个过程中，即企业文化只有与企业具体管理相结合，才能成为企业的核心竞争力。由此可见，企业文化是企业组织力的灵魂。

4. 企业文化是企业创新力的原动力

创新力是企业的生命基因，是企业核心竞争力的主要源泉。而创新又是企业文化的灵魂。企业文化作为企业制度和经营战略在人的价值理念上的反映，一方面要作为企业活力的内在源泉而存在，成为规范企业和员工行为的内在约束力；另一方面要与时俱进，不断在理念、观念等方面创新，以彰显其强大的生命力。因此，企业要有杰出的创新力，必须拥有创新的企业文化。一方面，企业文化有利于营造创新的文化氛围。员工创新积极性的发挥，既要靠内在的动力，也离不开外在环境的支持。内在的动力主要来自训练创新性思维和培养创新品格，外在环境则在于企业的天时地利人和，在于企业的文化氛围建设。企业文化的激励功能就是要形成一种有利于企业员工创造性的发挥，倡导创新意识，运用创新思维，精通创新之道，敢于创新竞争，鼓励尝试风险的企业文化环境。另一方面，企业文化有利于培育优秀的企业家和企业精神。企业家是创新活动的策划者和组织者，是构成企业核心竞争力的基本要素，也是培育独特而积极向上的企业精神的关键所在。企业精神是企业的灵魂。企业文化强调以创新精神为核心，以科学精神为基础，以团队精神为标准，强化员工强烈的创新意识、团队意识，为企业创新的成功奠定坚实的基础。由此可见，企业的创新力根植于其优秀而独特的企业文化，企业文化是企业创新力的原动力。

5. 企业文化是企业竞争的最高境界

有人说，人才、高新技术和先进的企业制度是企业的核心竞争力。但在科技飞速发展的今天，新技术瞬间就会被更新的技术所取代；在信息化的今天，人才在企业间流动使先进的管理制度不断地被相互学习，而唯一不能被模仿和复制的就是企业文化，尤其是企业文化的核心层——企业精神，因为其中既渗透着创业者个人在社会化过程中形成的对人性的基本假设和世界观，也凝结着在创业过程中创业者集体形成的经营理念，并且在企业长期发展过程中被所有员工所认同，深植在每位员工的心中。正是这种独具个性的企业文化和每位员工对企业文化的身体力行，凝聚成了企业持续发展的动力和竞争优势。现如今，企业间的兼并重组已成为企业迅速壮大的一条途径。大量的实践已经表明，企业在兼并或收购其他企业的过程中，只有坚持以文化为先导，注重用自己的强势文化去沟通和融合被兼并或收购的企业，或者将被并购企业在并购前形成的企业文化有效地融合进并购方的企业文化，才能降低一体化经营过程中的内部摩擦成本，提高企业的最终运行效果。用文化注入代替资金注入不仅大大地降低了经营风险及企业经营成本，同时，也为优势企业迅速壮大探索出一条捷径。由此可见，企业文化已成为企业竞争的最高境界。

 视野拓展

宋志平：企业文化竞争是企业竞争的决赛

企业文化也被称作企业哲学，它是企业最重要的特征，也是员工共同的价值观和行为准则。企业文化对内是指企业强大的凝聚力和向心力，对外是指企业巨大的影响力和渗透力。为什么有的企业越发展越好，有的企业会轰然倒下，根本原因就是文化的差别。

做企业实际上就是做文化。在市场经济越来越发达、市场竞争越来越严酷的情况下，许多管理者虽然不乏搞基建的经历，跑项目、跑投资，可谓辛苦，但往往忽视了文化建设这项最基本的工作。也就是说，管理者只注重争资金、扩规模等，没有将足够的目光放在研究人的积极性、企业文化建设、科学的企业管理思想上，这不能不说是一大误区。

总结自身实践，我对企业管理工作的思考历经了三个递进过程。

在第一个过程中，我认为企业是出产品的，那时我热衷的是研究和生产各种各样不同性能的产品；

在第二个过程中，我认识到要将利润最大化作为企业的目标，不管什么产品，都必须赚钱，产品再好，不赚钱，也得忍痛割爱；

在第三个过程中，我进一步认识到做企业最终是做文化定位，产品也好，效益也好，

> 都不能离开企业的社会性，都离不开"人"这个中心，为此要确立企业的文化价值取向和共同价值观，建立一个和企业相适应的企业哲学。有了这个哲学的指导，企业定位便能围绕企业文化这个中心运作。
>
> 经过思考，我得出一个结论：企业文化是企业真正的基石，企业文化竞争是企业竞争的一场决赛。企业文化是一个企业的集体记忆，是企业里共同的价值观，是一种特征文化，是企业深处与生俱来的东西，是学不会、偷不走的。
>
> （宋志平，中国上市公司协会会长、中国企业改革与发展研究会会长）

第三节　构建优秀企业文化提升企业核心竞争力

企业的持久竞争力来自企业精心塑造的核心竞争力，而企业文化是塑造企业核心竞争力的源泉和动力。企业只有通过构建优秀的企业文化，才能获得使自己立于不败之地的核心竞争力。

一、企业文化对于企业核心竞争力提升的重要意义

1. 企业文化是塑造企业核心竞争力的内在基因

从竞争的层面，我们可以把企业的竞争优势大致归纳为三个层面：资源型竞争优势、运营型竞争优势和文化型竞争优势。

（1）资源型竞争优势。资源型竞争优势是指依托于外在的资源要素层面的竞争优势，比如特殊的市场机会，优越的人力、物力、财力资源，良好的政府关系等，这种优势根本上是一种外部优势而非企业自身能力，今天所拥有的资源明天就可能失去，今天所具备的优势明天就可能被人超越。

（2）运营型竞争优势。运营型竞争优势是指体现于企业内在的管理和运营层面的竞争优势，比如基于组织与团队基础之上的独特运营能力，基于内生机制基础之上的物流、资金流、信息流管理能力等，这种优势已经涉及企业内在的竞争层面，但单纯建构于运营层面的竞争优势本质上仍然是一种非持续竞争优势。

（3）文化型竞争优势。文化型竞争优势是指基于企业内在文化因素的，以及企业内生性的创新机制和变革能力基础上的竞争优势，这种优势具有企业内在的独享性，是偷不去、拆不开、买不来、学不到的，这才是从根本上支撑企业健康、持续、和谐发展的竞争优势，是企业的核心竞争力。因此，唯有文化型竞争优势才能真正上升到核心竞争力的层面。

企业文化的首要意义在于形成企业内外所共同认同的价值理念和文化主张，从而为企业的生存和发展提供根本性的指导和支持。中外企业的发展鲜明地验证了一个共同规律：唯有基于文化内核的竞争力才是真正的、可持续的竞争力；唯有当文化真正成为企业可以传承的内在因素时，企业才能真正构建起生生不息的持续发展的基石。

2. 企业文化是提升企业核心竞争力的重要源泉

核心竞争力是企业组织性、集体性的学习、创新和变革的能力，而不是依赖于个人的技术层面的竞争能力。企业文化的核心要义恰恰在于通过共同的使命信仰、价值理念、行为规

范的塑造，形成企业全员的文化认同，从根本上培育和形成企业的组织创新、变革能力和员工群体性竞争优势。

我国众多企业普遍存在的问题是，领导层或者核心领导人的个人能力远大于企业的组织能力，企业发展靠的不是来源于员工整体层面的组织能力，而是基于领导者的个人能力。不可否认的是，领导者对于企业文化培育、企业战略发展具有不可替代的重要作用和影响。然而，任何企业的成功根本上依赖于强大的组织能力而非个人能力，当个人能力取代组织能力成为企业的成长动力时，企业也就背离了核心竞争力的基本内涵，任何个人层面而不是组织层面的竞争优势都是暂时的，都不可能形成真正的核心竞争力。唯有建设全员认同的文化，才能从根本上形成和提升组织的核心竞争力。

视野拓展

海尔企业文化与企业核心竞争力

企业提升核心竞争力可以攫取更大的市场份额，有利于在行业中站稳脚跟。通常来讲，核心竞争力是企业有效结合外部资源后形成的一种独特的内在能力资源，能创造出具有"第一竞争力"的价值。这些资源包括企业文化、技术、人才等。

1. 品牌与营销

作为伴随着新中国改革开放一起成长的企业，海尔的名字在中国人心中早已打下深深的烙印，它获得"世界品牌50强""2023年中国全球化品牌50强"等荣誉称号，具有较高的品牌价值。走过了五个战略阶段后，海尔于2019年宣布正式进入生态品牌战略阶段，并决心未来七年都致力于创建物联网生态品牌。

为了最大限度地发挥品牌之间的协同效应，海尔对旗下的七大品牌实行了差异化战略，覆盖国内外的高、中、低端市场，通过大数据分析用户喜好倾向，满足个性化需求。

2. 企业文化

从张瑞敏带头砸毁有质量问题的冰箱时，海尔就有着独特的企业文化。"以用户为是、自己为非"的是非观、"人单合一双赢"的利益观与"真诚到永远"的企业精神都是海尔持续发展的保障。

在企业迈入生态布局的新时期，海尔坚持与生态利益相关方共享共赢共创价值，在家电行业内声名远扬。基于"用户第一"的原则，海尔设计出用户驱动机制，使4 000多家小微企业都致力于自主自发地识别用户的个性化需求，由此形成一张庞大的雷达网"黏"住用户。

海尔还拥有强大的文化传播系统。先后创办了《海尔人》报刊、《海尔管理评论》杂志，员工还可以在内部网的社区交流与讨论。公司内部组织也会定期举办"活力秀""画与话"等创新创业活动，员工能够在舞台上展示出自己的特长、以画漫画来表达对集团战略的理解。海尔企业文化不仅丰富了海尔人的工作生活，也极大地调动了员工的积极性，反过来这种健康的企业文化也给企业带来了源源不断的竞争力。

3. 研发能力

核心竞争力的价值主要表现在两个方面，一方面，企业要能解决用户痛点，创造和引领用户的潜在需求，具备真正为用户创造基本效能的技能；另一方面，拥有永续存赢的竞争优势，在同行业中利润水平处于上游。

创新，是海尔文化的精髓。除了打造HOPE、卡奥斯等创新平台外，海尔还积极同高校、科研机构交流合作。类似的学习交流过程不仅为海尔积累了高素质人才，实现了文化共育；也为现有研发人员提供了获取创新知识的渠道，有助于提高研发效率，间接地促进了企业研发人力资本的增加。因此，研发能力象征着企业具备强大的核心竞争力，通过不断更新迭代产品，增加了产品收入来源，提高了海尔的核心价值。

3. 企业文化是构建企业核心竞争力的核心要素

在当今全球竞争的环境下，任何企业都不可能依靠单一层面的优势获得持续发展。文化、战略、组织、团队是企业构建综合竞争优势的四个重要维度。文化决定了企业的远景、使命、理想和价值理念。战略的本质是企业发展道路、商业模式的选择和战略性的聚焦与取舍。组织包括了企业的产权制度、治理结构、组织架构、管理体系、制度流程等方面的内容。意志统一而执行有力的团队是企业发展和进步的核心力量。从四者的关系看，文化维度对战略、组织、团队维度具有内在的规范和引导作用，文化实质上是企业生存发展的核心灵魂。作为体系性的综合竞争力，核心竞争力的提升离不开文化、战略、组织、团队任一方面，但无疑文化是其中的核心。唯有形成企业的文化灵魂，才能有效地引领企业的战略发展、组织规划、团队进步，也才能从根本上构建起企业的核心竞争力。

二、用优秀企业文化打造企业核心竞争力的基本原则

1. 中西合璧，优势互补的原则

企业在用企业文化打造核心竞争力时，既要继承中国优秀的民族传统文化，又要在文化理念上吸收西方文化的精华，大胆学习和借鉴国外先进的管理思想和管理方法，以适应经济全球化，与国际新形势接轨，符合现代市场经济发展的要求，达到中西合璧，优势互补，有力地促进企业的发展，提高企业的国际竞争力。

2. 行业共性和企业个性相结合的原则

任何企业都是在特定的行业共性文化的背景下成长和发展起来的，同时又具有其自身的个性特色。个性来源于企业特定的历史环境、特定的人员组成及特定的发展经历。企业在用企业文化打造核心竞争力时，一方面要注意共性的存在，另一方面还要注意个性的提炼和培养——个性的企业精神、理念、价值观、机制等，做到共性与个性的有机结合。

3. 与企业战略、管理制度和政策密切相关的原则

企业通过自主管理使员工产生自控意识，达到内在的自我管理和自我约束，培育了员工的工作热情和工作责任感，激发了员工的智慧和力量，并产生"1+1＞2"的效应。这个结果的实现，既有企业战略、管理制度和政策的约束，更离不开企业文化的制约。企业文化与企业发展战略、管理制度和政策密切相关，相辅相成，只有处理好企业文化与企业战略、管理制度和政策的关系，才能发挥企业文化的价值和功能，提升企业的核心竞争力。

4. 实践创新、理论创新和文化观念创新相结合的原则

创新是企业文化的灵魂。对现代企业来说，观念创新是先导，战略创新是方向，市场创新是目标，技术创新是手段，组织创新是保障，管理创新是基础，只有创新才能生存。这种创新，既要体现在企业经营管理的实践方面即实践创新，体现在管理理论方面即理论创新，还要体现在文化理念方面即文化观念创新。纵观国内外优秀的企业文化，虽然各具特色，但有一点是相同的，那就是注重创新。创新是企业永恒的主题，是用企业文化打造核心竞争力的不竭动力。

三、构建优秀企业文化提升企业核心竞争力的有效途径

企业文化既是构建企业核心竞争力的核心要素，又是提升企业核心竞争力的重要源泉，只有大力发展企业文化，才能从深层次上确保企业核心竞争力的体系建设不断更新与发展。

1. 培育共同价值观，打造企业精神，增强企业凝聚力

企业文化要求企业以社会价值为导向，强调人的价值高于物的价值，共同价值高于个体价值，协作价值高于单个价值，而企业精神一旦形成并获得员工的广泛认同，就可以转化为一种稳固而强大的激励力量。

首先，体现在提高企业内聚力上。内聚力中最重要的是员工对企业价值观和经营理念的认同，如果建立了大家公认的企业文化，建立起员工的共同愿景，有了共同的价值观，既能降低企业的交易成本，更能充分调动员工的积极性和主动性，提高企业内聚力。独特的、难以模仿的企业文化能够确保企业在竞争环境下进行的战略选择是建立在可持续的竞争优势的基础之上。IBM的三条行为准则就是"沃森哲学"的体现：第一条是必须尊重个人；第二条是必须尽可能给顾客更好的服务，这是IBM企业文化的最大特色；第三条是必须追求卓越的工作表现。卓越的工作表现则要求员工对任何事情都要以追求完善的精神去做。这种令人振奋的做法传播给客户，便会产生积极的反应，客户们喜欢这种作风并愿意和他们做生意。国际上一些著名经济学家在评论IBM时均认为，"沃森哲学"对公司的成功所贡献的力量是非常大的。沃森哲学造就了IBM的企业文化，IBM的企业文化造就了一个成功的IBM公司。可见，独具特色的企业文化是企业保持自身优势并持续发展的重要保障。

其次，体现在企业的规章制度、经营管理活动和员工的具体行为中。优秀的员工是企业生存和发展的基础，其所拥有的知识、技能、专业素质、能动性和创新性是企业获得竞争优势的主要来源。企业要想获得人力资源竞争力，除了满足员工对薪金、福利等物质的需求外，还应具有积极的、能为员工所共同认同的价值观。杰出的企业文化能依托其价值观吸引到企业所需要的优秀员工，形成人才聚合效应；而员工的不同个性、观念、态度与企业核心价值观的良性互动，又能不断锤炼和提升企业核心价值观，并最终形成企业人力资源能力相对于竞争对手的差异和优势。

最后，体现在团队合作精神上。团队精神是促进企业凝聚力、竞争力不断增强的精神力量。企业文化有利于培养企业的团队精神，形成强有力的团队力量。优秀的企业文化不仅能够建立良好的沟通和协调机制，把员工和企业凝聚在一起，而且有利于建立系统科学的管理制度，实现管理工作和企业员工行为的制度化、规范化、程序化，保证生产经营活动协调、有序和高效地进行。

课堂讨论
在新的时代背景下，我们究竟需要怎样的团队精神？

2. 创建学习型组织，全面提高企业员工的整体素质和创新能力

当前的企业竞争已不再局限于特定产品或技术的竞争，而表现为企业所拥有的整体知识和能力的构成、发展与整合应用的能力的竞争。这种竞争能力的获得很大程度上取决于建立学习型的企业文化，把企业转化为能持续学习、有效积累知识和能力、避免知识流失的学习型组织。

彼得·圣吉（Peter Senge）在其著作《第五项修炼——学习型组织的艺术与实务》中指出，学习型组织是这么一种组织，"在其中，大家得以不断突破自己的能力上限，创造真心向往的结果，培养全新、前瞻而开阔的思考方式，全力实现共同的抱负，以及不断一起学习如何共同学习"。学习型组织的核心理念是创新和成长，即知识创新、学习方法创新、企业成长和员工成长；学习型组织的本质特征就是"善于不断学习"。这种组织强调终身学习，即组织成员保持终身学习理念，力图在工作和生活各个阶段坚持不断学习；强调全员学习，即企业组织各个层次的所有人员都要全身心投入学习；强调全过程学习，即学习必须贯穿于企业组织系统运行的整个过程中；强调团队学习，即不但重视个人学习和个人智力的开发，更强调企业组织成员的合作学习和群体智力的开发。

建立学习型组织是一项系统工程，必须有坚定的信念、得力的组织措施、恰当的切入点和强有力的企业文化支持才行。首先，要树立学习型价值观。企业要想成为真正的学习型组织，就必须使全体成员达成学习的共识，树立把企业建设成为学习型组织的价值追求，使学习成为每一位员工的自觉行为和习惯。其次，要创建有利于组织和员工学习的人文环境。一个真正的学习型组织，应具有宽松、积极、进取和开放的人文环境。重点抓好以下几点：营造有助于组织和员工终身学习和知识共享的文化氛围，培育勇于挑战和创新的企业精神，营造鼓励冒险和容忍失败的文化环境。因此，以建立共同愿景为中心，以个人自我超越和团队学习为特点，运用系统思考的方法，着力培育组织的学习和变革能力，既有助于激发员工个人的积极性和创造性，又能有效提高企业的竞争力。

3. 树立创新理念，提高企业技术创新和管理创新能力

现代企业必须具备自觉的创新意识，建立以市场为导向的企业技术创新体系和管理创新机制，才能不断提高企业的市场竞争力。创新能力对于企业来说是一种综合性的素质要求。"创新之父"美籍奥地利政治经济学家约瑟夫·熊彼特（Joseph A. Schumpeter）曾说过，企业创新能力表现在五个基本方面：开发新产品、研制新工艺、拓展新市场、提供原材料的新供给来源和实施新生产管理方式。可见，企业创新能力是指企业为了满足顾客和消费者不断变化的需求，提高企业竞争优势而从事的以产品及其生产经营过程为中心的包括构思、开发、商业化等环节的一系列创新活动。要实施这些创新活动，既需要在企业建立相应的创新机制和制度，也需要培育企业的创新价值观念，以此来将创新塑造成为企业的一种理念和思维，并长期坚持和贯彻。能有效应对外部环境变化的积极而柔性的企业文化有助于企业创新能力的形成和持续发展。

4. 实施企业形象战略，扩大品牌知名度

企业形象和品牌是企业文化的象征和结晶，是企业价值观和企业精神的综合反映，是企业实施文化制胜战略的有力武器。企业形象的文化蕴含越丰富、人文色彩越浓郁，就越具有市场冲击力和影响力。企业形象和品牌既是企业核心竞争力的来源，又是企业核心竞争优势的体现。企业和企业产品在目标消费者中形成良好品牌、口碑和形象不仅能帮助企业保留老顾客、增加顾客让渡价值、获得持续购买忠诚，而且能帮助企业形成竞争壁垒，提高竞争对手获取企业顾客的成本。能获得顾客认同的企业品牌和形象，必定是吻合顾客价值认知和态度的。而企业文化就是通过其物质层、行为层、制度层和精神文化层四个不同层次明确其顾客的特征、价值构成，以及如何满足其价值，亦即企业文化决定了企业服务于其顾客的思维、理念和态度，也决定了企业在市场竞争中的表现。

品牌是21世纪企业竞争的最后一张王牌，它意味着市场份额，意味着竞争力。文化是品牌的灵魂，它赋予品牌以魅力；品牌根植于企业文化，并已成为企业文化的重要标志。优秀的企业文化有助于增强企业创新品牌的内在激励机制，保证品牌战略实施的成果，提高产品的知名度、美誉度、诚信度、忠诚度。倡导新的企业价值观，强化品牌意识是实施品牌战略的根本保证。

首先，品牌战略是一种竞争战略。品牌是企业的无形资产。创立一种或几种品牌商品，需要企业从产品的性能、规格、技术含量及售后服务等方面与竞争对手抗衡，获得消费者的信赖。在企业与同行的竞争中，竞争的残酷性、艰巨性表现得尤为突出。因此，企业领导人的竞争意识、拼搏精神以及企业员工的奋斗精神、团结精神对实施品牌战略至关重要。品牌的后面是一种精神，是一种信念，是企业全体员工乃至整个地区、整个社会的力量汇合，而这正是企业文化的关键所在。在产品的物质形式越来越趋同的今天，产品只有给消费者提供文化的想象，产生激情、乐趣，才能有别于同类产品，赢得消费者的青睐和对产品的忠诚度。

其次，品牌战略是一种形象战略。品牌代表了企业的个性特征。驰名商标、国际品牌、名优品牌等商品的实体已不再重要，重要的是这些产品的外在形象与内在品质。名牌作为高品质、高文化的象征，具有巨大的经济价值，是企业永恒的竞争力。如今，企业在公关设计、广告宣传、售后服务、营销策划、人才培训等诸多方面的行为都向外界昭示了企业的内在品质与外在形象，这种形象塑造是否与品牌内涵相一致也决定了品牌能否保持和发展，而形象设计的关键是由企业文化所显示、所倡导的经营理念和管理风格所决定的。优秀的企业文化是良好企业形象的基石，企业形象的塑造过程是企业文化建设过程的外部体现。文化建设锻造内力，形象塑造磨炼外功，内外兼修成为企业塑造卓越品牌和迈向世界的动力源泉。

最后，品牌战略是一种文化战略。品牌体现了企业的文化。品牌创立既是物质的生产过程，也是精神的生产过程。成功的品牌里面既包含该民族的优秀文化传统，也包括企业自身的文化特色，反映企业的文化地位和价值观念。注重品牌就是注重文化，创造品牌就是发展文化。产品的市场竞争优势来源于产品的差异性，当产品的功能和质量难以体现产品的差异，品牌文化就成为企业创造产品差异的主要手段。一个没有相应的文化观念、企业精神和经营理念支持的企业，就不可能有效地实施品牌战略，也不可能创造出品牌商品，更不可能保持品牌和发展品牌。从某种意义上可以认为：没有与品牌战略相配套的企业文化，没有相应的企业精神与经营理念，企业就不可能创造出品牌商品，或者即便一时创立了一种品牌，也不可能长期保持和发展下去。

5. 弘扬企业家精神,培育创新型管理干部队伍

企业家精神就是企业家这一特殊社会阶层所具有的精神气质和人格特征,是他们在企业经营管理活动中所表现出来的价值观念、思维模式和行为方式。企业家的创新精神既是企业核心竞争力的动力源,又是企业核心竞争力的内在要素。企业文化的源头来自企业家对企业经营管理的基本问题的深层次思考,企业家在思考过程中,构建了企业基本价值观、经营理念和行为准则。因此,提升企业核心竞争力,必须弘扬企业家精神,增强企业领导团队的创新意识和创新能力。

首先,加快学习,提高知识水平。由于知识与经验的局限性,大多数创业者对未来市场竞争的不确定性和企业成长的内在规律无从把握,机会与行动导向和决策模式的惯性,使他们经常在未经充分论证的条件下改变原来的企业目标,不断做出前后矛盾的决策,使组织行为缺乏内在逻辑和连续性。对此,企业家只有不断学习,才能避免。

其次,不断积累,形成自己的专长。随着时间的推移,企业家在一些主要领域积累了高度的技巧和知识,并把一些知识积淀成为企业文化。这些理念和价值观存储在企业家的长期记忆中,同时也通过各种形式表现为企业的行为和信念。随着环境的变化和经验的积累,企业家的能力不断提高,形成企业家独特的专长。事实上,对企业家所从事的产业与经营的企业来讲,如果企业家的专长很独特,那么他们的专长也就成了一种极为重要的资源及一种基于该资源的竞争优势,也就是一种基于企业家专长的企业核心竞争力。

最后,承担责任,重构企业文化。在企业文化建设中,企业家起着创造者、培育者、倡导者、组织者、示范者、激励者等的作用。企业家应该靠自身的影响力,靠知识专长、经营能力、崇高的风格、优良的作风、高超的领导艺术以及对新的企业文化的身体力行,躬身垂范去持久地影响和带动员工。

综上所述,企业核心竞争力既是决定企业生存和发展的主要力量,也是形成企业竞争优势的综合能力;既能为企业创造长期的竞争主动权,也是企业利润的最重要来源。企业的发展源于核心竞争力,核心竞争力来自技术,技术来自管理、人才,而管理和人才靠的是企业文化。企业文化是企业生存和发展的"元气",是企业核心竞争力的活力之根和动力之源。因此,没有企业文化,就没有企业核心竞争力。

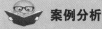 **案例分析**

国瑞证券:培植文化"软实力",提升核心竞争力

长城国瑞证券有限公司(以下简称"国瑞证券")成立于1988年。在30余年的发展历程中,国瑞证券不断丰富公司文化内涵,积极推动行业文化内化于心、固化于制、实化于行,通过培植文化"软实力",不断提升自身核心竞争力。

1. 从行到知,凝练特色企业文化理念

随着外部经济形势变化和行业竞争加剧,作为先进管理理念之一的"文化管理"越来越受到国内外头部券商的重视。作为中小型券商,国瑞证券始终把文化建设作为公司战略的重要组成部分,将建设优秀的企业文化作为提升核心竞争力的重要抓手,结合母公司中国长城资产的企业文化理念,积淀、提炼出了"行业一流、基业长青"的企业愿景和一系

列经营管理理念，形成了一套适应自身发展的企业文化体系。主要体现在三个方面：一是客户至上的服务文化，即践行"客户至上、品牌是金"的服务理念，以客户为中心，为客户创造价值。二是稳健的合规风险文化，即坚守"合规守法、正直廉洁"的合规理念和"审慎作为、全面覆盖"的风险理念，将合规稳健经营作为长远发展的基石，确保风险底线不可碰、合规底线不可踩、道德底线不可破。三是以人为本的人本文化，即弘扬"德才兼备、有为有位"的人才理念和"博采众长、同担共享"的团队理念，营造员工积极向上、乐于奉献、正直敬业、合作创新的良好氛围，实现员工个人价值和企业价值的双赢。

2. 内化于心，以文化建设引领方向、凝聚人心

如何使企业文化内化于心，深入公司"肌理"，打造文化力量，进而推动企业更好更快发展，是抓好文化建设的焦点和难题。为统筹推进企业文化建设，国瑞证券成立了"企业文化建设领导小组"，全面负责公司文化建设的整体方向、结果跟踪、资源支持等。

为强化文化传播网络，把无形的理念精神转化成实实在在的视觉感受和行为准则，国瑞证券通过精心设计和系统实施，实现了企业文化工作项目化。一是对品牌传播和办公环境进行了统一布置，使企业文化理念视觉化。大到公司品牌标识、不同营业网点环境的统一VI设计、"祥瑞宝"企业IP形象，小到电脑屏保、名片、办公用品等，让员工随处可见反映公司文化的元素。二是通过组织形式多样的文化活动加强切身体会。如组织健步走、球类比赛、知识竞赛、主题征文、读书沙龙等，将企业文化要素融入活动之中，激发员工参与热情，促进内部交流，让良好企业文化根植于每位员工心中。

3. 固化于制，使文化建设融入公司管理全流程

"求木之长者，必固其根本。"国瑞证券在推进文化建设中，注重从机制建设入手，将企业文化融入公司管理各个环节，营造廉洁从业、合规经营、稳健发展的文化氛围。

首先，确立了"重廉尚洁，律己敬业"公司廉洁文化理念，明确了"加强宣传教育，优化内部控制，严格管理监督，坚持预防为主，标本兼治，做到廉洁从业人人有责"的廉洁从业管理目标，制定了《长城国瑞证券廉洁从业管理办法》，积极营造风清气正、守法合规、诚实守信、廉洁从业的环境。

其次，将健全合规制度体系作为确保文化建设健康持续发展的重要保障，陆续制定了《长城国瑞证券合规管理规范》《长城国瑞证券风险管理工作规范》《长城国瑞证券工作人员执业行为管理办法》等多部制度，持续优化合规管理流程，基本形成了制度闭环。同时，在日常经营中，推动合规风控管理在各业务条线、各组织架构实现全覆盖，合规"一票否决"意识已根植于每位员工心中。

4. 实化于形，用优秀文化服务经营实践

首先，不断探索"特、专、精、尖"的差异化发展路径，围绕"客户产品化、产品标准化"目标，积极打造前端有项目、后端有资金、中间可增值的高质量高效率业务运作流程与产品研销体系，以资管、投行条线为突破重点，实现特色化经营，充分践行了"市场导向、质效为先"的经营理念。

其次，积极落实人才理念和团队理念，不断优化人才队伍结构及人力资源管理体系，通过成立协同工作小组，打造"大资管、大投行、大财富、大协同"的资源衔接链条，积极推进公司核心竞争力的全面提升。

最后，践行真情服务客户理念，不断健全投资者保护和教育机制，推动投教基地建设，开展投资者教育进高校、进上市公司等一系列特色活动，擦亮国瑞特色投教品牌。

千里之行，始于足下。国瑞证券将继续贯彻落实监管导向和行业倡议，不断提升行业文化"软实力"，以合规稳健安身，以诚信专业立业，以改革创新驱动，稳步推进，久久为功，持续推动行业形成"忠、专、实"的文化底蕴和"合规、诚信、专业、稳健"的文化理念。

启发思考：国瑞证券是如何培植文化"软实力"的？

本 章 小 结

企业核心竞争力存在于企业内质之中，是企业获得持续竞争优势的基础。不同的研究者所理解的企业核心竞争力有很大区别，其中具有代表性的有技术观、资源观、知识观、组织系统观、文化观等。企业核心竞争力具有价值性、独特性、整合性、延展性、动态性等主要特征。并不是企业所有的竞争力都能形成核心竞争力，我们可以根据对核心竞争力要求的描述来识别和判断哪些竞争力可以成长为核心竞争力。企业文化与企业核心竞争力的关系主要表现在以下几方面：企业文化具备核心竞争力的特征，企业文化是企业核心竞争力的主要构成部分，企业文化决胜企业核心竞争力。企业文化是塑造企业核心竞争力的内在基因，企业文化是提升企业核心竞争力的重要源泉，企业文化是构建企业核心竞争力的核心要素，因此，企业文化对于企业核心竞争力的提升具有重要意义。中西合璧，优势互补；行业共性和企业个性相结合；与企业战略、管理制度和政策密切相关；实践创新、理论创新和文化观念创新相结合是用优秀企业文化打造企业核心竞争力的基本原则。培育共同价值观，打造企业精神，以增强企业的凝聚力；创建学习型组织，全面提高企业员工的整体素质和创新能力；树立创新理念，提高企业技术创新和管理创新能力；实施企业形象战略，扩大品牌知名度；弘扬企业家精神，培育创新型管理干部队伍等是构建优秀企业文化提升企业核心竞争力的有效途径。

练 习 题

自学自测 扫描此码

第六章　企业文化与人力资源管理

【学习目标】

了解人力资源管理的内涵、功能和职能；理解并掌握企业文化与人力资源管理的相互关系、企业文化与人力资源管理融合的主要方面及职业管理的相关内容。

引例

胖东来的成功秘诀：客户满意度和员工满意度

胖东来公司（以下简称"胖东来"）创建于1995年3月，经过近30年的发展历程，胖东来已成为河南商界（新乡、许昌）具有知名度、美誉度的商业零售企业，现有7 000多名员工，拥有7家大型百货超市，1家大型电器专业卖场。

1. 清晰的价值观做指引

胖东来的文化指导手册中，企业文化信仰被定义为：公平、自由、快乐、博爱，而在其细则中则充分体现着对员工的关爱与尊重，以及创造、分享、传播快乐的使命。通过对员工关爱、让员工快乐，来改变员工的习惯与行为，传递到顾客时便转化为高质量的服务。

2. 分享机制：行业罕见的高薪酬高激励

胖东来工资水平基本在当地同行业同等岗位的两倍以上，同样也高于省会城市郑州的同行业工资，且上至店长下至保洁员均是如此，工作满三年的普通员工还可以享受公司分红。更为引人注目的是，老板愿意将95%的利润与员工共享，因此，员工对薪酬满意度极高，对工作机会也倍加珍惜。员工说："这边环境和待遇这么好，我不好好做，丢失了这个工作，去哪儿找这么好的工作去呢？"

3. 良好的职业及生活规划

除了为员工进行职业规划，还帮助员工进行生活规划。在中国企业里，能认真为员工做职业发展规划的很少。而胖东来不仅为员工做详细的职业发展规划，同时还为员工做生活规划，细致到了各阶段。"不仅教员工如何工作，还教他如何享受生活。"胖东来创始人于东来如是说。

4. 细致入微、惊喜连连、体面周到的员工福利

胖东来还专门将位于核心商圈的商场腾出一整层，并耗资3 000万元打造成了一个配置有跑步机、KTV、台球室、图书阅览室、搏击台、瑜伽健身房、有氧单车室、全自动按摩室、乒乓球室、电玩室、电影厅等设施的员工活动室，供员工放松娱乐。员工生病可在公司职工诊所免费看病，药品只按成本价收费，员工家属享受同样待遇；收银员在不收钱的时候可以坐着，每个收银台由公司统一配备平板电脑，没有顾客的时候可以看看新闻和学习材料。

5. 杜绝一切加班，强调快乐人生

胖东来规定所有中高层干部，每周只许工作 40 小时，相当于每天工作 8 小时，商业企业最忙是晚上和周末，还有节假日，胖东来偏偏反其道而行之。胖东来还规定，下班 6 点必须离开企业，谁要是出现，抓住一次罚款 5 000 元。工作满一年的员工，每年强制带薪休假 30 天。在每年春节放假 5 天外又推出每周二闭店休假的制度。打破了中国零售业"白天永不歇业""节日即黄金时间"的规则。

6. 开放包容的心态

胖东来传奇却不神秘，从不隐藏自己的经营诀窍。相反，它的管理案例、经营理念，甚至各个岗位的实际操作标准都详细地挂在它的官网上，任人下载。在胖东来商场的门口明确注明欢迎拍照。这一规定是对顾客说的，也是对同行说的。

7. 严格的制度管理：捍卫家园

胖东来一方面建设关爱与快乐的文化，另一方面则狠抓制度管理。通过细致的制度规范，严厉的处罚制度，来矫正员工的不正确行为，强化服务的质量。

胖东来制定了《公司日常管理逐级考核制度》，实施逐层监督的考核方式。而对商品质量、服务等比较重要的项目，一项工作出现偏差，各级管理者及当事人都会受到连带处分，以此来督促大家对工作共同负责。

8. 提高客户满意度

胖东来于 2005 年设立了顾客服务投诉奖，奖金额由最初的 100 元提升到了现在的 500 元。用于奖励投诉其员工违规违纪、服务不周的行为。公司根据举报信息对相关责任人进行处罚，每月都在内部公布处罚结果。对于涉及客户服务的，则在公网上向社会公示。制度的执行一视同仁，即使对于东来的亲属也绝不例外。

9. 提高顾客的信任度

胖东来为了解决顾客的后顾之忧，推出商品不满意无条件退货规定，顾客购买的商品在规定时间内，在不影响第二次销售的情况下，只要顾客不满意就可以退货。

启发思考：从胖东来的成功理解企业文化与人力资源管理的关系。

第一节　人力资源管理的内涵

知识经济时代，企业的竞争归根到底是人的竞争，人力资源已成为现代企业的最重要资源。人力资源管理是指对人力这一资源进行有效开发、合理利用和科学管理，以充分发挥人的潜能和创造性，使人尽其才，进而实现企业目标的过程。人力资源管理要做的工作是人的工作，要进行的管理是人的管理，"人"处于人力资源管理的核心位置。企业文化运用于企业管理，确立的是以人为本、以价值观的塑造为核心的文化管理模式，主要通过企业文化来引导、调控和凝聚人的积极性和创造性，并把人看作生产、管理活动的中心和主旋律，看作企业的主人。因此，"以人为本"既是人力资源管理的基本原则，也是现代企业文化的新模式，人力资源管理与企业文化之间有着密切的关系。通过或利用企业文化进行管理，是人力资源管理发展到今天的必然要求，也是企业管理所追求的最高管理境界。

一、人力资源的定义

资源是一个经济学术语。经济学通常把为了创造物质财富而投入生产过程中的一切要素称为资源。"资源"一般分为物力（自然）资源、财力（资本）资源、人力资源和信息资源。人力资源（human resources）是指一定范围内能够推动社会和经济发展的具有正常智力和体力劳动的人的总称。

人力资源是一个涵盖面很广的理论概括。分析人口资源、人力资源、劳动力资源和人才资源的关系有助于我们准确地理解人力资源的实质和内涵（见图6.1）。

（a）人口资源、人力资源、劳动力资源和人才资源的包含关系

（b）人口资源、人力资源、劳动力资源和人才资源的数量关系

图6.1 人口资源、人力资源、劳动力资源和人才资源的关系

人口资源是指一个国家或地区的人口总体数量表现。它是一个最基本的底数，就如一个高大建筑物的底层，与之相关的人力资源、劳动力资源、人才资源皆以此为基础。

人力资源是指一个国家或地区具有为社会创造物质、精神和文化财富的，从事智力劳动和体力劳动的人们的总称。它强调人具有的劳动能力，即使是潜在的，如未进入法定劳动年龄或超出法定劳动年龄的人均应包含进去。当然，这是从广义的人力资源角度来理解这一问题的。

劳动力资源是指一个国家或地区有劳动能力并在"劳动年龄"范围之内的人口总和。

人才资源是指一个国家或地区具有较强的管理能力、研究能力、创造能力和专门技术能力的人们的总称。它重点强调人的质量方面，强调劳动力资源中较优秀的那一部分，表明一个国家和地区所拥有的人才质量，反映了一个民族的素质。

人口资源和劳动力资源突出了人的数量和劳动者数量；人才资源则主要突出了人的质量；人力资源是人口数量与质量的统一，是潜在人力与现实人力的统一。如果开发得当，利用有方，管理得力，人力资源将会为社会经济的发展作出巨大的贡献。

二、人力资源管理的定义

南京大学商学院名誉院长、人文社会科学资深教授赵曙明在其著作《国际人力资源管理》中指出：所谓人力资源管理（human resource management），就是对人力这一资源进行有效开发、合理利用和科学管理。

有效开发：不仅包括人力的智力开发，也包括人员的思想文化素质和道德觉悟的提高；不仅包括人力的现有能力的充分发挥，也包括人力的潜在能力的有效挖掘。

合理利用：包括对人力资源的发现、鉴别、选拔、分配和合理使用。

科学管理：既包括人力资源的预测与规划，也包括人力的组织和培训。

现代人力资源管理将企业中的人定义为"人力资源"，在其背后的基本假设为：人是资源，它所关注的是人的工作和工作的人。人力资源管理的目的是通过对人力资源的开发与管理，投资于人力，实现人力资本的升值，进而为企业创造更多的价值。

人力资源管理包括对人力资源的获取、开发、激励以及由其延伸的分支等，内容涉及工作分析、人力资源规划、员工招聘、甄选、员工培训、组织发展、绩效管理、薪酬管理、职业生涯设计、战略人力资源、国际人力资源以及人力资源研究等。它吸收了心理学、社会学、管理学以及人类学等学科所揭示的人的心理和行为规律，运用现代化的科学方法，对可利用或潜在的人力资源进行合理的组织、培训、开发、调配，使人力和物力保持最佳比例，同时对人的思想、心理和行为进行恰当的诱导、控制和协调，充分发挥人的主观能动性，使人尽其才，事得其人，人事相宜，以取得最大经济利益，实现组织的战略目标。

三、人力资源管理的功能

人力资源管理的功能就是根据企业发展战略的要求，通过有计划地对人力资源进行合理配置，搞好企业员工的培训和人力资源的开发，采取各种措施，激发企业员工的积极性，充分发挥他们的潜能，做到人尽其才、才尽其用，更好地促进生产效率、工作效率和经济效益的提高，进而推动整个企业各项工作的开展，以确保企业战略目标的实现。具体表现在以下五个方面（见图6.2）。

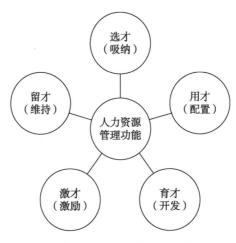

图6.2 人力资源管理的功能

1. 选才（吸纳）

人力资源管理部门通过各种渠道，借助各种方法，为企业寻求和吸收优秀的人力资源。

2. 用才（配置）

对已经选聘的人才，企业要真正关心，真心尊重，充分信任，大胆使用，尽最大可能发挥其潜能，做到人尽其才。企业只有用好人，才可能求得人才、留住人才。

3. 育才（开发）

企业在使用人力资源的同时，还要通过建立健全员工教育培训体系，借助个人开发、职工生涯开发、组织开发，进一步开发人力资源的潜力，使其在适应社会发展与部门发展的需要的同时，实现自己的职业生涯发展计划。

4. 激才（激励）

人力资源管理的一个重要内容是激发人的积极性、主动性和创造性，因此，凭借各种激励措施，如目标管理、考核评估、薪酬福利、晋升政策、奖惩机制等，以形成良好的激励机制，尽最大限度调动人的积极性、主动性，发挥人的创造性。

5. 留才（维持）

人力资源管理需要建立完善的人力资源保障、激励机制，给他们以成长、发展的空间和动力。在当前这一时代背景下，如何吸引并留住人才对于企业有着非常重要的意义。

显然，上述诸项任务是相辅相成、彼此互动的一个整体，断然不能把任何一项管理任务从管理整体中割裂开来；否则，它会影响到管理的其他环节，甚至全局。

四、人力资源管理的职能

人力资源管理的功能和目标是通过它所承担的各项职能和从事的各项活动来实现的。所谓人力资源管理的职能，是指企业用于提供和协调人力资源的任务和责任。有效的人力资源管理，涉及以下基本职能。

1. 工作分析

工作分析是对各类工作岗位的性质任务、职责权限、岗位关系、劳动条件和环境，以及员工承担本岗位任务应具备的资格条件所进行的系统研究，并制定出工作说明书等岗位人事规范的过程。

2. 人力资源规划

人力资源规划是指为实施企业发展战略，完成企业的生产经营目标，根据企业内外环境和条件的变化，运用科学的方法，对企业人力资源的需求和供给进行预测，制定相宜的政策和措施，从而使企业人力资源供给和需求达到平衡，实现人力资源的合理配置，有效激励员工的过程。其实质是企业各类人员需求的补充规划。

3. 人员招聘与配置

人员招聘与配置是指在企业总体发展战略规划的指导下，制订相应的职位空缺计划，并决定如何寻找合适的人员来填补这些职位空缺的过程。

4. 培训与开发

培训与开发是指企业在将组织目标和员工个人发展目标相结合的基础上，有计划地组织员工从事学习和训练，提高员工的知识和技能，改善员工的工作态度，激发员工的创新意识，使员工能胜任本职工作的人力资源管理活动。

5. 绩效管理

绩效管理是指为了实现组织的发展战略和目标，采用科学的方法，通过对员工的工作行为、工作态度和工作业绩以及综合素质的全面监测、考核、分析和评估，来充分调动员工的积极性、主动性和创造性，不断改善员工行为，提高员工素质，挖掘其潜力的活动过程。

6. 薪酬管理

薪酬管理是指企业在经营战略和发展规划的指导下，综合考虑企业内外部各种因素的影响，确定自身的薪酬水平、薪酬结构和薪酬形式，并进行薪酬调整和薪酬控制的整个过程。

7. 劳动关系管理

劳动关系管理是指通过规范化、制度化的管理，使劳动关系双方（雇主与雇员）的行为得到规范、权益得到保障，维护稳定和谐的劳动关系，促使企业经营稳定运行。一般而言，所谓劳动关系，通常是指用人单位（雇主）与劳动者（雇员）之间在运用劳动者的劳动能力、实现劳动过程中所发生的关系。

第二节　企业文化与人力资源管理的关系

企业文化与人力资源管理既相互联系又相互区别，"以人为本"既是人力资源管理的基本原则，也是现代企业文化的新模式；企业文化的渗透过程贯穿人力资源管理的始终，人力资源管理已成为企业文化推广的重要手段；企业文化对人力资源管理的发展具有引导作用，人力资源管理对企业文化具有提升作用。

一、企业文化与人力资源管理的联系

马克思指出，劳动创造了人类一切物质文明成果和精神文化成果，同时，只要有人类的共同劳动，有社会分工协作，就需要管理。文化与管理根源于人类的生产实践，自从有了人类的生产劳动实践，就创造了文化，而且也产生了管理。因此，文化与管理具有同源互动效应，它们相互联系、相互作用、相互促进、共同发展。

文化与管理既互为对象又互为手段。"互为对象"主要表现为：一方面，管理活动与过程是文化的反映对象。文化对管理过程的渗透和反映，形成了所谓的"管理文化"，即管理的指导思想、价值标准、行为准则、道德规范、风俗习惯等。另一方面，人类的文化生活又是管理的对象之一。精神文化生活作为人类的共同生产和社会生活的重要领域，必然需要对其进行有效管理，以保证其健康发展。"互为手段"主要表现为：一方面，文化是管理的一种手段，它既可以为管理提供一般的指导思想和价值原则，又可以通过培养和塑造人们的精神境界与行为方式达到管理的目的；另一方面，管理也是促进文化健康发展的重要手段，它需要管理营造良好的氛围和环境，需要管理去粗取精，去伪存真，促进文化的健康发展。

在企业中，企业文化和人力资源管理存在以下联系。

1. 两者都是管理理论的新发展和延续

管理科学从科学管理运动开始，已经走过了百余年的时间，而人力资源管理和企业文化作为现代管理体系的组成部分，都只不过才三四十年的时间，它们在管理理论中出现较晚与现代管理思潮的演进与发展有关。

管理的对象，从根本上说是"人"与"物"两大因素。在早期，管理以"物"为主导，其管理理论都是围绕这一中心而发展的，但是，随着科学的迅速发展、企业技术系统的全面更新，以及员工受教育水平的全面提高，人才或人力资源成为企业生产经营活动中的最主要因素，管理重心逐渐从以"物"为中心转变到以"人"为中心的重点上。因此，与此观点相

适应的新的管理理论形成和发展起来，人力资源管理理论和企业文化理论就是在这样的情形下产生并发展成为管理理论的重要组成部分。人力资源管理从最初的简单的事务性工作开始成为企业职能管理的一部分，并且纳入企业的战略层次，要求从企业战略的高度来思考人力资源管理问题。企业文化强调塑造企业的独特个性，以文化引导为根本手段，激发员工自主投入、自我管理、拥有共同的使命和愿景。它使管理的方式从硬性管理转向软性管理，因而它也是一种新的管理思想和方法。

2. 两者的本质都是基于对人的管理，都强调"以人为本"

人力资源管理和企业文化都把人或人才作为管理的一种资源，强调管理中人相对于物的优先重要性，因而在本质上说是"以人为本"的管理，即人本管理。其实质是创造良好的用人环境，促进人的全面发展，充分发挥人的能动作用和潜能，从而激发个人的高绩效，实现管理效益的最大化。

人力资源管理通过自身具体的活动职能来实现人本管理。它借助人力资源规划和招聘录用活动来使企业拥有满足一定数量和质量要求的人力资源；通过工作分析和设计、岗位配置、培训开发以及员工激励等活动来营建良好的人力资源环境；借助薪酬管理来实现员工价值分配的公平合理；通过绩效管理来准确有效地评价员工所做的贡献。

企业文化则是从更高层次体现了人本管理的内涵。企业通过运用先进的文化理念，对员工的价值观、信念、精神、道德等方面进行引导，同时将员工的追求融入企业发展中，驱使员工与企业的价值观一致，使他们能够充分感受到企业的尊重和信任，其结果是员工与企业共同成长，并把高绩效标准当作一种自我追求而不是企业的外力施加。

二、企业文化与人力资源管理的区别

企业文化与人力资源管理虽然都强调以人为本、以人作为管理的核心，"人"是两者之间联结的纽带，但两者又有着明显的区别。

（一）两者的管理方式不同

1. 人力资源管理完善企业管理体系

管理的基本目的是创造出企业的高绩效，实现企业利益的最大化。为达成此目标，管理者需要对企业投入和拥有的资源进行有效管理，而企业投入和拥有的资源是由不同的种类构成的，如财力资源、技术资源、物质资源、人力资源和客户资源等。过去，在传统的以"物"为中心的管理观的支配下，企业比较注重对生产、技术和财务等的管理，而对人力资源的管理长期忽视。许多管理者把员工看作管理和控制的工具，认为人事工作属于行政事务性的工作，主要是从事工资发放、人事档案保管、人员调配等琐碎的具体工作，因而是低层次的、无技术要求的工作。

随着管理观念的转变，员工被企业视为首要的资源和财富，人力资源管理替代了传统的劳动人事管理。这种改变不只是简单的名称上的变化，而是人事管理的变革，涉及管理视角、目的、活动内容乃至地位的深刻变化。

现代人力资源管理与传统的劳动人事管理的主要区别有以下几点。

在管理内容上，传统的劳动人事管理以事为中心，主要工作就是管理档案、人员调配、职务职称变动、工资调整等具体的事务性工作；而现代人力资源管理则以人为中心，将人作为一种重要资源加以开发、利用和管理，重点是开发人的潜能、激发人的活力，使员工能积极主动地、有创造性地开展工作。

在管理形式上，传统的劳动人事管理属于静态管理。也就是说，当一名员工进入一个单位，经过人事部门必要的培训后，安排到一个岗位，完全由员工被动性地工作，自然发展；而现代人力资源管理属于动态管理，强调整体开发。也就是说，对员工不仅安排工作，还要根据组织目标和个人状况，为其做好职业生涯设计，不断培训，不断进行横向及纵向的岗位或职位调整，充分发挥个人才能，量才使用，人尽其才。

在管理方式上，传统的劳动人事管理主要采取制度控制和物质刺激手段；而现代人力资源管理采取人性化管理，考虑人的情感、自尊与价值，以人为本。多激励，少惩罚；多表扬，少批评；多授权，少命令。发挥每个人的特长，体现每个人的价值。

在管理策略上，传统的劳动人事管理侧重于近期或当前人事工作，就事论事，只顾眼前，缺乏长远眼光，属于战术性管理；而现代人力资源管理，不仅注重近期或当前具体事宜的解决，更注重人力资源的整体开发、预测与规划。根据组织的长远目标，制定人力资源的开发战略措施，属于战术性与战略性相结合的管理。

在管理技术上，传统的劳动人事管理照章办事，机械呆板；而现代人力资源管理追求科学性与艺术性，不断采用新的技术和方法，完善考核系统、测评系统等科学手段。

在管理体制上，传统的劳动人事管理多为被动反应型，按部就班，强调按领导意图办事；而现代人力资源管理多为主动开发型，根据组织的现状和未来，有计划、有目标地开展工作。

在管理手段上，传统的劳动人事管理手段单一，以人工为主，日常的信息检索、报表制作、统计分析多为人工进行，很难保证及时、准确，并且浪费人力、物力和财力；而现代人力资源管理的信息检索、报表制作、成本核算、人才测评、员工招聘等均由计算机自动生成结果，能及时准确地提供决策依据。

在管理层次上，传统的劳动人事管理部门往往只是上级的执行部门，很少参与决策；而现代人力资源管理部门则处于决策层，直接参与单位的计划与决策，为单位最重要的高层决策部门之一。

2. 企业文化弥补企业管理方式

企业作用于人有两种方式：一种是以价值观的塑造为核心的企业文化管理，它能够以无形的价值观和思维方式影响人的精神状态；另一种是依据制度和措施的人力资源管理，它通过招聘、甄选、培训、考核、薪酬等管理形式，吸引人才、充分发掘人才潜力，发挥其主观能动性，以使人尽其才，满足企业现在和未来发展的需要。企业管理在相当长的一段时期内是用制度来规范和约束人，这使得企业的管理方式是强制性的、命令式的刚性管理。员工在制度和纪律的高压下，尽管也完成了工作，但员工的目标与企业的目标是否一致，身心在工作中是否愉悦，是否自觉释放潜能却不得而知。企业文化作为一种新的管理方式，以一种隐性的、柔性的管理风格来弥补刚性管理的不足，使企业管理可以刚柔相济、张弛有度。

企业文化的柔性管理相对于刚性管理而言，主要是通过企业价值观、企业精神来引导和弥补管理制度或人力、财力的不足。如果说刚性管理着眼于用"管"来使员工不敢不"尽力"，柔性管理则在追求员工愿不愿"尽心"的境界，企业文化所追求的是让每一个员工都实现"开心—交心—关心—同心—尽心"的过程。这种管理尊重人、信任人，能建立亲密、和谐的工作关系，可以让人最大限度地发挥才能和创造力，为企业的发展带来无穷的活力。

企业文化是一股无形的力量，它创造了一种氛围。企业文化在企业员工心目中产生一种潜在的说服力和巨大的推动力，让员工自主地为企业目标的实现而付诸行动，使员工的高绩效成为一种自觉自愿的行为。搜狐创始人张朝阳认为：在搜狐，每个人可以愉快地、有成就地工作，实现抱负理想。搜狐承认每个人的平等和地位，让每个人到搜狐来都会感觉到这里是一片晴朗的天空。同样，在海信，企业使每一个员工在工作中感受到的不再是"榨干的焦虑"，而是"成长的喜悦"，要让优秀的人才同海信一起"共同成长"。

从上述分析中可以看出，企业文化与人力资源管理的管理方式完全不同。人力资源管理是通过采取具体的制度措施与方法来管理员工的，是一种有形的、刚性的"硬"管理，带有明显的强制性。而企业文化则主要通过价值观的塑造来激发员工，是一种无形的、柔性的"软"管理。其作用主要体现在以下几方面：首先，企业文化是一种"强力黏合剂"，能够使企业员工通过共同价值观、精神理念凝聚在一起，产生一种强大的向心力和凝聚力，发挥巨大的整体效应。其次，企业文化又是一种"润滑剂"，能够协调人际关系，营造和谐的工作氛围，自动地调节员工的心态和行动，促进企业内部关系和谐，提高企业的生产效率。事实证明，这种由软性管理所产生的作用力比刚性管理制度有着更为强烈的控制力和持久力。

（二）两者相互补充

企业文化与人力资源管理两种管理方式又不是独立的，它们相互补充。首先，企业文化作为一种软性管理，它以无形的"软约束"力量构成企业有效运行的内在驱动力，是"硬性"人力资源管理的必要补充。其次，"硬性"的人力资源管理又体现着软性的人性管理，符合人的本能需求，而软性管理也内含铁的纪律和约束力量，是一种无形的、理性的韧性约束，对人的行为加以强制和改造。正如 21 世纪之初，美国海氏咨询公司在对《财富》500 强企业评选的总结中指出的："公司出类拔萃的关键在于文化；最能预测公司各个方面是否最优秀的因素是公司吸引、激励和留住人才的能力。公司文化是它们加强这种关键能力的最重要的工具。"被誉为世界头号 CEO 的原通用电气（GE）公司董事长杰克·韦尔奇是文化管理的大师，他有一个著名的论断："GE 靠人和思想的力量取胜。"

三、企业文化与人力资源管理的互动

人力资源管理与企业文化之间存在着相辅相成、相互促进的管理活动关系。"以人为本"是它们之间的联结点，并以此不断指引与开发人力资源的潜能，为企业发展奠定坚实的人力资源基础。

（一）企业文化是人力资源管理的向导

众所周知，任何管理都有其特定的文化背景，而且，管理上的差异也更主要地表现在不同的企业文化之中。企业文化是企业在生产经营实践中逐步形成的、为全体员工所认同并遵守的、带有本组织特点的使命、愿景、宗旨、精神、价值观和经营理念，以及这些理念在生产经营实践、管理制度、员工行为方式、企业对外形象的体现的总和，它规定和影响着人们的基本思维模式和行为方式。人力资源管理是基于以人为核心的管理，强调制度措施与方法，而人是最活跃的因素，因此，人力资源管理的文化背景就显得尤为重要。人力资源管理主要通过具体的制度措施与方法作用于员工，当这些制度措施和方法符合员工基于企业文化所形成的价值观与思维方式时，就会收到预期的效果，进而有效地促进企业的人力资源管理与企业发展；反之，便会受到员工的对抗。同样，当企业文化的价值观融入人力资源管理的具体制度措施与方法时，就会与员工现有的价值观念发生反应和磨合，从而巩固和加强原有的企业文化，丰富、完善和升华新建的企业文化，而一旦企业文化内化于员工心中，固化成规章制度，并转化为员工的自觉行动，将对企业的发展产生积极的影响。企业文化对企业内部资源的整合，最关键的是对人力资源的整合，对企业员工精神的塑造。因此，我们认为企业文化是人力资源管理的向导，企业文化对人力资源管理具有促进作用。以企业文化为导向，将有利于促进企业的人力资源管理。

1. 人力资源管理对企业文化的依赖性

在全球经济一体化的进程中，企业与员工之间的两大矛盾将更为激化：一大矛盾是由于企业和员工之间的交易不是一次性完成的，其中，对企业发展具有决定性作用的知识型员工的绩效和能力更是很难准确地衡量和界定，企业和他们之间的交易关系根本就不可能一次性完成。如果没有基于心理契约的企业文化而相互斤斤计较，那么就可能出现两种情况：一种情况是双方根本就不可能实现交易；另一种情况是由于企业和员工之间无休止地谈判使得交易成本高得不可估量。无论是哪种情况，对企业和员工而言都是不利的。所以必须在企业和员工之间有一种共同的价值观引力，使他们双方的关注点从各自狭隘的"利益"升华，从而降低交易成本，使交易顺畅地进行下去。另一大矛盾是由于生产的复杂化，知识的产生、传播、迅速发挥作用都不是单独某个人就可以完成的，而竞争的加剧使合作者相互了解的时间缩短。一个企业就是一个由多人组成的组织，这些人以团队的方式，向社会提供产品或服务。团队生产有两大特点：一是团队总产出并非个人产出的简单总和；二是很难准确地衡量团队成员对团队产出的具体贡献，而人从本质上讲，是追求个人利益最大化的。团队生产的这两个特点，加上人的本性，就必然会产生一个很大的问题：如何保证团队成员不偷懒，或者说，怎样激励员工在团队中努力工作？方法有很多种。最容易想到的方法就是加强监督，一旦发现有人偷懒就予以惩罚，但监督是需要成本的，而且即使是最强的监督，也不可能完全解决偷懒的问题，所以应当考虑其他的办法。在这之中，企业文化无疑是非常好的方法。因此，有效的人力资源管理活动必须依赖于企业文化的作用，只有经过不断地文化整合，并根据企业文化所提供的一套价值评价和判断标准，才能协调矛盾和冲突，使员工置身于良好的人际环境和良好的心理氛围中工作，从而获得社交和尊重的满足。在这种环境中，不仅可以提高员工的工作效率，而且可以对员工产生强大的吸引力而不致"游离"出去。

2. 企业文化对人力资源管理的引导作用

企业文化对人力资源管理的引导作用，主要体现在企业文化的五大功能上。

（1）企业文化对员工的行为有导向作用。导向作用就是把组织成员的行为动机引导到组织目标上来。企业文化像一只无形的手，对企业整体和每个员工的价值和行为取向发挥强大的作用，使员工认同企业的整体价值观，接受企业的人力资源管理理念和制度规范。企业文化以价值观念和企业精神为核心，通过文化的熏陶使员工在潜移默化中接受共有的价值观，并以此作为个人行为的方向和准则，自觉将个人目标纳入企业的共同目标之中，将个人目标和企业目标有机地结合起来，使员工更好地为企业服务。企业文化中的共同价值观念对人力资源管理会产生积极的作用，它用无形的方式规范员工的思想和行为，使企业员工和生产要素的配置达到最优化，做到人尽其才、物尽其用，使企业始终处在最佳的运行状态，从而提高企业的工作效率和经济效率。

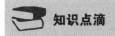知识点滴

字节跳动的企业文化与行为准则

北京字节跳动科技有限公司，成立于 2012 年 3 月，是最早将人工智能应用于移动互联网场景的科技企业之一。公司以"建设全球创作与交流平台"为愿景，以"激发创造、丰富生活"为使命，以"追求极致、务实敢为、开放谦逊、坦诚清晰、始终创业、多元兼容"为"字节范"，制定企业行为准则以及合作伙伴行为准则。字节跳动的全球化布局始于 2015 年，"技术出海"是字节跳动全球化发展的核心战略，其旗下产品有今日头条、西瓜视频、抖音、火山小视频、皮皮虾、懂车帝、悟空问答等。

字节跳动的企业文化与行为准则包括以下六个方面。

（1）追求极致。不断提高要求，延迟满足感；在更大范围里找最优解；不放过问题，思考本质；持续学习和成长。

（2）务实敢为。直接体验，深入事实；不"自嗨"，注重效果，能突破有担当，打破定式；尝试多种可能，快速迭代。

（3）开放谦逊。内心阳光，信任伙伴；乐于助人和求助，合作成大事；格局大，对外敏锐谦逊，听得进意见。

（4）坦诚清晰。敢当面表达真实想法；能承认错误，实事求是，暴露问题，反对"向上管理"；准确、简洁、直接、有条理有重点。

（5）始终创业。自驱，不设边界，不怕麻烦；有韧性，直面现实并改变它；拥抱变化，对不确定性保持乐观；始终像公司创业第一天那样思考。

（6）多元兼容。理解并重视差异和多元，建立火星视角；打造多元化团队，欢迎不同背景的人才，激发潜力；鼓励人人参与，集思广益，主动用不同的想法来挑战自己；创造海纳百川、兼容友好的工作环境。

（2）企业文化对员工有凝聚作用。"团结就是力量"，企业文化用共同的价值观（价值凝聚）与共同的信念（信念凝聚）使企业上下团结一致，众志成城，产生强力黏合作用，从而改变员工以自我为中心的思想追求和个人价值体系，使员工产生强烈的集体意识，凝聚成巨大的内部向心力。企业文化在发挥行为引导和约束力的基础上，可以增强企业凝聚力和对员工的激励作用。由于是通过具有共同价值观念及目标的引导，使具有共同的价值观念、精神状态和理想追求的人凝聚起来成为一个整体（企业），因此，在这个企业中，每个成员都有着强烈的认同感和归属感，对企业的发展前途充满信心，积极参与企业的各项活动，主动将个人利益与企业利益联系在一起，将个人命运与企业的命运联系在一起，最大限度地为企业工作。

（3）企业文化对员工有激励作用。将人力资源管理与企业文化有机地结合起来，运用现代化的科学方法，对与一定物力相结合的人力进行合理的培训、组织和调配，使人力、物力经常保持适当比例，同时对人的思想、心理和行为进行恰当的诱导、控制和协调，充分发挥人的主观能动性，使人尽其才、事得其人、人事相宜，从而实现组织目标。激励机制和企业文化是密不可分的，完善的激励机制可以巩固企业文化，良好的企业文化又为激励机制的实施奠定了心理基础。在良好的企业文化环境里，员工的工作业绩能得到客观公正的评价和回

报,既有驱动力,又有精神激励;既有规章制度的强制执行,又有关怀备至的柔性管理,使企业中人际关系和谐,员工以企业为家,无形中达到了激励员工的目的。

(4)企业文化对员工有规范和约束作用。企业的规章制度构成组织成员的硬约束,而组织道德、组织风气、企业的核心价值观则构成组织成员的软约束。企业在人力资源管理中实行的各项管理规章、制度,是企业进行制度化管理的保障。但是,在人力资源管理中,一些新制度的推行如KPI绩效管理、绩效性薪酬方案等,员工们并不能很快适应,甚至由于会影响其短期利益而产生抵触情绪,此时就需要利用这种软约束,来缓冲和促进人力资源管理中具体制度的更好执行,减弱硬约束对职工心理的冲击,真正产生出管理效益来,从而使组织成员的行为趋于和谐、一致,并符合组织目标的需要。

(5)企业文化对员工有融合和扩散作用。企业对员工进行潜移默化的引导,使其自然而然地融于团体之中。企业的价值观、行为规范只要被员工所接受,就会在员工心里产生一种潜移默化的作用,员工就会恪守企业的核心价值观,以一种本能来履行企业的行为规范,经常检点警示,不断进行自我反省、自我审视,并且还会将这种企业内行为扩散到社会行为中去。企业文化不但对企业本身,还对社会产生一定的影响。优秀的企业文化不但能够形成以企业为核心的凝聚力,而且能够形成独有的企业文化竞争力,向企业以外的社会进行扩散辐射,提高企业的知名度。

(二)人力资源管理是企业文化完善的重要手段

企业文化的贯彻执行是企业文化建设的中心环节。尽管每个企业都有自己富有特色的企业文化,然而这些文化却并不一定都能得到落实和完善,以有效地激励员工,提高企业的经营业绩。企业文化是作为一种"无形规则"存在于员工的意识之中的,员工既是企业的主人,也是企业文化的载体,企业文化离开员工根本无法独立存在。而人力资源管理是基于以人为核心的管理,它的措施和方法都是有目的地针对员工的,既与员工密切相关又带有一定的引导性和强制性,因此,我们认为,人力资源管理是企业文化完善的重要手段。只有把抽象的企业文化的核心内容融入人力资源管理的活动和实践,渗透贯穿于人力资源管理的始终,员工才会日复一日地接受企业文化的熏陶并对其做出反应,增强对企业文化的认同感。

1. 人力资源管理强化企业文化的意识和行为

不同的人力资源管理实践会导致不同的企业文化,人力资源管理为企业文化建设提供了组织保证,是企业文化推广与完善的重要手段。企业文化只有与人力资源管理相结合,才能将抽象的企业文化的核心内容——核心价值观与具体的管理行为相结合,真正得到员工的认同,并由员工传达到外界,形成企业内外部获得广泛认同的企业文化。

(1)员工招聘应考虑企业文化的价值取向。员工招聘是通过各种方式,把具有一定技术、能力和其他特性的应聘者吸引到企业空缺岗位的过程。员工招聘实际上是一种企业与应聘者个人之间的双向选择与匹配的动态过程。招聘的最终目的是员工个人与岗位的匹配,也就是人与事的匹配。招聘不仅仅是人才综合素质的选择,更是人才是否适合公司企业文化的挑选,无论是招聘的组织过程还是招聘面试的重点都应体现企业文化的价值取向。因此,企业在招聘时,除了必须设定招聘职位特定的任用标准外,还应考虑企业文化的价值取向,注重应聘者的价值观与企业核心价值观的契合。有关研究证明,员工的价值观与企业文化适配度越高,员工的满意度越高,员工的离职率越低,工作绩效越高。

课堂讨论

企业文化对员工招聘会产生怎样的影响？试举例说明。

（2）员工培训应纳入企业文化的核心内容。员工培训是组织向员工灌输企业文化、企业道德，提供思路、理念、信息和技能，帮助他们提高素质和能力，提高工作效率，发挥内在潜力的过程。培训是人力资源管理的一项重要职能，也是人才培养的一个重要过程，如何培训、怎么培训和培训的目的都因文化的不同而不同。人力资源在企业中能否发挥作用，取决于两方面的因素：员工的能力和员工的态度。提高员工的能力和改善员工的态度都可以通过培训来达到。如果企业在对员工培训时只重视提高其工作技能，那么结果往往是花费了大量资金培训的人才在技能学到手后就远走高飞，甚至受雇于竞争对手。实施基于企业文化的人力资源管理的企业，会致力于员工个人的长期发展，谋求企业和员工一起成长。在对人才进行培训与开发时，一方面注重提高其工作能力；另一方面，对其进行企业文化培训，加快新员工对企业已有的文化价值观念的认同，克服老员工的熟视无睹乃至麻木不仁，巩固和加强企业价值观共享，传承企业文化，增强企业凝聚力。

（3）绩效考评应体现企业文化的基本要求。人力资源管理的核心是用人，衡量用人结果的标准是企业的考核和评价体系。不同的企业文化背景下，绩效考核会有不同的侧重，绩效评估的方法也会有所不同。公司在考评员工时，如果仅仅以业绩指标为导向，会促使一些员工不择手段地达到业绩目标，给企业的长期发展带来损失。为此，公司在评价员工时，既要坚持以业绩指标为主，同时要将品德的考核与企业文化的要求结合起来，对企业价值观的诠释要通过各种行为规范来体现，通过鼓励或反对某种行为，使员工明确管理的要求，清楚自己应该集中精力干什么、不干什么，什么是企业倡导的，什么是管理不允许的，督促员工用正确的方式去获得业绩，从而实现企业长远利益的最大化。

阿里巴巴集团通常用两个维度来评价人才：一个维度是看员工是否认同阿里的价值观和企业文化；另一个维度是看员工是否出业绩。依据这两个维度，阿里把员工分成四类：第一类是既认可阿里的价值观又出业绩的，这是公司的核心人才，必须留住。第二类是能力非常强，能不断出业绩，但未必认可阿里的企业文化的。对这类员工，公司在人力资源管理方面主要采取的策略是加强培养培训，使他们认同并融入阿里的企业文化。第三类是认同阿里的价值观，但是做不出业绩来的人。对这类员工，公司着力采取的策略是不断地激励他们，以提升工作业绩。第四类是既不认同阿里的价值观又干不出业绩的人，就会请他们离开阿里去干他们自己能干的事业。

其实，对企业文化的考评也是可以量化的，一般可以将企业文化分解为三大类指标，每一类指标又可以设定具体的量化指标：第一类是企业价值观，可细分为7个可量化的指标：对顾客需求的重视程度，对投资者合法权益的重视程度，对企业员工利益的重视程度，对管理人员领导才能和领导艺术的重视程度，对技术创新及技术人员的重视程度，对人的尊重程度及员工对企业管理的参与程度，员工和企业的冒险精神、革新意识及创造力的发挥程度。第二类是企业行为规范，可设定为九个量化指标：规章制度、职业道德、员工纪律、工作态度、工作作风、敬业精神、集体协作精神、领导方式、经营方式。第三类是企业形象，可设定为10个量化指标：服务态度、产品质量、企业信誉、领导形象、知名度、企业场所面貌、技术装备、职工精神状态、职工仪表、企业的社会行为等。

2. 人力资源管理有助于企业文化的完善

企业的生存、发展、壮大，总是处在一定的环境之中，而客观环境时刻在发生着变化。因此，企业文化在保持一定时期内稳定的同时，要不断随内外环境的变化作出及时的调整和改变，并要随着企业的发展、时代的进步而不断加以完善。

企业文化的贯彻执行是企业文化建设的中心环节，尽管每个企业都有自己的文化，然而这些文化却不一定都能得到落实和完善，不一定能有效地激励员工，提高企业的经营业绩。人力资源管理是企业文化的有机组成部分，人力资源管理在企业文化的构成中，属于制度文化的范畴，是企业文化深层和表层的连接纽带。人力资源管理是基于以人为核心的管理，它的措施、方法都是有目的地针对员工的，亦即与员工密切相关，带有一定的强制性，是企业赖以生存的体制基础，也是企业员工的行为规范。如果把抽象的企业文化的核心内容——核心价值观融入人力资源管理的活动和实践中，员工就会日复一日地受到企业文化的熏陶并对其做出反应，这样那些原来不认同企业文化的员工就会不断地修正自己原有的价值观与思维方式，使自己成为该企业文化的一员，而原来认同企业文化的员工则会加强对企业文化的认同感。

企业文化实际上是以企业的具体管理制度和政策（主要是企业的人力资源管理政策与实践）为基础所形成的一种人文环境或心理体验。更准确地说，真正有生命力的、强烈的企业文化是蕴藏在企业所有活动中的一种内在内容，只有以企业的人力资源管理政策与实践作为制度支撑的企业文化，才能真正融入每一位员工的心中，从而具有强大的生命力。

从经济学的角度看，企业的各种人力资源管理实践和政策、制度属于企业的正式制度，而企业文化实际上属于企业的非正式制度。这种非正式制度是建立在正式制度基础之上的，并且是对正式制度的一种反映。日本经济学家青木昌彦把企业文化解释为一种可以用来预测企业的管理行为和雇员行为的模式，他说："人们可以根据某一公司过去的行为模式，合理地预期该公司未来的经营管理方针和其雇员的合作态度，可以把这种可预测的模式称为'企业文化'"。从实践来看，由于不同企业所信奉的人力资源管理哲学不同，他们所采取的人力资源管理政策和实践（包括招聘制度、绩效考核与晋升制度以及薪酬制度等）也会不一样，而这种人力资源管理政策与实践的不同则会形成不同的企业文化。如果人力资源管理体系的导向是强调管理者特权，要求员工绝对服从，对员工进行严密的监督并以金钱和物质激励作为主要激励手段，那么，企业文化就必然以等级服从和资方决策为显著特征。反之，如果人力资源管理制度是以吸引员工参与管理，创造公平、公正的内部竞争环境为出发点的，那么企业文化往往是以尊重人、调动人的工作积极性和开发人力资源潜能为基调的。正是由于管理学家们深刻地认识到，企业文化的特征与人力资源管理政策与实践是紧紧联系在一起的，它不可能脱离企业的正式制度而自发地形成，也不可能在正式制度发生变革之前首先改变企业文化的性质，所以，管理学家们在强调关心员工的企业文化对于实现企业的利润目标以及其他目标的重要性，竭力倡导进行彻底的文化变革的同时，总是不忘呼吁企业的管理人员放弃传统的管理方式，进行管理制度的创新。因此，企业文化只有与企业的人力资源管理政策与实践结合起来，才能真正发挥出其精神激励作用；同时，也只有认识到这一点，才能保证我国企业在根据市场经济和现代企业制度的要求对企业文化进行正确的重新定位的基础上，精心塑造和培养出适应时代要求的现代企业文化来。

总之，企业文化与人力资源管理之间是一种互相促进的管理活动关系，两者之间以员工为纽带，彼此互动。因此，人力资源管理既要充分利用企业文化的纽带作用，以利于管理效率、能力的提高，以助于优秀人才的聚拢与开发，实现企业持续、平稳发展，还要把人力资源管理活动与企业文化相结合，把企业文化的核心内容灌输到员工的思想之中，体现在行为之上。这是人力资源管理通过融入文化理念而达到刚柔并济的管理效果的重要而有效的途径。

第三节　企业文化与人力资源管理的融合与创新

"制度是砖瓦，再好的设计也会有缝隙；文化是泥浆，见缝插针，无处不在。"通过企业文化进行管理，是人力资源管理发展到今天的必然要求，也是企业管理所追求的最高管理境界，而人力资源管理想要真正发挥员工的主观能动性和创造性，实现企业目标和个人目标，就必须与企业文化有机地融合在一起。

一、企业文化与人力资源管理的融合

人力资源管理主要包含人力资源招聘、培育、使用、绩效考评和薪酬管理等内容。企业文化与人力资源管理的融合与创新也主要体现在以下几个方面。

1. 企业文化与人力资源招聘的融合

人力资源招聘是人力资源管理的首要环节，是整个人力资源管理活动的基础和前提。在招聘过程中，无论是吸引应聘者，还是最终招聘到合适员工，都会受到很多因素的影响，其中，企业的核心价值观念与用人标准的有机结合是决定招聘质量的关键。因此，在招聘前首先要制订符合企业核心价值观的用人标准并以此对招聘者进行严格的培训。其次，在招聘过程中，招聘者要以企业的价值观念为导向，有目的地向潜在员工宣传、介绍企业的基本情况，特别是企业的基本价值观念、经营原则和经营宗旨等，让其充分认识企业的文化特色，从而感受未来的工作环境。有专家提出："企业文化对员工来说是一种待遇，在具有优秀企业文化的企业中工作，不仅心情舒畅，更易做出成绩，而且，还会有一种无形的激励促使员工为完成企业目标勤奋工作。"因此，优秀的企业文化对吸引优秀人才能起到积极作用。最后，利用人力资源测评的各种方法分析应聘者的性格特点、判断应聘者的价值倾向，最终选择对本企业文化认同感较高的优秀人员。

2. 企业文化与人力资源培育的融合

人力资源培育是人力资源管理的重要组成部分，是提高员工知识和技能水平，培养员工企业精神，改善员工工作态度，提高其工作效率，促进组织发展和员工成长的重要途径。因此，人力资源培育首先要重视对新员工的导向培训。培训内容除企业发展沿革、人事规章制度、业务培训、专业技术培训外，还应加强企业文化方面的培训。一方面要将企业的价值观念及时传递给员工，以培育员工的企业精神，从思想上、感情上及心理上增强员工对企业的认同感、依附感和归属感；另一方面要促使员工在潜移默化中接受企业共同的价值观念并影响自己的行为和思维，努力实现企业的既定目标。企业文化与人力资源培育的融合，不仅能使新员工加快对企业已有文化价值观念的认同，而且还会给企业文化注入新的活力因素，创造富有特色的企业文化，实现企业文化的不断变革。其次，要重视对现有员工的企业文化培

训。通过开展创建学习型组织、构建共同愿景和培育整体价值观等活动，使员工在为企业做出奉献的同时，通过适应性和创造性的学习不断提升自己的文化素养、行为修养和业务技能，不断深化员工对企业价值观的理解，增强对核心价值观的认同感。

3. 企业文化与人力资源使用的融合

人力资源使用是人力资源管理的核心环节，也是人力资源管理追求的目标。公正合理地使用员工，不仅可以调动其积极性、主动性和创造性，而且还能营造良好、和谐的企业文化氛围，建立正确的价值观和行为导向，增强组织的凝聚力。因此，人力资源使用首先应该科学地评估和分析每个员工的专长（包括技能素质、心理素质、潜质等）并合理地将其安排到企业所需要的岗位上，做到"适人适位"或"人岗匹配"，以提供其施展才华的机会和舞台，真正做到能职相称、人尽其才、才尽其用。其次，在员工的提升、任职和工作轮换上要时时体现、运用、培养并强化企业文化。要将员工是否遵循企业经营宗旨、是否认同企业核心价值观作为任用、提升的重要标准。最后，要坚持"任人唯贤""用人不疑"的原则，努力创建一种尊重人、理解人、善待人、宽容人、创造人的宽松环境，给每个人提供以实现自身价值和展示才能的舞台，吸引、激励并留住人才。

4. 企业文化与人力资源绩效考评的融合

绩效考评是人力资源管理的重要职责，也是对人力资源进行有效管理的重要依据。绩效考评的结果直接影响薪酬调整、奖金发放及职位升降等诸多员工的切身利益。它主要是通过两种途径来发挥其作用的：一是监督员工的行为以确保实现组织的目标（人力资源管理的监督职能）；二是引导员工的行为趋向于组织的目标（企业文化的引导职能）。因此，绩效考评的首要任务就是将这两种职能有效地协调起来，在给员工压力的同时，又让员工感到服气，并从绩效考评中得到收获。要将企业核心价值观念的内容纳入绩效考评体系中去，使之成为多元考核指标的一部分，并且对企业价值观的解释要通过各种行为规范来进行，通过鼓励或反对某种行为，达到诠释企业价值观的目的。

 视野拓展

如何将企业文化融入绩效管理

企业文化在企业发展中起着巨大的作用，是企业的灵魂。它通过凝聚功能、导向功能（包括价值导向与行为导向）、激励功能和约束功能推动企业提高核心竞争力，同时具有塑造企业形象的作用。优秀的企业文化可促进企业可持续发展，良好的企业文化是企业网罗人才、留住人才的制胜法宝。

绩效管理是指将组织的和个人的目标联系或整合，以获得组织效率的一种过程，是对所要达到的目标建立共同理解的过程，也是管理和开发人的过程，可以增加实现短期和长期目标的可能性，使公司整体的绩效不断地提升。

企业文化与绩效管理之间具有一定的相同点和不同点，了解二者之间的关系，并使其在企业中相互作用更有效地发挥价值，将起到事半功倍的作用。

1. 将绩效管理融入企业文化

从其概念中，我们可以提取出组成绩效管理的几项重点内容：一个完整的管理过程，侧重于信息沟通和绩效提高，伴随管理活动的全过程，需要事先的沟通和承诺。绩效管理带给企业的竞争优势，是企业家钟爱它的原因。

一个好的绩效管理系统能给企业带来的优势有：帮助公司和员工提高工作绩效；帮助公司做出加薪、升职、解雇、降级、调动和培训等正确的雇用决策；帮助公司降低员工的流失率；发现企业中存在的问题；帮助企业做好人力资源规划；能改善上级和员工间的沟通。归结而言，好的绩效管理系统，能进行预防性管理，使公司防患于未然，从而切实可行地避免一些不必要犯的错误，少走弯路，减少并节约生产成本。

绩效管理和企业文化的相同点是：二者从管理的角度看，都是为达到管理目标而应用的管理手段，因此均具有作为管理手段的内涵。首先，是以企业管理主体意识为主导，追求和实现一定企业目的的意识形态，并不是企业内部所有人员的思想、观念等形态的大杂烩。其次，需要有自己的共同目标、群体意识及与之相适应的组织机构和制度。最后，是企业和企业职工在经营生产过程和管理活动中逐渐形成的，离开企业的经济活动，就谈不上绩效管理的实施，更不可能有企业文化的形成。

绩效管理融入企业文化，具体可体现在以下三个方面。

（1）二者的建立不是一个孤立的事件：它与企业所有者的经营指导思想、企业的经营战略、公司的组织结构的科学性、企业各项制度的规范度与完善性、企业管理层的整体素养、员工的综合水平相关，而最根本的是与企业所有者和经营者的胸襟、视野、理念和道德观念等息息相关。

（2）二者的实施都要进行复杂的准备工作：准备工作就是盘点企业需要做哪些人力、物力、财力上的准备，将绩效管理或企业文化实施中所要涉及的人都纳入其中，不允许落下任何一个，就连企业老总也不能例外。实践表明，在人的问题上，主要责任要分清，职责要划清，不能导致优秀的企业文化或者绩效管理方案流产或流于形式。

（3）二者均能提高企业的凝聚力：企业文化是企业的黏合剂，可以把员工紧紧地黏合、团结在一起，使他们目的明确、协调一致。企业员工队伍凝聚力的基础是企业的根本目标。企业的根本目标选择正确，就能够把企业的利益和绝大多数员工的利益统一起来。在此基础上企业就能够形成强大的凝聚力。通过良好的绩效管理，可了解企业员工未来的打算和计划，使员工在绩效管理的基础上不断得到发展和完善；同时可为员工的发展"量体裁衣"，并提出建议，使员工更有归属感。

2. 绩效管理不同于企业文化

绩效管理和企业文化的不同点也可以体现在以下三个方面。

（1）企业文化具有长期性，是基于企业长远发展方向和愿景的基础上建立的。而绩效管理相对企业文化的整个过程而言具有变化性和阶段性。绩效管理根据企业不同的发展阶段而有所改变，以适应企业的发展，利于企业管理，从而更快更迅速地形成良好的企业文化。

（2）绩效管理是一种方法，企业文化建设是一种方向，管理者必须将这两个方面很好地结合起来，在工作中不断总结和提高，不断完善和发展，将企业文化建设统一到员工的绩效上来，积极创建基于绩效管理的企业文化。

（3）企业文化在企业中发挥作用的过程是通过在企业哲学、企业精神、企业目标、企业道德、企业风尚、企业民主、企业形象、企业价值观、企业素质、企业行为规范中点滴渗透，而绩效管理则是通过对员工在工作当中设定目标、跟踪目标和完成目标过程中的能力表现和结果衡量中的实现和体现。

5. 企业文化与人力资源薪酬管理的融合

薪酬管理是人力资源管理的重要职能，也是与员工利益密切相关的最敏感的问题。在员工的心目中，薪酬绝不简单是数额的多少，它代表了身份、地位，以及在企业中的业绩，甚至个人的能力、品质和发展前景等。因此，人力资源薪酬管理必须体现企业文化的定位，以及企业重才、惜才的管理思想。企业只有真正建立起符合其核心价值观和经营理念的薪酬制度，才能有效地吸引、保留和激励企业员工。首先，要建立科学、合理的薪酬体系。在薪酬系统设计上，要坚持以业绩为导向，拉大不同表现员工的薪酬差距，真正让工作表现好、对企业贡献大的员工受到明确的奖励和赏识。其次，要建立良好的激励机制，以充分发挥员工的工作效能。要坚持以能力为本位，以公开、平等、竞争为取向，努力形成合理的竞争局面。

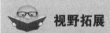
视野拓展

促进人力资源管理与企业文化的融合

首先，应在企业价值观的指导下科学合理地选人。价值观是企业文化的核心，企业在设置人员聘用标准的时候，需要综合考虑和分析企业的价值观，将二者有效地联系起来，保证企业所选择的人才是企业所需要的人才，所聘用的人才要对企业文化有比较高的认同感，以便其在各项工作开展和实施过程中将其转化为对企业的认同感和归属感，在推进企业持续健康发展过程中更积极努力地工作，贡献自身的价值和力量，同时也有助于减少企业人才流失，保证企业留得住人才。

其次，结合企业文化进行育人。员工培训是人力资源管理的重要环节和重要内容，在企业育人环节也需要科学渗透企业文化，不仅强调通过培训教育工作的开展和实施，促使企业员工掌握基本的岗位和技术知识，还需要在培训过程中将企业的文化理念以及价值观念传递给企业员工，重视企业文化方面的培训和宣传教育，引导企业员工从思想上认同企业文化，并在自身工作开展和实施过程中主动践行企业文化，促使员工的个人目标与企业目标保持高度一致，并在培训过程中不断激励和提高企业员工的责任感以及对企业的认同感和归属感，进而更积极地参与企业的各项事务，为企业作出贡献。在培训教育的过程当中，不仅有助于提高员工的思想水平和综合素质，也有助于优化企业的结构，提升企业的整体素质和提供整体经营管理水平，为推进企业健康发展创造良好的环境氛围。

再次，将企业文化与用人标准有效结合起来。企业在用人的过程当中要做到灵活多变，贯彻以人为本的理念，以促进企业人力资源的优化配置和科学合理安排，保证企业员工能够更好地胜任岗位工作，并在岗位上发挥更大的价值，贡献更大的力量。

最后，促使企业文化与员工考核评价相融合。现代人力资源管理越来越重视企业员工考核与评价工作的开展和实施，强调通过考核评价激励员工、约束员工，并及时改进工作中的不足和缺陷。在员工考核与评价工作开展和实施的时候，也需要综合考虑和分析企业文化要求，促使二者相融合。也就是在员工考核和评价的时候，既强调对员工业绩的考核，也需要对员工的价值观念和综合素质、思想品德等方面进行考核,尤其强调针对员工的道德考核科学设置具体量化的指标和标准,需要将企业价值观和企业文化相关要求作为员工绩效考核的重要指标之一,进而塑造一个坦诚和相互信任的企业文化氛围,并在考核评价的过程当中科学合理地设置奖励制度和奖励机制,对遵循企业文化的员工进行奖励,确保企业员工更好地理解和贯彻执行企业文化及企业的价值理念,对企业员工工作及企业发展进行科学有效的指导。

二、企业文化与人力资源管理在融合中创新

人力资源管理与企业文化的融合,创新出一种新颖的管理模式——职业管理。职业管理是个人与企业间的选择与培养的过程,是个人需要与企业需要相匹配的过程,是双方各自作出努力以使个人的职业目标与企业的发展目标相符合的过程。加强企业中员工的职业管理,本质上,是与企业的目标相一致的,是实现企业目标的有效管理手段。

1. 利益共同体:企业和员工的结合点

一个企业和组织的存在与发展,离不开员工的努力工作;相应地,一个员工的发展也离不开合适的企业和组织的存在。优秀的企业文化能够增强员工的凝聚力和战斗力,促使员工认同企业的理念,明确自身的奋斗目标,同心同德地开展工作;人力资源管理只有充分发挥所有人员的潜力,汇集所有人员的力量,使员工的个人目标与企业目标达到高度的一致,把员工对个人价值的追求纳入企业整体的价值创造活动的轨道上来,才能最终实现企业的目标。因此,企业与员工在利益追求上是共同的,是命运共同体和利益共同体,这既是人力资源管理和企业文化的有机结合点,也是职业管理的基础。

2. 工作适宜性:企业与员工的优化匹配

企业与员工相互依存、二者之间建立利益共同体,是以企业与员工之间的相互选择、相互认可、相互接纳为前提的。随着自主择业、双向选择的市场化就业机制的形成与实施,任何企业在招聘、测评、录用自己需要的员工之前,都会进行必要的人力资源规划、工作分析及职务分析等,以便对用人岗位的性质、特点、工作规范及对人员的素质、能力、经历要求等有比较清楚的了解。只有当用人企业的要求与寻求相应职位的应聘者的条件相匹配时,企业才能与应聘者达成一定的契约,使应聘者成为企业的一员,这是企业对员工实施职业管理的开始。

3. 接纳的责任:企业对员工的关心

从应聘者来到企业,成为企业正式的一员开始,企业就应采取接纳的态度,对员工实施职业管理。首先,要实现员工的组织化。职业管理是从企业的角度出发,将员工视为可开发增值而非固定不变的资本,通过员工职业目标上的努力,谋求企业持续发展的过程。在这一过程中,员工要实现对职业岗位、企业文化的适应和职业心理的转换,而企业则要把员工塑造成为基本符合本企业所需要的、被本企业文化所认同的人。其次,要实现"双赢"的目标,即职业管理必须同时满足个人需要与企业需要。企业只有在充分了解员工的职业需要后,才可能制定相应的政策和措施帮助员工找到自己的答案,满足员工的职业发展需要。同样,只

有满足了员工的职业需要，才可能满足企业自身人力资源内部增值的需求。一方面全体员工的职业技能的提高可以带动企业整体人力资源水平的提升；另一方面在职业管理中的有意引导可使同企业目标方向一致的员工脱颖而出，为企业培养高层经营、管理或技术人员提供人才储备，而提高人员整体竞争力和储备人才正是满足了企业的需要。

4. 迈向卓越：员工对企业的奉献

职业管理的最终目的是通过帮助员工的职业发展，求得企业的持续发展，实现企业目标。只有员工的卓越发展，才有企业的目标实现，而员工的卓越，有赖于企业提供的有效职业管理。因此，有助于企业目标实现的员工卓越能力需要企业和员工双方共同的努力。首先，作为员工个人，应做到不断提升自己的业务能力，保持健康、积极的心理品质，勇于创新，认可企业文化、价值追求，高度忠诚企业发展目标等。其次，作为企业，应本着以人为本的思想，从尊重员工职业发展需要、帮助员工发展的角度出发，制定现代人力资源管理政策和措施，实施人性化与理性化相结合的职业管理方案。

综上所述，企业文化作为人力资源管理的大背景和大基调，作为一种崭新的管理文化已经成为人们的共识。优秀的企业文化会营造一种尊重人、关心人、培养人的良好氛围，产生一种振奋精神、朝气蓬勃、开拓进取的良好风气，激发组织成员的创造热情，从而形成一种激励环境和激励机制，对人力资源管理产生广泛而深远的意义。企业文化强调以人为本的管理理念，符合人力资源管理的基本宗旨，对企业组织的运转是一种必不可少的润滑剂，是对人力资源管理的补充和完善，是人力资源管理的基础，对人力资源管理与开发起到积极的促进作用。将企业文化应用到企业的人力资源管理实践中，实行"职业管理"，必将进一步增强企业的核心竞争力，这也正是将企业文化应用于人力资源管理的最终目的。总之，只有坚持以企业文化为导向并将企业文化渗透贯穿于人力资源管理过程的始终，才能对员工真正起到潜移默化的作用，才能真正有利于员工积极性的发挥，有利于员工创新能力的提高。人力资源管理与企业文化的有机融合与创新必将有利于企业持续稳定的发展，以及企业管理水平和管理效益的提升。

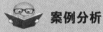 **案例分析**

好市多的企业文化与员工管理

好市多（Costco）是美国最大的连锁会员制仓储量贩店。提起好市多，国人可能还比较陌生。但好市多在全美的影响力就比较大了，它是仅次于沃尔玛，排名第二的零售企业。在当今竞争激烈的时代，实体零售店受到线上商家的强有力的挑战。可好市多为什么会在沃尔玛、亚马逊，一个实体，一个线上，两个巨头的双重夹击之下，还能取得如此亮眼的业绩呢？有人把好市多的成功归因于它的企业文化。

好市多在企业文化上究竟有着怎样的过人之处，能够让它获得如此之高的赞誉呢？好市多企业文化中最大的亮点就是"以员工为中心"的原则，具体体现在以下四个方面。

1. 高薪酬，好福利

好市多会在美国支付给员工行业内最高的薪酬。对比沃尔玛、塔吉特这些直接竞争对手，好市多在美国零售行业，它支付的工资是最高的，基本上是它们的两倍。在这一点上，连美国前总统奥巴马都称赞好市多是"一个伟大的雇主"。无论是全职员工，还是兼职员工，好市多都会给他们提供最好的健康福利。有了这些物质条件做保证，员工工作起来当然会满意，当然会开心。

2. 减压，内部提拔

尽管面临着线下线上竞争对手的挑战和压力，但是好市多从未背弃"以员工为中心"的原则。在工作中，好市多不让员工感受来自工作业绩的任何压力，并且通过内部提升和长期培养机制，让员工感到在企业内部有足够的发展机会，比如现在好市多领导团队中的很多成员都是从最底层慢慢被提拔上来的。

3. 信任员工

更为关键的是，好市多充分信任自己的员工。与其他雇主不同的是，它不把员工当作"小偷"。它信任他们，让他们比竞争对手承担更多、更大的责任。当企业依赖你的员工，并给他们分配责任和权力来做出负责任的决定时，这有助于提高员工的士气。《第五代管理》的作者查尔斯·M. 萨维奇（Charles M. Savage）就曾经说过这样一句话：怀疑和不信任是公司真正的成本之源。好市多打造的这种信任文化对员工来说不仅仅是巨大的精神激励，同时也让员工感到一种别的企业所提供不了的满足。

4. 感恩节不营业

作为这么大的一个零售卖场，在西方最重要的节日之一感恩节当天选择不营业，好市多这样的制度的确让人匪夷所思。当人们嘲笑好市多有钱不赚的时候，好市多的发言人解释，公司设立这样制度的根本原因就是希望员工可以和家人、朋友以及其他亲人一起过节。好市多没有把自己的员工当成是机器上的一颗又一颗的螺丝钉，而是真真正正地把他们当成是"人"在对待，给他们以尊重和关怀。

企业文化不是看你说得有多动听，而是看你做得有多动人！从以上四点，我们就不难看出竞争对手通常无法抢走好市多员工的原因，这种以员工为中心的企业文化使好市多的人员流动率相对较低，在好市多工作了十多年的员工比比皆是。虽然在好市多，人工费用几乎占到了整个企业预算的70%。然而，所有这些投资最终都是值得的，有回报的。有人估算，好市多在招聘和留住员工上的开支已经减少了数亿美元。

与此同时，通过这种企业文化，使好市多员工对企业拥有了较高的满意度和忠诚度，他们为顾客提供了良好的服务，让顾客也感受到了快乐和幸福，从而使顾客的忠诚度、回头率也不断提升，这样就会形成一种良性循环，为企业带来源源不断的利润。

启发思考：（1）好市多为什么能够留住人才？
（2）如何理解企业文化与员工管理的关系？

本 章 小 结

所谓人力资源管理，就是对人力这一资源进行有效开发、合理利用和科学管理。人力资源管理具有选才（吸纳）、用才（配置）、育才（开发）、激才（激励）、留才（维持）等五项功能和工作分析、人力资源规划、人员招聘与配置、培训与开发、绩效管理、薪酬管理、劳动关系管理等七大基本职能。企业文化与人力资源管理既相互联系又相互区别,"以人为本"既是人力资源管理的基本原则,也是现代企业文化的新模式。人力资源管理与企业文化之间存在着相辅相成、相互促进的管理活动关系,企业文化是人力资源管理的向导,人力资源管理是企业文化完善的重要手段。企业文化与人力资源管理的融合与创新主要体现在招聘、培育、使用、绩效考评和薪酬管理等五个方面。人力资源管理与企业文化的融合,创新出一种新颖的管理模式——职业管理。

练 习 题

自学自测 扫描此码

第七章　企业文化与企业家

【学习目标】

了解企业家素质、企业家精神和企业家共性特质的内涵；认识企业家对企业精神形成的作用；理解并掌握企业家与企业文化的内在统一关系。

引例

华为：任正非的经营之道

企业是由企业家来运作的，所以企业的竞争也就是企业家的竞争。企业家精神是企业核心竞争力的源泉，也是企业文化的基调，因此一个企业家的素质、思想对企业有着深刻的影响。要解读华为的核心竞争力，就必须先了解它的缔造者——任正非。

任正非出生于1944年，1978年从部队转业，1987年创办深圳华为技术有限公司。目前华为已经成为中国IT业的前十强，他的个人财产也达到了5亿美元。但他对媒体采取的是冷处理方式，外界对他一直挖掘不出更多信息，要了解他的个人魅力，只有从他的经营之道中看出一二。

20世纪80年代，正是中国大地万物革新的时期，任正非也毅然辞去团级干部职务，随着改革的大潮来到了深圳。他先到南油打了两年工，后来用仅有的两万元人民币创立了华为公司。

华为创立初期，主要经营代理业务，风险不高，又可以获得一定的利润。但是华为没有走单一的代销经营，而是选择了风险极高的技术自立之路。当时的深圳盛行倒买倒卖之风，搞实业、做研究的企业受到了巨大的冲击，任正非逆潮而动，有着独特的见解。他认为：改革开放初期，为了加快发展速度，不得不用优惠的政策吸引外资和技术，采取了合资合作的方式，但我国经济刚开始转型，还有很多不完善的地方，这种做法的结果是以市场换技术，可是又没有掌握真正的技术，这种代价太沉重。任正非认定只有技术自立，才是根本，没有自己的科技支撑体系，工业独立是一句空话，没有独立的民族工业，就没有民族的独立。任正非选择的道路异常艰难，拥有数百亿美元资产的世界著名公司正对中国市场虎视眈眈，如果没有当时国家的政策保护，华为早就夭折在摇篮之中。

华为没有后路，他们怀着坚定的信念踏入了这块领域。"处在民族通信工业生死存亡的关头，我们要竭尽全力，在公平竞争中自下而上发展，绝不后退、低头"，"不被那些实力雄厚的公司打倒"，"十年之后，世界通信行业三分天下，华为将占一分"，如此的雄心壮志被当时的一些人耻笑，但是这个小小的民营企业却在十多年后成为IT业的精英企业。

任正非要走技术独立的路，创业初期的研究人员与生产人员的比例就高达5∶2，这对一个小企业来讲，是一笔不小的开支。特别值得一提的是，任正非有一次把所有的资金投入到数字交换机的研究开发上，用全公司的资产搏了一把。事实证明这是一次明智之选，这次行动也成为华为发展史上的里程碑。

任正非一直将大量的资金与人力投入到研究开发中，采取"压强原则"，集中力量突破一个点，实现局部的领先。正是对技术的重视，使华为今天的技术达到了先进水平，得到了国内外的认可。

对于人才，任正非看重的是能力，学历和年龄都不影响选人的标准。

在企业内部华为实行竞聘的办法，使不少内部员工脱颖而出。在人才培养上华为投入了大量资金，使员工每年有7%的时间可以得到培训，对于优秀的人才还要送出国培养。另外，还与不少高校保持联系，设立各种奖项，确保了人才的供应渠道。

在营销策略上，任正非要求转变营销理念，以中华民族五千多年的文化底蕴为依托，以品牌为利剑，采用文化营销策略，在国际市场上树立中国的世界名牌。

任正非认为物质资源是会枯竭的，唯有文化才能生生不息。华为的狼性企业文化正是任正非提出的，他认为狼的三大特性用在事业上，正是对付强大竞争对手的有力武器。华为还将把朦胧的文化变成制度性的文化，认为文化的实质是制度性建设，文化的实质是管理。

这个低调、冷静、超前的企业家，有着许多精辟的理念，这些理念都已融入华为的企业文化。从任正非的经营之路中，可以看出他的哲学思想和个人风格，这些都已在华为的历程中留下了点点痕迹。

启发思考：如何理解企业家精神是企业核心竞争力的源泉？

第一节　企业家的内涵

企业家（entrepreneur）是法国经济学家让·巴蒂斯特·萨伊（Jean-Baptiste Say）于1800年左右提出的概念，指那些"将经济资源从生产力和产出较低的领域转移到较高的领域"的企业经营者。著名经济学大师熊彼特认为企业家不是一般的企业经营者，而是那些在经营管理活动中倡导和实行创新的经营者，认为"企业家是不墨守成规，不死循经济循环轨道的，他常常创造性地变更轨道"。企业家不是守财奴，而是创业者、创新者。美国经济学家、诺贝尔经济学奖的获得者罗纳德·科斯（Ronald Coase）则认为，企业家是能"从确认现实经济中不能完全掌握所有交易信号这一事实出发，迅速捕捉到对买卖双方都有利的交易机会，并作为中间人参与其间，来促进交易机会的实现"的企业经营者。美国现代企业管理之父彼得·德鲁克在其名著《创新与企业家精神》一书中反复阐述具有创新精神并运用于实践的企业经营者才是企业家。因此，企业家这一称谓，绝不等同于董事长、总经理、厂长的地位和职务，它代表着创新、拼搏、活力、进取、负责、冒险精神。只有那些拥有社会责任感，在瞬息万变的市场中勇于开拓与承担风险、善于经营、勤于管理、拥有战略远见的企业经营者，才堪称企业家。

英国经济学家阿尔弗雷德·马歇尔（Alfred Marshall）在其著名的《经济学原理》中系统地论述了企业家的作用。马歇尔认为，在一般商品交换过程中，由于买卖双方都不能准确地预测市场的供求情况，因而造成市场发展的不均衡性。而企业家则是消除这种不均衡性的特殊力量,他们能够透过迷雾解决种种难题。因此,企业家成为企业"车轮"的轴心,担负着特殊的使命。与此同时,企业家还是时间创造效用的主体;社会的进步,在理论方面是依靠研究人员和实业家,而在实际工作中则是靠企业家来完成的。因此,企业家是不同于一般职业阶层的特殊阶层,他们的特殊性是敢于冒险和勇于承担风险。所以,从某种意义上来说,国际经济竞争,可体现为企业间的竞争,最后表现为企业的舵手——企业家之间的竞争。要夺取经济竞争的制高点,培育大批德才兼备的现代企业家是关键。

一、企业家素质

企业家的素质指由先天和后天因素共同作用而成的素质总和,包括心理素质、能力素质、道德素质、生理素质等,它们共同构成企业家精神的基础。

生理素质是其他各项素质的基础,一名成功的企业家必须具备健康的身体、充沛的精力,否则难以胜任其工作。

1. 企业家的心理素质

(1)脚踏实地,坚持不懈,坚韧不拔。企业家不是空想家,而是实干家。他必须为企业订立一个切实可行的目标并根据目标制订实施方案与策略,兢兢业业,胜不骄,败不馁,一步一个脚印地向目标靠拢。

(2)自信、勤奋、进取、乐观、活力十足。古语云:胜人者有力,自胜者强。企业家必须怀有强烈的自信心,以此感染下属、合作对象乃至顾客。作为企业领导人,他必须勤勉负责,不懈进取,充满乐观精神,象征一个企业的勃勃生机。

(3)强烈的危机感。生于忧患,死于安乐。企业也一样,危机感是一种压力,也是企业发展的动力。企业家作为企业领航人,越是在企业发展最顺利、最迅捷的时候,越要有危机意识,对企业的发展前景保持清醒的认识。

(4)执着但不固执。英特尔的总裁认为企业家"执着才能生存"。"执着"是指企业家根据自我的判断力为企业定下发展目标,然后矢志不渝,不到黄河心不死。"不固执"是指企业家在日常的经营管理过程中从善如流、客观而善于听取各种意见,能随机应变采取各种策略。

(5)淡泊功名利禄。一流的企业家一般不计较个人的利益得失。他们心目中有一个高远的理想,追求崇高的人生价值。为此,他们不沽名钓誉、斤斤计较,而是着眼大局、放眼未来。

(6)乐于面对挑战。市场形势瞬息万变,企业时刻面对内外的挑战。企业家必须直面挑战,无畏无惧,并乐在其中。知之者不如好之者,好之者不如乐之者。只有乐于面对挑战,企业家才能带领企业克服难以预计的挑战,从而发展壮大企业。

(7)情绪稳定。无论面对何种情况,企业家都必须保持平常心,心静如止水。狂喜和暴怒易使人失去理智,从而难免做出错误决策。因而,成功的企业家往往临危不惧,举重若轻,面临出人意料的成功而不冒进,保持客观、清醒。

(8)胸襟广阔,宽容大度。成功的企业家必须具有博大的胸襟和宽容的态度。中国台湾的企业研究人员经过长期的研究,发现了一个有趣的事实:企业家的胸襟与企业的发展规模成正比。凡是宽以待人、胸怀广阔的企业家,企业规模都较大,效益较好;反之,小肚鸡肠、心胸狭窄的企业经营者,企业难以规模化,甚至衰亡。

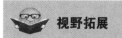 视野拓展

企业家的品质

李嘉诚：我总是让别人多赚两分

有人问李泽楷："你的父亲李嘉诚究竟教会了你怎样的赚钱秘诀？"李泽楷说："父亲从没告诉我赚钱的方法，只教了我一些为人处世的道理。""父亲叮嘱过，你和别人合作，假如你拿七分合理，八分也可以，那我们李家拿六分就可以了。"

正如李嘉诚所言："我对待我的员工很简单：一是给他相当满意的薪金花红；二是你要想到他将来要有能力养育他的儿女，因此，公司要真心为员工着想。"（李嘉诚，原香港首富、长江和记实业有限公司原主席）

任正非：这个社会聪明人太多，要做阿甘，要傻一点

在创立华为时，任正非已过了不惑之年。他刚来深圳时还准备从事技术工作，或者搞点科研。如果他选择这条路，恐怕早已被时代抛弃了。任正非明白，一个人不管如何努力，永远也赶不上时代的步伐，更何况知识爆炸的时代。只有组织起数十人、数百人、数千人一同奋斗，才能搭上时代的列车。因此，他创建华为时，不再是自己去做专家，而是做组织者。

他创建公司时设计了员工持股制度，通过利益分享，团结起员工。那时他还不懂期权制度，更不知道西方在这方面很发达，有多种形式的激励机制。他仅凭自己过去的人生挫折，感悟到应与员工分担责任、分享利益。

在任正非眼中，华为作为一家成功企业，长处就是"傻"。"我最擅长的一项就是傻，就是华为从上到下都是大傻瓜，为什么呢？好不好都在使劲干，因为人多了，自然而然就可以摸到这个方向，而且我们号召大家都要听听外面的声音，这个社会其实很可爱的，这个社会不需要太多出名的人，如果满社会都是聪明人，谁来种粮食啊，对吧？所以华为公司实际上还是从草根起来的，只不过用的砖有相当多是美国砖，还有一部分是秦砖汉瓦，有的是欧洲砖来砌的这个万里长城，因此它处于一种开放的状态。"在这种傻状态下"大家都能努力，拼死命的努力，航空母舰其实也没有油，也没有核动力，就是靠15万支桨。"（任正非，深圳华为技术有限公司创始人、总裁）

宋志平：优秀企业家一定是专注坚守的"痴迷者"

这么多年，我在企业里有一项很重要的任务就是寻找企业家和企业的"一把手"。在这个过程中，我有个原则，就是要寻找那些精通专业、对专业有深刻理解的"痴迷者"。这些"痴迷者"对于自己的工作能够专心致志、孜孜不倦，一心一意做事情、做企业，干一行、爱一行、精一行，早晨睁开眼睛就想业务和工作的事，半夜醒来还是想业务和工作的事。

稻盛和夫曾回忆，当年他做企业时聪明的人都跑了，留下的那些看似木讷的人却做成了世界500强，木讷的人就是踏踏实实做这个行业的人。做企业就好比马拉松比赛，能笑到最后的人，一定不是那些过分活络、这山望着那山高的人，而是那些脚踏实地、有激情、能持之以恒甚至有些"一根筋"的人。

管理者要能把自己的工作讲清楚、把事情做好，因为其他事情能知道更好，不知道也

不为过，关键是要把自己的一亩三分地种好、把自己的工作都掌握好。相反，一些"百事通""万金油"式的管理者，说起来天花乱坠，好像什么都懂，但说到自己的专业、自己的企业却支支吾吾说不清楚。（宋志平，中国上市公司协会会长、中国企业改革与发展研究会会长）

王石：人生做好减法就是做加法

在现在这个充满选择的社会当中，最难的就是学会放弃。这个舍不得，那个舍不得，最后很可能就是一事无成。

"衡量一个人的标准，不是看他站在顶峰的时候"。真的标准是受到挫折时，低谷后的反弹。

人生到底怎么过，是年轻人着急的事情。我们的社会很浮躁，造成我们不知道要什么。"我不知道我要什么，但我知道我不要什么"这一点非常好。

第一个是放下，第二个是你的目标是什么。这个不是一个减法的问题。你在没确定之前，一定要把该做的事情做好，这做好本身就是一个积累。积累就是一个加法过程。比如我在部队的经历就是这样。

什么叫"你知道不做什么"呢？比如说，王石1983年到深圳创业，但王石这个人的底线是绝不行贿。2000年黄铁鹰先生在光华管理学院讲中国企业案例课，把王石的"不行贿"讲了十年。讲了十年，实践了十年，包括现在。"这就是我知道我不做什么。这是你的底线，而且不是说我成功了，我可以不做，而是说我如果不做这个就不成功，那我也宁可不做这个。"

对人生来讲呢，不要对自己过于苛刻，但你要有一些底线，尤其是在中国现在的社会。底线没有，就算你将来做了多大的事情，那又怎么样？

"登山如人生一样，虽时常不能告知结果，只要坚持，终会成功。世界上没有什么诀窍，只不过是坚持，再坚持一下。"（王石，万科集团创始人、原董事会主席）

王卫：我曾目空一切，佛教让我折服

人生有百分之九十九的东西你都控制不了，只有一个百分点你可以掌控，那就是做事的态度。这个态度有两面，究竟是采取积极的态度还是消极的态度，是接受正念还是邪念，由你自己来决定。如果你在这方面作出了正确的选择，就会把这一个点放大成一百个点，弥补很多其他方面的不足。

关于尊重。要想别人尊重我们，首先我们自己必须有道德、有修养，并且学会尊重别人。怎样才算尊重别人呢？首先，你要尊重人家的环境，不随地吐痰，不乱扔垃圾；其次，你要尊重人家的生活习惯，公共场所不大声喧哗，乘车购物时自觉排队；最后，要尊重人家的文化，不同的宗教信仰、不同的制度法规你得了解，避免在日常行为中构成挑衅或冒犯……王卫说："关于尊重，我还有一个自己的衡量标准，那就是要让为你提供服务的人也因为服务你而感到开心。去饭店吃饭，上至经理下至服务员，我都会主动跟他们打招呼，服务过我的服务员，也都很享受服务我用餐的工作过程，因为我会很礼貌、很平和地去跟他交流，我要让这个服务员因为服务我而感到很开心，这叫尊重。相反，有些人一进到饭店就是一副不可一世的做派，对服务员呼呼喝喝，态度相当恶劣，这样的人是很难收获真正的尊重的。"[王卫，顺丰速运（集团）有限公司总裁]

2. 企业家的能力素质

一般企业家应具备 10 项能力：思维决策能力、规划能力、判断能力、改造能力、洞察能力、劝说能力、对人理解的能力、解决问题的能力、培养下级的能力和调动积极性的能力。具体说来，企业家的能力素质包括以下几类。

（1）决策能力。企业家是企业的最高决策者。当前，经营战略已成为现代企业兴衰成败的关键，其正确与否取决于企业家的决策能力。要求企业家不为市场的短期波动和眼前得失所迷惑，应有高瞻远瞩、运筹帷幄的战略统筹能力和微观洞察力，而且要从善如流、多谋兼听，善于在纷繁复杂的竞争环境中捕捉能为企业带来发展的机会。经过自己周密的思考和判断，需要作决策时要有决策的魄力，当机立断，敢于冒险。

（2）识才、育才、用才的能力。毛泽东曾经指出："领导者的责任，归结起来，主要是出主意、用干部两件事""政治路线确定之后，干部就是决定的因素"。《三国志》中有一句名言："功以才成，业由才广。"人才是成就事业的最关键因素，因而，领导至关重要的职责是识才、育才、用才。一个企业要兴旺发达，其领导人必须具备知人善任、举荐贤能的能力。在这方面美国钢铁大王安德鲁·卡耐基（Andrew Carnegie）是榜样，他墓碑上简洁的碑文为他一生的事业做了最适宜的总结："一位知道选用比他本人能力更强的人来为他工作的人安息在这里。"反之，假如一个企业家的选才观如"武大郎开店"，企业最终难逃脱被淘汰的厄运。

（3）公关能力。企业是一个大系统，企业内部的各个组织、部门是企业的子系统，大系统的高效运转，全赖于各子系统的支持和配合。企业家的决策要得到企业内部各组织、各部门不折不扣地贯彻执行，要求企业家拥有较强的沟通协调能力，使执行者充分理解决策的动机、内容、目的等，深化认识并自觉协调各自行动，减少在执行过程中由于信息不充分、不完整而可能出现的摩擦，从而降低管理成本。另外，相对于社会来说，企业又只是社会大系统中的一个子系统，企业的发展与政府、投资方、传媒、银行、顾客及供应商、竞争对手等系统的关系息息相关。处理、协调好这些关系，不仅需要企业公关部门去做深入、细致地沟通，而且需要企业家去周旋，为企业发展创造和谐、宽松的社会环境。因此，"内求团结，外树形象"，这两方面都需要企业家具备公关能力。

3. 企业家的道德素质

人无德不立。一个成功的企业家必须具备正直无私的道德素质。一方面，正直无私的企业家更能吸引优秀员工。"不正直谈不上领导"，每个领导都需要追随者。追随是一种信任行为，也就是对领导者有信心。"正直是领导者必备的品质，因为它是一种力量，能鼓舞别人，可以通过别人做事"。正直无私，一心为企业，可以强烈地感染员工，激励员工为企业的发展壮大无私奉献。正如松下幸之助所指出："知识、方法固然重要，但更重要的是高尚无私的人格，使员工受感召而一无保留地奉献。"另一方面，正直无私的品质有助于企业家作出有利于企业长远发展的决策。任何一个渴望成功的经营者都应具有不为一己私利、私欲、私情所束缚的道德品质，只有在正直无私品质的主导下，企业家在为企业作出决策时才不会急功近利、鼠目寸光，而是着眼于企业的长远利益，甚至宁可为企业的长远发展而主动牺牲一己私利。因此，一个企业要实现持久的经营成功，其企业家必须具备正直无私的道德素质。

4. 未来企业家素质的发展趋势

企业家的素质要与时俱进。未来的企业家更懂得经营成功需具备何种素质。为此，《美国新闻与世界报道》杂志报道了众多著名专家与学者的共识。

（1）全球战略家。地球正变成一个小村庄。21世纪最重要的特征是经济全球化，全球经济相互依存程度进一步加剧，彼此联系千丝万缕、盘根错节。在这种新的形势下，企业要追求经营的成功，必须有立足于全球的战略视野与意识，抢占生意场上的全球战略制高点。

（2）技术专家。这里的"技术"包括两方面内容：现代科技尖端技术和管理技术。一方面，现代高技术不断涌现，要求企业家不仅具备一定的技术知识，更重要的是具有敏锐的市场眼光，确定要研发的新技术和如何将新技术转化为受市场欢迎的新产品；另一方面，随着新技术对管理方法的渗透，现代管理日趋科学化、数字化，技术含量越来越高，相应要求企业家跟上管理发展的步伐，掌握相关的管理技术，更好地管理企业。

（3）杰出的政治家。未来的企业家必须具备政治头脑。随着企业经营范围的全球化，未来的企业将多数涉及跨国业务，这样的企业势必面临其经济活动如何适应届时政治、社会、文化并为当地政府与人民所接受的问题，这就要求企业家不仅是个经济专家、管理专家，而且要成为地道的政治家。

（4）领导者和鼓动者。在新的时代中，传统的管理方式还不会完全消失，企业家还是企业的舵手，以其超人的胆识和能力，激励、鼓舞员工，引领企业在激烈的竞争中排除万难，追求卓越。

 知识点滴

稻盛和夫：经营者必须具备的三要素——愿景、使命和人格

第一，经营者必须对企业未来发展满怀梦想，拥有宏伟的"愿景"，并清晰地向全体员工进行描述。必须把公司追求的目标描绘成清晰的愿景，怀有"无论如何必须实现"的强烈愿望，并与员工共有。

第二，经营者必须明确"为何需要愿景必达"的理由，也就是确立企业的"使命"。必须制定能被全体员工由衷认同的、具有大义的企业使命，促使每个员工了解实现愿景的理由，并激发他们的使命感。

第三，经营者必须具有高尚的"品格"与崇高的"人格"。无论拥有多么崇高的目标及目的，如果经营者本身不具备优秀的品格与高尚的人格，员工绝不会心甘情愿地与经营者甘苦与共。而且，如果经营者不具备崇高的人格，往往会优先考虑自身利益与方便，无法做出正确的判断或决策，会将公司带往错误的方向。

二、企业家精神

企业家精神是企业家素质的综合反映，是企业家在日常经营管理实践中体现出的总的作风。企业家精神是引导企业走向成功的基础，是推动企业发展的非经济因素。彼得·德鲁克指出："企业家精神是'非经济'的事物，它深刻地影响，而且的确引导经济，但它本身却不是经济的一部分。"现代企业家精神主要包括以下几方面。

1. 创新精神

创新精神是企业家精神的核心。熊彼特是第一位系统阐述企业家精神的经济学家。他在《经济发展理论》一书中认为，企业家的创新精神是决定企业兴衰的关键。企业家精神的关键作用是实现创新，引进新组合（生产要素和生产条件的重新组合），并将其引入生产体系来改革生产。企业家是富有远见、信心、胆识、组织能力的创新者。企业家的任务是"创造性地破坏"。彼得·德鲁克在其《创新与企业家精神》一书中亦认为，创新是企业家特有的工具，创新精神是企业家精神的特殊手段，企业家应该有目的地寻找创新的来源，寻找预示成功创新机遇的变化和征兆。

何谓创新？创新就是改变资源的产出。创新行动赋予资源一种新的能力，使它能够创造财富。凡是能够改变已有资源创造财富的潜力的行为就是创新行为。企业家必须学习如何进行系统化的创新。由于变化提供了人们创造新颖且与众不同的事物的机会，企业家应视变化为企业健康的标准，有目的、有组织地寻找变化，对这些变化可能提供的经济或社会创新的机遇进行系统的分析。创新不一定是技术上的创新，甚至可以不是一个实实在在的"东西"。彼得·德鲁克认为，所有的创新机会都来自外界环境的变化。彼得·德鲁克把"外界的变化"分成七个方面，即创新的七个来源：第一，意外之事，意外的成功、意外的失败、意外的外在事件；第二，不协调的事件或者现象，指现实状况和设想或推测的状况不一致；第三，基于程序需要的创新；第四，没有人注意到的工业结构或市场结构的变化；第五，人口统计数据或者叫人口变化；第六，认知情绪及意义上的变化；第七，新知识，包括科学或非科学。新知识并不是成功创新的主要来源，绝大部分成功的创新都是利用变化而达成的。

2. 避险和冒险统一的精神

商场如战场，瞬息万变、险象环生，充满风险与不确定性。企业家的过人之处在于他们善于减少风险或尽可能避险，并利用市场的不确定性去谋求经营的成功。企业驰骋商场，就像一艘船在遍布暗礁的大海中航行，其舵手——企业家必须掌好舵，具有高超的避险艺术，引领企业乘风破浪，到达成功的彼岸。一个企业要生存，首先要降低其风险成本。但是，风险与机遇是一对孪生兄弟，相互依存。企业要发展，就必须在充满"不确定性"的市场中寻找发展机遇。一旦捕捉到机遇，在分析其可行性之后，企业家应充分利用有利因素，将该机遇的风险控制在最低限度。在机遇面前，企业家需要一种冒险精神，世间并没有十拿九稳的事情，万事期待万无一失，那是完美主义者的祈求。企业家在尽可能地降低风险后，必须当机立断，抓住机遇，迎难而上，而不是首鼠两端、患得患失。东方希望董事长刘永行在新疆投资300多亿元做重化工和光伏产业等，其中遇到无数困难，但他认定这一选择的正确性，坚持不懈，咬定青山不放松，最终获得了可喜成绩。

避险并不意味着保守与不思进取，相反它体现了一个企业的成熟与稳重，是冒险的前提。冒险也不是盲目赌博，而是经过理性分析后激情的逾越。风险是一把"双刃剑"，既为企业的成功创造机会，又有可能埋葬企业。因而，在决定冒险前一定要学习避险，就像下海游泳前要学会自救一样。

3. 求实和创业精神

企业家不是空想家，而是实干家，他们必须通过自己务实的态度，实实在在去努力，去追求经营成功。松下幸之助认为，求实精神就是内心不存在任何偏见，它是一种不被自己的利害关系及自己的感情、知识以及成见所束缚的实事求是看待事物的精神。企业家精神"既不是一门科学也非一门艺术,它是一种实践","它是一种行动"。

创业精神指抛弃守业的思想,克服因循守旧、无过便是功的落后意识,永葆创业意识,不甘于现状,锐意进取,艰苦奋斗,克勤克俭的精神。创业精神有助于培育危机意识,激发全体员工"生命不止、奋斗不息",使企业充满生机与活力,以朝气代替暮气。丰田公司的"节省一成,等于增长一倍"的信念体现了该公司的创业理念。丰田公司每年的利润很是丰厚,但偌大的一个跨国集团公司,办公设备却分外寒酸,绝无铺张浪费现象,连员工的办公用纸都有严格的规定,先在废纸的背面起草信函、文件,然后再写在纸上。旧的台历用完了,从不丢弃,而用背面做草稿纸或留言条,不浪费一张纸。这种勤俭建厂的创业精神使丰田公司在激烈的市场风浪中巍然挺立、笑傲同侪。

创业精神可使员工树立牢固的目标意识,着眼长远利益。许多企业在暂时的经营成功后会被胜利冲昏头脑,开始头脑发热,盲目冒进或不思进取,丧失了前进的方向。创业精神避免了企业的"鼠目寸光",不为短暂的经营成败所迷惑,成绩永远属于过去,企业可以"而今迈步从头越",不断朝新目标奋进,在发展的轨道上稳步前进。

三、企业家的共性特质

企业家既是一种经济现象,也是一种文化现象。日本学者名和太郎在其著作《经济和文化》一书中指出:"作为一种经济现象,企业家是工业社会的产物;作为一种文化现象,他们是现代文化社会中一个特殊的阶层,拥有自己独特的价值观念、思维模式和行为特点。"企业家正是用这种"超经济"的精神文化力量对经济活动产生深刻的影响,并在相当大的程度上决定了经济乃至政治的发展进程。新时代的企业管理对企业家提出了新的挑战,它要求企业家具备一系列的特质。尽管每个企业家都有自己的个性特质,但也存在一些共同点。

1. 勇于承担风险

管理企业就需要承担风险,企业家必须具备承担风险的特质。1755 年,法国经济学家理查德·坎蒂隆(Richard Cantillon)在其著作《一般商业之性质》中指出,企业家的最大特质就是承担风险的精神。18 世纪后期,法国重农学派经济学家弗朗斯瓦·魁奈(Francois Quesnay)认为,企业家的重要特点是"承担风险和创新"。19 世纪后期,美国经济学家豪莱(Haule)强调,承担风险是企业家的突出贡献和基本特质。美国经济学家、制度学派的重要代表人物康蒙斯(Commons)则认为,承担风险的程度是企业家特质和能力的主要方面。19 世纪末 20 世纪初,英国经济学家马歇尔在其《经济学原理》中,阐述了其企业家思想,他认为,企业家是指那些把企业的风险和管理看作自己在组织工业工作中应尽本分的人;企业家是不同于一般职业阶层的特殊阶层,他们的特殊性是敢于冒险和勇于承担风险。

从企业家的内涵看,企业家必须具有风险意识。作为企业生产经营的主要指挥者、决策者,企业家对关系企业兴衰成败的经营决策起决定作用。企业生产什么?企业所生产的产品如何适销对路?企业生产能力的扩大或缩小、生产品种的增加或淘汰、产品价格的提高或降低、新技术、新设备、新工艺的选择和应用,市场的开发和占领,企业发展战略的制定和实施等方面的决策,都存在着巨大的、不确定的风险。这是一种"非可保险"的决策,决策的成功与否直接关系企业的命运,直接关系到员工的利益以及企业家本人的声誉、地位和利益。企业家本身就意味着风险,企业家的事业就是一个充满风险的事业。正如管理大师彼得·德鲁克所指出的："制订决策是不可避免的，而任何决定的实质就是不确定性"，"需要确定性的人不可能是好的企业家"。因此，企业领导人只有把风险视为压力并转化为冒险精神，建立并充分利用风险机制，才能成为真正的企业家。

2. 善于突破创新

企业家的根本特质就是"革新"，善于突破创新是企业家的准则。美籍奥地利人、著名经济学家熊彼特基于其"创新理论"提出了企业家理论。熊彼特认为，企业家就是"经济发展的带头人"，或者，能够"实现生产要素的重新组合"的创新者；市场经济的"原动力"就是企业家的创新，他称之为"创造性地破坏"。熊彼特将企业家视为创新的主体，其作用在于创造性地破坏市场均衡。他认为，经济发展总是以破坏旧经济运行程序的形式表现出来的，而企业家正是这一创新过程的组织者和倡导者；通过创造性地打破市场均衡，才会出现企业家获取超额利润的机会。因此，企业家是促进物质生产增长和企业文化发展的中心人物。企业家作为商品经济社会中企业运行和企业管理的主角，不是纵向从属于行政权力，而是遵循和服从优胜劣汰的市场法则，靠善于经营和精于管理开拓自己的事业。企业家靠自己的知识和才能，独立自主地经营企业，运用创新精神进行企业决策、开发产品和市场，以自己的才智和勇气去进行改革，迎接挑战。

从一定意义上讲，企业家之所以成为企业家，在很大程度上取决于他们的开拓创新精神。美国企业家老约翰·洛克菲勒（John Rockefeller）说："作为一个企业家，假使你想成功，你就该自己开辟一条新道路来，并沿着一条成功的道路走下去。"创新意识是企业家精神的本质特征，也是企业家精神得以实现的基本条件，而开拓精神是建立在强烈的创新意识的基础之上的。日本本田公司创始人大久保睿在其塑造的"本田精神"中就特别强调创新精神，他把"本田精神"归结为三大要点："人要有创造性，决不模仿别人；要有世界性，不拘泥于狭窄地域；要有被接受性，增强相互的理解。"索尼公司的创始人盛田昭夫也强调："永不步人后尘，披荆斩棘开创没人问津的新领域"，"干别人不干的事"。他在《走向世界》一书中把开拓新技术称为"求生存的手段"和"企业生存之路"。

3. 超凡的想象力和果断的判断力

超凡的想象力和果断的判断力是最重要的企业家特质。19 世纪末期，美国著名经济学家弗朗西斯·阿马萨·沃克（Francis A. Walker）指出，企业家"起着雇佣的功能"，即"组织和实施生产，决定着生产什么、多少和哪些种类，用何种材料和样式生产，以及产品针对什么人并用何种价格支付手段"。他指出，企业家的特质在于他对企业经营管理的有效性和超前的决断性，他称企业家是工业进步的工程师和生产的主要经营者。法国经济学家萨伊也认为，企业家要想成功，必须有果断的判断力、坚韧的毅力和全面的知识，有监督、管理的才能，务实的特质和能动的特质。因此，企业家必须具备超过常人的、非凡的想象力和开创风险事业的能力。2007 年刘强东向京东董事会提出自建物流的战略规划，计划拿刚刚融资来的 1 000 万美元投资物流，遭到媒体、同行的笑话："一家互联网企业怎么能做物流呢，终有一天会把企业拖垮"。面对外界对京东"烧钱"的质疑，刘强东则坚持认为，京东"烧钱"是建大量的物流中心和信息系统，是实实在在转化成了公司未来的核心竞争力，转化成了用户体验。"为用户体验'烧钱'，我觉得值得。因为'烧钱'一定要'烧'出核心竞争力，任何一家公司'烧'出核心竞争力你就可以成功。"经过 14 年发展，2021 年京东物流终于守得云开见月明。京东物流能够拥有如今的发展，所依仗的正是刘强东高瞻远瞩的战略眼光，与坚持到底的强大毅力。

没有想象力和判断力的企业家，只能庸庸碌碌，一味地跟在别人后面模仿，没有一点自己的风格和独特之道。管理大师彼得·德鲁克指出："当前社会不是一场技术的革命，也不是一场软件、速度的革命，而是一场观念的革命。"企业发展的历史证明，超凡的想象力和果断的判断力是最重要的企业家精神和企业活力源泉，是决定企业前途和方向的根本。微软公司创始人比尔·盖茨因有超凡的想象力和果断的判断力，揭开了知识经济时代的序幕，演绎了财富的创造奇迹；美国人富于想象和判断，于是抢占了IT技术方面几乎73%的制高点，掌握了生产工艺方面60%的核心技术知识产权，成为世界的知识创新中心和技术开发中心。现代市场周期短、节奏快，企业要有"生产第一代，掌握第二代，试制第三代，研究第四代，构思第五代"的战略眼光和超前思维，才能把握市场运动的契机。战略眼光和超前思维从何而来，取决于企业家的想象力和判断力。

第二节 企业家对企业精神形成的作用

企业家是企业生产经营活动的最高决策者，他们在企业中的领导地位，决定了他们在企业精神的塑造中既是塑造者、推行者，又是垂范者、表率者。

一、企业家是企业精神的塑造者

企业家是企业的核心人物，他不仅要善于以卓越的智慧和胆识为企业赢得市场，创造物质财富，更为重要的是要以自己的哲学、理想、素质、作风、价值观等融合而形成的个性，精心塑造培育企业精神，为企业长期发展提供源源不断的精神动力，也就是创造精神财富。《美国企业精神——未来企业经营的八大原则》的作者，著名的管理学家劳伦斯·米勒（Laurence Miller）认为："从许多实证分析看来，我们似乎可以这样定论，如果没有企业家和企业家精神也就没有成功的企业和成功的企业精神。"世界著名企业的企业精神，无一不是企业家精心培育的结果。如松下电器公司的"七大精神"，是松下幸之助经过深思熟虑概括总结出来的；日本大荣公司"一切为了顾客"的企业精神是被誉为"超级商人"的中田功长期倡导的结果；美国国际商业机器公司IBM的创始人、第一任总裁托马斯·沃森亲自为公司制订了"尊重每一个人""为顾客提供尽可能好的服务"和"追求卓越"三大精神信条。正如《IBM道路：国际商用机器公司成功秘诀》一书的作者巴克·罗杰斯（Barker Rogers）指出的："IBM公司并没有一项关于公司价值准则和哲学的专利，然而，任何公司如果不具备这些观念就不会成为一个伟大的公司。"

二、企业家是企业精神的推行者

企业家不仅是企业精神的塑造者，也是企业精神最有力的传播和发扬。企业家之所以能够成为企业精神的推行者，主要是因为企业家拥有能影响企业员工思想和行为的能力，即影响力。这种影响力由两个方面构成：一方面，是由职位因素、传统因素和资历因素构成的以权力为中心的外在强制性的影响力，它可以使员工产生敬畏感、敬重感和服从感；另一方面,是由品格因素、才能因素、知识因素、感情因素构成的以威望为中心的非强制性的影响力,它可以使员工产生敬爱感、钦佩感、信赖感、亲切感。在企业精神建设中,这两种影响力是相辅相成的,而且正是这两种影响力合成的企业家权威,对企业精神的贯彻和企业文化建设的推进具有强大的推动作用。因此,企业家在贯彻企业精神的活动中,既要善于运用权力性影响力,更要运用非权力性影响力来领导员工,并以企业精神武装员工。日本松下电器公司创始人松下幸之助在这方面堪称楷模,松下公司的经营作风与传统,就是他在长达半个多世纪的精心培育下发展起来的。他十分注重凭借自己巨大的威望,以亲自过问的作风,深入现场,扎扎实实地把企业的宗旨灌输到全体职工之中,充分发挥了个人的魅力。松下幸之助不仅是企业精神的精心塑造者,也是企业精神苦心孤诣的推行者。

三、企业家是企业精神的垂范者

任何成功的企业家都应该懂得"造就别人之前,首先要造就自己","领导者的步调就是整个团队步调"的真谛。企业家首先要成为企业精神的日常倡导者和模范实践者,以自己的率先垂范作用把员工牢牢地吸引在企业周围,促使企业精神化作员工的自觉行为,形成强大的企业凝聚力、竞争力。其次,企业家还应该成为企业精神的表率,在塑造和贯彻企业精神方面真正做到言传身教,严于律己,身体力行,这样才能在员工中以强者的形象,产生巨大的模仿效应。日本三洋电器公司前总经理井植熏就是一个具有卓越献身精神的企业家。他把2/3 的时间放在工作现场,广泛地与员工接触,以模范行为带动了公司一大批高、中级管理人员。他长期坚持早上班、晚下班,以迎接和送走半数以上的员工,使公司面貌大为改观。

第三节 企业家与企业文化的内在统一

企业文化本质上是企业家文化,是优秀企业家品质、才华和胆识等综合素质的扩展和放大。"企业的文化总是深深打着一把手的个性烙印"。美国企业文化专家爱德加·沙因认为:"领导者最重要的才能就是影响文化的能力。领导者的一个重要的职能就是创造文化与必要时改造文化。"有人曾经打过一个比喻说,一只老虎率领一群绵羊,可以打败一只绵羊率领的一群老虎。同样,在市场经济条件下,一个优秀的企业家率领一群普通的企业员工,完全可以打败一个平庸的领导者率领的一群优秀的企业员工。这个比喻旨在说明在激烈的市场竞争中,作为领头羊的企业家在企业的生存发展中所起的作用是十分关键的。同样,我们可以说,在市场经济条件下,企业家在企业文化建设中所起的作用也如领头羊一般是十分关键的。由于企业家在企业中所处的特殊地位,对企业价值观念和企业精神的培育和形成起着决定性的作用,因而,企业家的率先垂范和倡导是塑造企业文化的根本保证。如果说企业文化是企业的灵魂,那么企业家便是企业文化的灵魂。

 课堂讨论

你是否认同企业文化就是老板文化?为什么?

一、企业文化是企业家的人格化

　　企业家是企业的"英雄人物"和"精神领袖",具有卓越的领导和管理才能,他们既是企业生存发展的核心人物,也是企业文化的核心人物。企业文化的核心是价值理念,而许多价值理念正是企业家从自己的经营实践中感悟、提炼出来的。企业家是企业的导航者,导航者的力量是无法逾越的。企业家与企业文化呈现出内在结构的静态对应关系,企业家的品质、才华和胆识决定着企业文化的性质和风格,影响着企业文化的个性和发展。因此,从一定意义上讲,企业文化就是企业家的人格化。

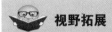 视野拓展

企业文化的特性就是企业家的个性

　　用狼引领的一群羊,羊都会产生狼性;用羊去管理一群狼,狼便滋生羊性。用在企业文化方面,也就是有什么样的企业家,就有什么样的企业员工与企业的精神风貌。

　　可以说,企业家的人格特质和心理品行直接影响企业文化的特质。因为只有狼性,在目前激烈的市场竞争中,才能遵守规则,不畏艰难,在风险中创造出机遇。很多企业的企业家,特别是我们国内的一些民营企业家,他们都想做的就是"狼",并将自己血液中的"狼性"基因传到企业,传给员工,从而形成一支"狼性"的、战无不胜的队伍。

　　但是,企业家们要具备"狼性",首要的是必须具备自己独立的思想和创新的精神,并将这样的思想和精神糅进企业文化的萌芽之中,然后经过培育、凝练、升华甚至变革,最后才形成"狼性"文化的特质。记得海尔总裁张瑞敏曾说过:"我就是企业的一个布道者。"布道,就是企业文化的传播与实践。海尔多年的发展历程也表明,海尔之所以能成为白色家电的佼佼者,更多的是张瑞敏"狼性"思维在企业经营中的体现。否则,没有个性的显现,仅仅是以拾人牙慧的内容来填充自己的头脑,"狼性"也就会渐变为"羊性",这样的"羊性"队伍在市场的"红海"中拼杀,胜算的概率将微乎其微。盘点一些企业败北的理由,人们往往能在管理上、发展战略上找到失误的影子,其实更多的是企业忽视了企业文化的"狼性"基因。

　　企业家有"狼性",只是企业有了"狼性"的基因,若要把自己队伍从"羊性"带成"狼性",还需要企业家的率先垂范和真正的人格魅力。企业家有宽广的胸怀,有容人容事的气度,有求贤若渴的真心实意,有强烈的事业心和责任感,才会受到大家的拥戴。特别是民营企业,讲企业的凝聚力就需要对企业家的财富观作出判断。在市场经济社会中,金钱是一种天然的价值尺度。员工特别是企业骨干用它去衡量老板的"气场",老板也用它去评价人才的价值。如果老板惜财如命,敛财有道,不给人才以应有的待遇,这些麾下的"狼"们就会各怀心思,或跑到其他"狼群"或权作当"羊"。正如蒙牛老板牛根生的一句话叫"财散人聚"。企业家的财富观正确与否,决定了识贤、求贤和用贤的态度,是"狼性"文化深层次的反映。

　　因此,在"狼"文化和"羊"文化之间,企业家的选择是有限的。企业家要做"狼",也必须做"狼",有了"狼"的本性、"狼"的制度和规矩,"狼"的企业文化特征才会显现。

1. 企业家以自己提倡和崇尚的价值理念来塑造和培植卓越的企业文化

优秀的企业文化不是自发产生的,而是企业家在对企业长期的实践经验认识的自觉活动中产生的,企业家个人极力提倡和崇尚的价值理念已成为企业文化的主要来源和构成。因此,在企业文化的建设过程中,企业家要从本企业的特点出发,以自己的企业哲学、理想、价值观、伦理观和风格融合成企业的宗旨、企业价值观,并逐渐被广大员工所认同、遵守、发展和完善来塑造和培植卓越的企业文化。

2. 企业家以自己高尚的人格力量来传播和发扬卓越的企业文化

日本著名企业家松下幸之助说过,一位经营者,不需要是万能的,但却要是位品格高尚的人,因为后者往往更能吸引人才。企业家的高尚人格往往能在员工中形成向心力、凝聚力和内应力的精神力量,它是企业走向兴旺发达的强大动力源。卓越的企业文化当然离不开企业家高尚的人格力量所形成的这个动力源。卓越的企业文化是企业家德才水平、创造精神、事业心和责任感的综合体。成功的企业家必有强大的人格力量和引人追随的人格魅力。企业家的人格魅力与人生境界,决定了企业文化的价值趋向和企业外部形象的整体水平。企业家的人格力量和人生追求提升为企业的追求,就是企业的至高追求。因此,在企业文化的建设过程中,企业家不仅要善于运用由职位因素、传统因素和资历因素构成的以权力为中心的外在强制性的影响力,更要善于运用由品格因素、才能因素、知识因素、感情因素构成的以威望为中心的非强制性的影响力来传播和发扬卓越的企业文化。

3. 企业家以自己的新思想和实际行动来倡导和践行卓越的企业文化

美国管理学家彼得斯和沃特曼在《成功之路——美国最佳管理企业的经验》一书中指出:"一个真正的领导必须同时是两种截然不同的大师:他是思想的大师,善于把握高度抽象的思维逻辑;又是行动的大师,善于处理最世俗、最琐细的实际事务。一方面,领导人物作为形成公司价值观念的人,必须具有远大的眼光和崇高的精神境界,并以此激发和振奋起成千上万职工的热情;另一方面,看来只有通过日常工作和小事才能激发职工的热情,这时领导人物又应当成为优秀的执行者、实干家。他要善于发现细节问题,注重小事,不放过任何机会,通过实际行动而不是言词向职工灌输他提倡的价值准则。所以,领导人既要重视思想又要重视实际细节。"因此,在企业文化的建设过程中,企业家要以自己的新思想、新观念、新思维、新的价值取向和实践活动来倡导和践行卓越的企业文化。

4. 企业家以自己个性化的经营管理风格来发展和完善卓越的企业文化

众所周知,一方面,卓越的企业文化具有时代特色,它是本国传统思想、伦理、价值观念的精华和时代精神融合而成的精神力量,是先进的、科学的、有生命力的文化与现代企业的完美结合;另一方面,企业文化既具有相对的稳定性,又兼有动态的变化性,企业文化在保持一定时期内相对稳定的同时应不断随内外环境的变化及企业战略的调整作出及时的调整、更新、丰富和发展。坚持创新、改造自己、追求卓越是先进企业文化的内涵。美国著名管理学家劳伦斯·米勒认为,卓越并非一种成就,而是一种精神。这一精神掌握了一个人或一个企业的生命和灵魂,它是一个永无休止的学习过程。这种精神注入企业文化就成为卓越的企业文化,这种精神被企业家所接受并以此为追求目标,他就成为卓越的企业家。因此,在企业文化的建设过程中,企业家自身的经营管理风格对发展和完善个性化的企业文化有着深刻的现实意义。

二、企业家是企业文化的缔造者

企业家直接影响着企业文化的塑造、发展和变革。正如美国记者问海尔集团总裁张瑞敏"企业家在企业中应该扮演什么角色?"时,张瑞敏回答:"企业家第一应是设计师,在企业的发展中如何使组织结构适应企业发展;第二应是牧师,不断地布道,使员工接受企业文化,把员工自身价值的体现和企业目标的实现结合起来;第三应是企业价值观的实践者,企业家的身体力行,率先垂范,对员工起着重要的示范作用。"在企业文化的塑造、发展、传承和变革的动态过程中,企业家扮演着设计师、倡导者、实践者、变革者等重要角色。

1. 在企业文化的塑造时期,企业家是企业文化的设计师

我国企业文化学者叶生在其著作《企业灵魂》一书中指出:企业的首席企业文化设计师是企业家。企业家最重要的管理职能是战略决策与精神导向。当好一名企业精神领袖,一家企业的首席企业文化设计师,是任何有抱负的企业家永远追求的目标。正如管理大师彼得·德鲁克所说,企业家是未被承认的现代文化创造者,是可与艺术家的图腾形象相媲美的文化英雄。埃德加·沙因也指出:"领导者所要做的唯一重要的事情就是创造和管理文化,最重要的才能就是影响文化的能力。"企业文化离不开企业高层领导的积极倡导和精心培育。企业文化建设是一项系统工程,涉及很多内容。比如,确定企业文化建设的目标、程度和方法;组织群众、专家对企业文化进行定格、传播;通过各种文化活动、礼仪的设计和具体实施,以及机构和制度的文化整合与渗透,促使优秀文化的生成和发展等。而每个企业由于其行业特点、地理位置、产品属性、企业发展所处的阶段不同而各具特点,因此其文化建设必然不能搞一刀切,而应该各具特色。不少企业是企业家一手抚养长大的"孩子",他们对自己的"孩子"了解最透彻,他们理应也必须在企业文化的构建中充当且当好总设计师的角色,萌发构思、提炼升华、形成方案,实现企业文化的准确定位。所以说,企业家不仅是经济专家,也是文化专家。因此,企业家应在全面客观调查的基础上,对企业文化进行整体设计,精心概括提炼出本企业的理念,并将其灌输和渗透到企业精神中去,形成独具个性的适合本企业的优秀企业文化。

考察那些长盛不衰的知名企业,我们不难发现,他们的企业文化中都有着非常明确的主导思想,而这些主导思想大都同那些在企业发展史上有着深刻影响的企业家(尤其是企业创始人)有着极为密切的关系。例如,闻名世界的"惠普之道",就是由惠普公司的两位创始人比尔·休利特(Bill Hewlett)和戴维·帕卡德(David Packard)在创业之初提出来的。他们把尊重人作为惠普文化的主导思想,由此而衍生出惠普文化的其他一系列内容。被世人誉为"经营之神"的松下电器公司创始人松下幸之助,在创业之初就确立了经营企业的主导思想。在松下公司成立60周年之际,松下幸之助又总结自己大半生的经验,写成了既有哲理性又有实践性的《实践经营哲学》一书,书中从各种不同角度阐述了松下对企业经营的独特看法。正是松下本人的实践经营哲学,使松下公司形成了一整套充分体现松下经营思想的优秀的企业文化。

2. 在企业文化的发展时期,企业家是企业文化的倡导者

埃德加·沙因认为:"组织创建者的假设是组织文化产生的来源之一,领导者在企业文化的形成方面起领导作用;企业的高级成员会通过日常的谈话,企业的特殊庆典、仪式反复讲述企业自身的重要价值观念;企业高级成员的更迭会削弱企业文化力量,甚至改变企业的

文化。"被誉为"东芝之神"的日本传奇企业家土光敏夫说过："经营者本人必须成为新价值观的倡导者。"一方面，企业家的思想只有扩展为企业的制度，而且必须渗透进员工的心灵、成为他们的追求才能成为企业的文化。企业文化也只有与企业的生产经营相结合，深入员工内心才能发挥并显现其巨大的文化力。深圳华为总裁任正非不仅亲自审阅企业内刊《华为人》每期的头版文章，而且为了将自己的价值观和想法更透彻地传达给公司的每一位员工，他还经常撰写文章，如《华为的冬天》《华为的红旗到底能打多久》等，让华为人深感震撼。另一方面，新的企业文化形成概念模型后不会主动扩散，企业员工也不会主动接受，原有的企业文化也不会自动瓦解，而且企业文化自身还具有极大的反弹阻力。企业文化的传播与扩散需要巨大的权力推动，没有强大的推动力，传播与扩散就不会发生。因此，企业家必须做一名忠实的倡导者：一方面，通过构建合理的企业文化层级以减少企业文化传播与扩散的程序，缩短企业文化渗透的流程和企业文化传播的时间；另一方面，在企业文化的传播与扩散中，明确地表达基本价值观，并始终不渝和满怀激情地向大家宣传，向员工灌输企业文化，使员工接受和认同企业文化，思想统一地按照企业的要求去做，从而形成企业的强大合力。

风靡全球的麦当劳快餐公司，其公司创办人雷蒙·克罗克（Raymond Kroc）不是把企业宗旨"质量超群（quality）、服务优良（service）、清洁卫生（cleanliness）、货真价实（value）"提出来就算完事，而是广泛宣传教育，认真检查落实。雷蒙·克罗克曾说过："要是我每重述一遍QSCV就给我一块砖的话，我想我已经能用它们在大西洋上架起一座大桥来了"。为了贯彻麦当劳的企业宗旨，形成一种良好的文化氛围，雷蒙·克罗克总是热情洋溢地进行宣传、教育、规划、检查、奖励、处罚，从不间断。有一次，雷蒙·克罗克在一家特许经销店发现了一只苍蝇，两个星期之后这家商店就被取消了特许经销资格。正是通过这种持续不断的努力，使麦当劳公司内部树立了一种为人称道的"质量至上"的企业文化。

3. 在企业文化的传承时期，企业家是企业文化的实践者

有了一个良好的企业文化的设计与构思，并不等于企业文化建设就成功了，在实施中还会遇到各种各样的困难，有认识上的原因，也有客观条件原因（如有些是在实施中因条件变化而出现的）。一个企业的高层管理者，尤其是在企业里众人仰慕的企业家，他的行为、能力和领导艺术对企业文化影响力的发挥起着重要的作用。劳伦斯·米勒指出："当领导者正式宣告和亲身示范这些价值观时，新企业文化便会浮现。"美国前总统约翰·肯尼迪（John Kennedy）在旅日考察后的专家意见座谈会上谈道："一个总经理的最终成功在很大程度上取决于正确理解本公司的文化，以及对文化进行精雕细刻，并使它形成适应市场不断变化所需要的能力。"企业家对企业文化的引导力度，最终取决于企业家的表率示范效应。首先，企业文化是旗手文化，企业家素质和自觉程度对企业文化建设的成败起关键作用。其次，企业形象是企业文化的载体，与企业生死攸关。企业家是企业形象的雕刻者和塑造者，是企业形象的重要组成部分，"是任何企业最根本、最宝贵的财富"。最后，企业家起着企业"精神领袖"的作用。企业家在企业各种场合的宣传与灌输，在实际工作中的实践与示范，会使企业形成浓厚的企业文化氛围，这种氛围是企业文化保持旺盛生命力的丰厚土壤。因此，企业家不仅要做企业文化的塑造者、推动者，更要做企业文化的模范执行者，用自己正确的言行、良好的工作作风和崭新的精神面貌影响企业员工的思想和行为，担负起引导企业文化的重任，带出一种生机勃勃的具有鲜明个性的企业文化。

孔子曾说过："其身正，不令而行；其身不正，虽令不从。"我国民间老百姓中也有一句

俗话,叫作:"上梁不正下梁歪,下梁不正倒下来。"可以理解为领导者的身体力行对下属所起的作用,在企业文化建设中也是如此。在企业文化建设过程中,作为企业核心的企业家,不能只是号召或要求员工去实践企业所倡导的企业文化而将自己置身事外。恰恰相反,在企业文化建设的过程中,企业家们必须率先垂范,躬身实践。只有如此,企业家们所倡导的企业文化才能在本企业卓有成效地开展起来。

4. 在企业文化的变革时期,企业家是企业文化的变革者

企业文化属于微观上层建筑的范畴,是特定历史的产物,它既是企业自身状况的反映,又受客观环境的影响,必须不断变革和创新。首先,企业的生存、发展、壮大,总是处在一定的环境之中,而客观环境时刻在发生着变化。企业文化的内涵应反映出环境的复杂性和紧迫性所带来的挑战和压力,既对企业内部保持较高的整合度,又对外具有较强的适应性,要随着企业的发展、时代的进步而不断加以修整、改造、扬弃、创新和完善。其次,任何一种思想、方法和文化都有其局限性,必须时时更新,突破局限,才能进步且具有持久的生命力。思想敏锐的企业家常常能及时发现企业文化存在的问题,并能大胆变革和创新,打破束缚企业发展的惰性文化,建立推动企业向前发展的新文化。美国著名管理学家劳伦斯·米勒在《美国企业精神——未来企业经营的八大原则》一书中指出:"没有一家公司能在缺乏强有力的高级主管的领导下成功地改变其文化。"美国哈佛大学著名教授约翰·科特和詹姆斯·赫斯克特在其著作《企业文化与经营业绩》一书中也反复强调:"在企业文化改革成功的企业中往往有一两个能力非凡并创造过卓越成就的领袖人物,这足以说明领导者在企业文化塑造中所发挥的核心作用。企业领导者的个人理想、信念、性格、气质乃至言谈举止都会在企业员工中迅速引发一种模仿效应。"因此,在构建企业文化、实施文化战略的过程中,企业家首先要树立正确的核心价值观,自觉地进行理念革命,从思想深处形成最高理念;其次,要努力学习企业管理相关知识,不断提高自身的综合素质,把自己塑造成为真正的具有渊博知识、辩证思维、敏锐洞察力的企业家。唯有如此,企业家才能以自觉的文化战略眼光,引导和创造一种文化,推动企业文化的构建、强化和变革,提高企业文化建设的层次。

 **视野拓展**

有什么样的领导者就有什么样的企业文化

1. 领导行为决定企业文化的形成

许多成功公司的价值观在推动过程中,领导人都起到了模范带头的作用。他们制定行为标准激励雇员,使自己的公司具有特色,并且成为对外界的一种象征。

宝洁公司的威廉·库珀·普罗克特(William Cooper Procter)用"做正当的事"的口号来经营他的公司;贺利得(Holliday)在担任杜邦公司的首席执行官时发起了"联系一位客户"的计划,通过这一计划鼓励员工每月去拜访一位客户,了解他们的需要和所关心的问题。

由组织领导人所创造的企业文化可以导致以完全不同的方式执行管理职能。改变企业文化可能需要很长的时间,甚至是5~8年的时间。改变企业文化要求改变价值观念、象征或行为,可能要求先要了解旧的组织文化,并找出组织中的某种文化,奖励那些对这一

文化的实践者。奖励并不一定非要是经济上的。

例如日本的夏普工厂，对最佳员工的奖励就是要他们成为"金色奖章小组"里的一员，这一小组直接向总裁汇报。无论怎样，首席执行官们都必须把他们想要推动的组织文化形象化。

2. 领导者通过改变经营理念和战略来改变企业文化

企业领导者要经常设想如何面对未来，适应千变万化的市场情况而稳步前进，要确立与改变企业经营理念思想使企业获得新生。作为优秀的领导要从实际出发，同时也要从长期战略方面考虑，确定企业未来发展的方向和目标，在这个过程中，必然带来企业文化的相应改变。

杰克·韦尔奇（Jack Welch）执掌通用电气20年，带领着他的公司一路迅跑，并因此连续三年在美国《财富》杂志"全美最受推崇公司"评选中名列榜首。

他是如何将一家美国的老式大企业改变成具有很强竞争力，带动全球发展的"火车头"的？他最成功之处在于从根本上改变了通用电气公司的经营观念：一是将通用从一家制造商变为服务商；二是定位企业"生产"的是人才。

韦尔奇自身也认为他一生中最大的成就莫过于培育人才，"这是一家由众多杰出人物管理的公司。我最大的功劳莫过于物色成批的杰出人物。"韦尔奇能叫出公司上层至少1 000人的名字，知道他们负什么责任，知道他们去做什么。

通用电气正是凭借理念经营和战略的转变，改变了整个公司的文化，使得这个最大又最复杂的公司具有持久的生命力。

3. 构建企业文化需要领导者的指导和参与

由领导者的性格、气质、能力、个性倾向等方面决定的领导行为对企业文化建设的方向、内容都有很大影响。没有领导者的倡导、实际参与和指导，一个良好的企业文化难以形成。

市场环境适应程度高的企业文化似乎都是少数领导人创立的，比如惠普公司的比尔·休利特和大卫·帕卡德他们的一整套企业经营管理思想后来被称作"惠普之道"，由此催生出一种强力型企业文化。这种企业文化之所以形成，是因为休利特和帕卡德在公司创立之初就怀有一些共同的核心价值观——"信任和尊重个人，强调做贡献的重要性，坚守诚实与正直，团队精神"。另外，惠普拥有今天的文化，还因为两位创始人聘用、选拔了具有共同价值观的员工，为其经营策略、经营思想建立了坚实的基础。

惠普的实例提供了一个概括性的模式，可以说明市场环境适应程度高的企业文化的创立和发展过程。这一过程与企业领导人承担文化设计和承包责任息息相关。首先，公司创立初期，创建者们建立起一种促进企业经营业绩增长的企业文化；其次，这些创始人及其继承者运用各种手段，宣传弘扬上述文化的核心部分，并在相关市场环境出现变化时，通过企业文化自身的机制和职能促使公司经营的行为方式发生改变。

4. 领导者通过沟通和行动塑造企业文化

领导者最重要的事情之一是要不断通过正式或非正式的沟通，传达企业价值与理想。通过沟通，建立共识，塑造新的企业文化。与员工沟通、提倡企业文化的第一种方式是言传，即通过言谈及文字阐释公司的核心价值观。

三、企业文化对企业家的孕化作用

在企业家与企业文化这对关系范畴中,企业家的积极倡导、精心升华与设计是企业文化由自发散乱的形态过渡到规范化形态的重要条件;企业家的亲身垂范和传播强化是建构优秀企业文化和推动其运转的关键因素;企业家的应变意识和能力是企业文化丰富、充实、重建的主导因素。反过来,企业文化也培育和塑造了企业家。

1. 企业文化培育企业家素质

文化对人具有教化的功能,即人创造文化,文化又塑造人。对于一个民族而言,文化的这种功能,集中表现为建构民族心理,塑造民族性格,形成民族传统。企业文化同样具有这种教化功能,在企业中企业家既是企业的主要管理者,又是普通一员。他与企业员工一起受到企业文化的熏陶,接受企业文化的培育,从而接受正确的企业价值观念,树立坚定的信念,形成优秀的品质。同时,在他接受企业文化教育的过程中,能够充分认识到企业文化的功能,并凭借领导者的影响力运用这种功能去培育企业的员工、凝聚企业的员工并带领他们前进,从而提高他们自身的素质与能力。因此,在企业文化潜移默化的熏陶中,企业家会逐渐成熟,具备一个企业家应具备的职能素质。

2. 企业文化促进企业家成长

人类社会的进步体现在,每一代人都是以前一代人所取得的成就为基础不断发展的,而文化则起着把每一代人在实践中获得的知识和技能不断传承下去的作用,换言之,文化具有知识传承的功能。企业文化形成以后不断地传递和继承,影响了企业每一代人的认知、思考和感觉模式,因此也就导致了易于接受某种类型的企业家。正是在这种意义上,成熟的企业通过他们的文化促进了企业家的成长。

3. 企业文化塑造企业家形象

文化是人类社会历史实践中一切物质财富和精神财富的总和。正是建立在社会历史发展的连续性基础上,文化才可以不断地持续发展。所以,作为一种历史的沉淀,文化具有稳定性的特征。企业文化是企业在生产经营和管理活动中形成的具有本企业特色的精神财富和物质形态。任何一个企业家都根植于他所经营的企业,他的品质、素质、能力、作风都带有该企业所沉淀的明显的特征。他的价值观念、经营哲学都深深地烙上了他所在企业的印记。企业家的个性特征、经营风格等形象特点也明显地具有他所经营的企业的特色。这些事实说明,企业文化塑造了企业家,也塑造了他们的形象特征。企业文化形成以后,企业为适应企业发展的需要,按照自己的价值观和信念大力宣传企业家和企业家精神,这实际上是通过对企业家形象的塑造来宣传该企业文化特定的价值观。

4. 企业文化提高企业家的工作效率

企业文化对于企业的作用与影响具有可持续性。也就是说,一种文化在一个企业一旦推广传播开来,在企业一旦发生作用,这种文化会在企业形成一种氛围,凝聚企业家与企业员工。可以说企业文化的最大作用就是能够把企业人员的思想紧紧统一起来,即"文化是一种与众不同的能力与一致性的渊源","是一种能使企业有机统一起来的黏合剂"。同时,企业文化又如润滑剂一样推动企业家与企业员工的互助以及关系的融洽,有了这样良好的沟通基础,就为企业家在员工内部开展各项工作打下了良好基础,从而可为企业家营造良好的工作氛围，有效地提高企业家的工作效率。

四、企业不同发展阶段的企业家作用与企业文化

1. 企业发展的初期阶段

在企业发展的初期阶段，企业家要发挥指挥作用，倡导"权威型"企业文化。当企业处于由无到有的开拓过程，企业的基础建设一定要做好。犹如建一座大厦，地基一定要修建得稳固，在此基础上才有利于修建高层的建筑；如果基础打不好，那么大厦在建筑过程中有随时倒塌的危险。在企业创设阶段，企业家的指挥带领作用是非常重要的，完善企业制度建设、严格企业各项管理、统筹企业发展决策，这些可使企业的工作严谨、高效、有条不紊，以适应严酷的市场竞争，尽快走向良性发展的道路。在这一阶段，要运用以科层制为主要内容的现代管理理论，强化严密分工和层级结构，并由相对稳定的人员履行各种公共职责，强调实现组织角色的要求，给予企业家这一时期的战略选择以理论支撑。企业家在这一阶段起到的作用应该是决定性的。企业家本身是创业者的一员，在创业初期重要的责任就是指挥部署工作，贯穿的是"权威型"的企业文化。企业家的威望和权威性是一个企业刚刚诞生时所必需的，只有通过严格的科学管理，强调制度的约束力和企业家的权威性，从而建立健全各项规章制度，才能克服企业在创业阶段出现的一盘散沙、工作无人负责的混乱现象。在企业家的指挥带领下逐步养成员工规范的行为、逐渐形成良好的风气，为企业的后续发展奠定扎实、稳固的基础。

2. 企业发展的中期阶段

在企业发展的中期阶段，企业家要发挥协调作用，倡导"凝聚型"企业文化。在此时期，企业家要更加注重组织协调的作用。企业家在运用法规、制度、权力、科层等构建起一个科学严谨的组织机构后，要继续带领企业发展。但是这个阶段如果过分地使用个人权力就会产生破坏性，因为这时企业已经形成了一定规模，员工人数比创业初期增加了很多，这个时候的管理就不是由一个人所能承担了的，企业家要着手建构一个完善的管理体系，在这个管理体系中企业家更多的作用是起到整合和完善管理体系的作用，要善于通过别人的努力实现企业的目标。因此，企业的发展大部分要依靠员工的力量来完成。而现代管理理论导致所有者与经营者、高层管理与普通员工之间的对立。与之对应的是，企业文化理论将通过废除二元论，并通过相应的企业制度变革打破所有者与经营者、高层管理与普通员工之间的对立，全面构筑新的超二元论的企业文化。所以，当企业进入中期发展阶段，企业内部分工越来越细，所要求的协作越来越紧密与组织中个人的要求存在矛盾的时候，为谋求企业共同的愿景与稳定的发展，更加强调员工的能动性的发挥，以及企业的整体组合，最好的办法是下放决策权和执行权，减少管理层次，建立扁平化的公共部门，注重员工的需求，鼓励员工参与决策。企业家这个时候就要破除僵化的官僚体制，摆脱"家长制""以我独尊"的领导误区，从对员工规范控制走向赢得员工对规范的自觉忠诚，以组织愿景替代科层的管理，倡导体现团队精神、民主思想的"凝聚型"企业文化。通过企业家与员工、员工与员工相互之间的协作，起到协调企业系统内的各个要素的有序发展的重要作用，使不同的理念相互沟通融合，形成企业共同的愿景，企业才能稳固并获得强大的生命力，最终获得成功。所以，在企业发展中期，促使广大员工的个人目标与企业目标相融洽，是这一时期企业家最大的责任。

3. 企业发展的成熟阶段

在企业发展的成熟阶段，企业家要发挥稳定作用，倡导"创新型"企业文化。企业发展成功，企业规模壮大，员工人数数以万计，一般的工人和管理人员在这个时候最可能感觉到他们在这样一个成功的企业里是默默无闻的，他们的辛勤工作也很难得到体现，这就使他们的积极性不能得到很好的发挥。俗话说"创业容易，守业难"。当企业成熟稳定发展时，不能忽略的是，员工们一些认识的习惯化会助长文化上的惰性和组织上的自满，从而形成一种"依赖"，如果这种依赖发展得过于严重就会影响企业的进一步发展。面对庞大的员工队伍、复杂的内部结构，企业家在这一时期要稳定企业的良好发展趋势。企业文化理论正是要求高扬起"人"的旗帜，指出人是组织最重要的财富，人取代工作成为管理的核心。企业文化理论超越现代企业管理理论所导致的对现实生活的漠视，冲破企业员工被异化为生产机器的樊笼，肯定人的欲望、需要与价值，构筑起人性化的工作空间与工作文化。在这个时期，企业家要顺应时代和市场变化，在动中求稳，在稳中求动，使数以万计的员工"动"起来，使每一个员工的聪明才智均得到充分挖掘及合理的使用，让他们感受到自己的自身价值的存在，最大限度地调动每个人的积极性。所以这个时期要提倡"创新型"的企业文化。企业家要把企业员工视为企业发展的源头活水，要根据员工的特点采取灵活性的机制，以培养员工的竞争意识、发展意识、成才意识，培养他们对工作永无止境的追求，提倡和保护个人的独创性，使企业工作充满生机、活力、团结向上，更好地调动广大员工的工作热情，使其个人潜能得到充分发挥。这样，企业在成熟阶段能够通过自身的动力和主体的创新，寻找到更多的发展机遇，以应对未来市场的不确定性，维持和支撑企业的生存、稳定和发展。

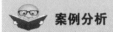 案例分析

通用电气：杰克·韦尔奇的企业文化观

杰克·韦尔奇自1981年至2001年担任通用电气公司（以下简称"通用"）总裁，不仅在公司拥有至高无上的个人魅力，更是商界的传奇人物。他不仅为通用的股东创造了巨大财富，成为全球第一大公司，还塑造了一个最优秀的企业文化，把一个历史悠久的工业帝国，转变成为一个富有朝气与活力，善于变中求胜，发展潜力无穷的公司楷模。他的成就重新定义了现代企业管理，而杰克·韦尔奇对通用乃至世界所做出的最大贡献之一就是塑造了极优秀的企业文化。

在韦尔奇的价值观中，企业成功最重要的就是企业文化。他的管理理论认为企业的根本是战略，而战略的本质就是企业文化。通用永远推崇三个传统，即：坚持诚信、注重业绩、渴望变革。诚信是人之本，也是企业立身之本，作为世界上首屈一指的大公司，通用不因为规模而害怕变革，而是主动出击，利用企业规模优势，勇于冒险并尝试新事物。对不断变革的承诺使得通用一百年来一直愿意尝试新事物，并总愿意进行变革。

杰克·韦尔奇认为任何企业都有两类问题：硬性问题和软性问题。硬性问题包括财务、营销、技术和生产等，而软性问题是关于价值观、士气和沟通等。硬性问题通常会影响到企业的底线——利润线；而软性问题则会影响企业的上限——营业收入总额。

他认为每个组织都需要有价值观，精干的组织尤其必要，企业家必须在众人面前挺身

而出,坚持不懈地传达价值观,因为价值观的形成是一项长远的挑战。

群策群力的方法开放了通用电气的企业文化,使之能够接受来自每一个人和每一个地方的创意;消除了官僚主义;并且使无边界行为成为公司文化中固有的一部分。这创造了一种乐于学习的文化,而这种文化促成了通用电气高速发展的奇迹。

启发思考:(1)如何理解通用电气的企业文化?

(2)杰克·韦尔奇对通用电气企业文化的形成产生了怎样的影响?

本 章 小 结

企业文化是企业最为重要的软实力,提高企业文化软实力,才能实现可持续发展,做大做强,基业长青。如果说企业文化是企业的灵魂,那么企业家便是企业文化的灵魂。基于人是有个体差异的生物体的假设,不可能每个人都成为企业家。企业家必须具有企业家的素质。企业家的素质指由先天和后天因素共同作用而成的素质总和,包括心理素质、能力素质、道德素质、生理素质等,它们共同构成企业家精神的基础。尽管每个企业家都有自己的个性特质,但也存在一些共同点。企业家对企业精神的形成起决定作用。企业家与企业文化具有内在统一性。一方面,企业文化是企业家的人格化。企业家与企业文化呈现出内在结构的静态对应关系,企业家的品质、才华和胆识等要素成为企业文化生成的"种子",决定着企业文化的性质和风格,制约和引导着企业文化的个性和发展。另一方面,企业家是企业文化的缔造者,没有优秀的企业家就不可能创造出优秀的企业文化。在企业文化的塑造、发展、传承和变革的动态过程中,企业家又扮演了设计师、倡导者、实践者、变革者等举足轻重的角色,成为企业文化动态模型中第一位的活跃因素。企业文化对企业家具有反作用,企业文化不仅可培育企业家素质,促进企业家成长,塑造企业家形象,而且可提高企业家的工作效率。在企业发展的不同阶段,企业家的作用与企业文化的类型应存在对应性。

练 习 题

自学自测 扫描此码

第八章　企业文化与品牌文化

【学习目标】

了解品牌的内涵、品牌与文化的关系、品牌文化的内涵、企业文化与品牌文化的区别与联系；理解并掌握企业文化在品牌形象塑造中的作用及如何发挥企业文化的作用，构建独具特色的品牌文化。

引例

七匹狼服饰：品牌文化的构建

七匹狼实业股份有限公司（以下简称"七匹狼"）是一家以生产制造业为基础，涉及服装、贸易、物流等诸多领域的大型公司。七匹狼注重品牌培育经营，从狼文化、狼故事的传奇中一路走来，演绎成功男人的故事，体现奋斗中男人的衣着生活状况，设计全新的生活方式。七匹狼不仅为成功男士提供丰富的产品，更提供一种文化，一种精神，一种品位，一种生活方式。崇尚个性，鼓励创新，提倡奋斗无止境的企业精神。

一、"七匹狼服饰"品牌诞生的文化背景

要了解其文化背景，就需要从"七匹狼服饰"中的"狼"这一神奇的动物入手。

1. 了解和认识"狼"

一提起狼，人们马上就会联想到旷野、嚎叫、毛骨悚然。"一身棕色的长毛，直立着的耳朵，总是耷拉着的尾巴，狭长的面容仰望着天空，一双蓝莹莹的眼睛窥视着前方"，这就是人们心目中狼的形象。从远古的时候起，狼的优势特征就被因纽特人和印第安人所认识，他们尊重狼，因为他们从狼身上看到了勇气、智慧和惊人的捕猎技能，他们用身披狼皮的形式来祈祷狼的灵魂附体，以期望继承狼的伟大技巧和能力。游牧民族更是把狼作为自己民族的象征和精神加以膜拜。北印第安人的一个神话故事里讲道："狼"是主宰动物界的"长者"，在狼群中，年长的总会不断地教导年幼的狼，不断地传授给它们应对挫折和失败的经验、提供足够多的学习机会，使它们能逐渐步入领导的行列。因此，狼族是最具有协作精神和团队精神的族群。

2. "狼"的价值特征

"狼"这一动物的价值特征是什么？其一，耐心。据了解，狼在执行自己的追逐和狩猎任务时是非常有耐心的。狼是自然界中效率最高的狩猎机器，在狩猎过程中，它们会经常忍饥挨饿，冒着90%的失败率，坚定地咬住猎物而不轻易放弃，直至最后的成功。狼对失败的反应一是忍耐；二是从挫折中学习；三是从来都相信失败是下一次成功的开始。其二，把握机会、充满自信。狼是设计机会的大师——机会一旦到来，它们便立刻付诸行动，毫不怠慢！

事实上，狼群成功的机会是十分之一，但是，它们坚信成功一定会到来，胜利最终是属于它们的。其三，高度的组织性和井然的行为秩序。狼群的社会是一个井然有序的社会，它们在活动中的角色协调性堪称一部出色的"组织行为学"，狼群的战略筹划水平和实施技巧有着其特殊的"文化基因"。其四，对群体及家庭的忠诚感。在最危险的关头，狼群的首领一定会挺身而出，誓死捍卫自己的家庭和领地，和敌人作顽强的拼搏直至生命的最后。

二、"七匹狼服饰"品牌文化的构建

品牌分为三个层次：①基本层，满足使用者的一般需求；②功能层，强调为特定消费者提供特定的需要与期望值；③扩展层，即指附加值。品牌的本质属性之一的附加值是对消费者心理需求的满足，是一种感性的心理感受，它体现出消费者一种难以具体描述的情感和人文价值，这种感受就是文化。消费者购买一种产品除满足一般需求以外，更是为了给自己带来某种愉悦感、荣誉感、成就感和所赋予的价值"情结"，而品牌的忠诚者也是基于这种"情结"，使人们对品牌的追求上升到精神、文化的层面。

从上述对狼的考察、研究、分析与总结，我们很容易找到狼文化与"七匹狼服饰"品牌文化建立之间的连接点和媒介。从对狼的各方面的深入而细致的了解，慢慢地，我们对狼具备如此多的优秀品质和特性而深深地感动。我们知道，"强悍进取、团结协作、顽强战斗和勇敢牺牲的习性"是狼的独特个性，象征着狼族部落顽强的生命力和奋斗不息的精神，这不也正是一个企业和一个品牌所追求的理想状态和奋斗目标吗？"七匹狼服饰"的品牌文化正是建立在这种核心价值上，它象征着该企业正齐心合力、顽强拼搏，向着共同的目标而奋斗不止的精神动力。狼的价值特征很好地演绎和诠释了该品牌的核心价值，使"七匹狼服饰"的品牌文化得到了很好的体现。因此，狼的价值特征和"七匹狼服饰"品牌文化的构建是通过共同的个性特征和精神层面把两者巧妙地结合在一起，并使该品牌逐步上升到一个更高的精神层面上：①大自然天生的强者，孤独沧桑、荣辱胜败、勇往直前、百折不挠、精诚团结是"追求成功"人士的必经历程，是七匹狼之狼族文化的精神核心，也是品牌文化的精神核心；②"七匹狼服饰"的品牌文化从狼文化、狼故事的传奇中走来，演绎成功男人的故事，体现奋斗中男人的衣着生活；③"七匹狼服饰"的品牌渗透着文化、精神、品位、生活方式、崇尚个性、鼓励创新、奋斗不止的企业精神，完美地诠释了企业诚信、求实、敬业、奉献的经营理念。

从"七匹狼服饰"的品牌文化构建过程中，我们深刻地认识到：品牌的精神核心是该品牌文化建立的重要组成部分，而一个企业和品牌的精神核心又堪称品牌的灵魂，它是提升品牌文化的关键所在。如果一个企业和品牌拥有了自己成熟的品牌文化，它就会在同行中出类拔萃。品牌文化的建立非一日之功，它需要对该品牌本身有着很深刻的认识，对该品牌所要表达的精神核心有精准的定位，对该品牌所演绎的文化有全面而深入的诠释。只有做到这些，品牌文化建立的根基才会扎实，才不至于流于表面的形式，文化的层面和精神的层面才会高出一般之上，使该品牌在同行中独占鳌头。

启发思考：（1）"狼文化"的价值特征是什么？
（2）"七匹狼服饰"品牌文化的核心价值是什么？

第一节　品牌的内涵

品牌是一个民族崭新的图腾，它直接反映了一个国家的经济实力；品牌标志着商品在顾

客心中的声誉，它是良好企业的缩影；品牌反映了企业领导的智慧和胆识，它是一个成功企业家的真实写照。什么是品牌？怎样的定义才能既简单、准确地反映品牌的内涵又体现延展？品牌与文化的内在联系是什么？这是本节要研究的内容。

一、品牌的定义

著名市场营销专家菲利普·科特勒（Philip Kotler）将品牌（Brand）定义为：一种名称、术语、标记、符号或图案，或是它们的相互组合，用以识别某个销售者或某群销售者的产品或服务，并使之与竞争对手的产品和服务相区别。他指出，一个品牌能表达的意思有六层：①属性，一个品牌首先给人带来特定的属性；②利益，一个品牌不仅仅限于一组属性，顾客不是购买属性，而是购买利益，属性需要转换成功能和情感利益；③价值，品牌体现了该制造商的某些价值感；④文化，品牌可能附加和象征了一定的文化；⑤个性，品牌还代表了一定的个性；⑥使用者，品牌体现了购买或使用这种产品的是哪一种消费者，使用者将代表一项产品的价值、文化和个性。

在国际商业管理类的词典中，品牌是这样被解释的：a name, sign or symbol used to identify items or services of the seller(s) and to differentiate them from goods of competitors, 即"一个名称、标识或象征，可以用来界定销售主体的产品或服务，以使之区分于竞争对象的产品或服务"。以此为基础，美国市场营销协会（AMA）将品牌定义为："品牌是一个名称、名词、标记、符号或设计，或是它们的组合，其目的是识别某个生产商的产品或劳务，并使之同竞争对手的产品或劳务区别开来。"可以从以下四个方面来进一步理解品牌的含义。

（1）品牌，不仅仅是商标或标识，它更是企业的一种象征。对顾客而言，品牌代表着一种归属感和安全感，它是企业和顾客沟通的重要手段，保证了企业对顾客信息的准确传达；对企业而言，品牌意味着一种文化和纪律，它规范了企业对外传达的信息渠道，上升到企业竞争力层面，品牌是企业文化最重要的资产之一。品牌包括两个重要的部分：标识和信誉。标识是诸如商标、文字、图案等表现方面的因素；信誉则包括品牌承诺和在承诺方面的表现。这两个方面构成了品牌的两大主题，只有达到这两个方面的均衡发展，品牌才能最终成功确立。

（2）品牌和企业之间是相互依存、相互发展、相互促进的关系。一个品牌就是一个在顾客头脑中感知和理解的集合，是企业为使自己的商品区别于其他企业商品所作的特殊标识，是企业形象特征最明显的外在表现。品牌不仅最能体现企业文化和企业显著利益，还是维系企业员工利益的重要纽带之一；它不仅代表着一个企业的素质、信誉和形象，也是一个民族的素质和一个国家形象的有力体现。企业的品牌根源于企业内部，成长、发展、壮大于企业，企业的发展决定着品牌生存。同时，品牌的存在和知名度的不断提升，又推动着企业的发展。

（3）著名的品牌不仅是一种能为顾客和企业创造长期价值的无形资产，能给企业带来直接的和长远的经济效益，而且是社会的宝贵精神文化财富，对社会大众的思想意识和生活观念起着潜移默化的作用。良好的品牌形象是企业在复杂多变的市场竞争中占据有利位置的重要因素。成功的品牌之所以经久不衰，是因为它的良好形象在顾客的心目中确立了稳固的地位。品牌只要跟随社会文化的进步及大众消费观念的变化而适时调整和充实，不断提高品牌内在的人文理念和完善外在的形象，其物质价值和精神价值就会不断提高。

（4）品牌在企业营销活动中具有独特的魅力，是销售竞争的有力武器。"品牌最持久的含义是其价值、文化和个性，它们构成了品牌的实质"。"品牌在本质上代表着卖者对交付给买者的产品特征、利益和服务的一贯性的承诺。最佳品牌就是质量的保证"。品牌的竞争力主要来源于品牌具有的价值特点。品牌的价值构成包含物质价值和精神价值。物质价值层面上的竞争优势越来越难以突出，而"市场营销和品牌竞争的实践证明：文化内涵是提升品牌附加值、产品竞争力的原动力，是品牌价值的核心资源，是企业的一笔巨大财富"。品牌不同于产品，品牌的意义比产品本身更广泛。品牌是抽象的，是顾客对产品一切感受的总和，灌注了顾客的情绪、认知、态度及行为；而产品是具体的，顾客可以感觉、触摸、耳闻和目睹。

在全球化浪潮风起云涌的今天，品牌已经是跨国垄断巨头们攻破国际市场的一大利器。"入世"后的今天，充斥国内市场的洋品牌对中国民族产业的竞争威胁，已经毫不亚于200年前游弋在中国沿海的列强的坚船利炮。面对国际国内市场发展的趋势和导向，我国企业要突出国际和国内市场的重围，只有不断生产出融入科技含量、科学管理的优秀产品，确立自己的品牌，实施品牌战略，开展一系列企业营销文化活动，使企业获得源源不断的发展动力，获得充足的发展空间，抢占更多的市场份额，才能打赢这场战争。

二、品牌与文化的关系

随着经济社会的不断发展，企业的竞争已由产品竞争演变成价格竞争、服务竞争，并逐渐进入品牌竞争的阶段。品牌的背后是文化的支撑，文化已成为品牌提高竞争力、增加附加价值、获取独特竞争优势、维持品牌生命力、增进消费者对品牌的偏好度和联想的关键因素。在品牌的塑造过程中，文化起着凝聚和催化的作用。品牌中蕴含的文化是使品牌得到市场高度认可的深层次因素。市场对品牌的偏好反映的是顾客对品牌中所蕴含的文化的认同。"可口可乐"代表的是美国人崇尚个性自由的文化；"万宝路"体现的是美国人"进取""奋斗""自由""坚韧不拔"的精神；"海尔"代表的是包容与亲和的中国文化。品牌中最持久的内涵是文化，构成了品牌的实质，也是最不易被模仿、最能深入人心的东西。

1. 品牌本身是一个具有文化属性的概念

文化是品牌识别固有的一面，它是品牌的主要动力。首先，品牌是企业文化的标识，其内涵包括了企业文化的方方面面。其次，企业文化是品牌的灵魂。"文化赋予品牌以魅力，品牌所包含的文化，是一种特殊的、高品位的、富于自我个性、具有强大崇拜力的东西。""没有文化的产品是速朽的，而没有文化的企业是短命的。"品牌文化的建立与运营离不开企业文化的支持和依托。品牌的物质基础是产品，品牌的精神力量就是企业文化。因此，许多公司的企业文化和产品品牌文化往往是重叠在一起的，如迪士尼公司的企业文化也是其产品的品牌文化，快乐文化是迪士尼公司的企业文化特征，同时也是其延伸出来的产品品牌文化，像唐老鸭、米老鼠等。

2. 品牌是文化的载体

文化既是凝结在品牌上的企业精华，又是渗透到品牌经营全过程、全方位的理念、意志、行为规范和群体风格。品牌就是一种文化，而且是一种极富经济内涵的文化。一个没有文化含量的品牌是苍白的。可口可乐之所以长盛不衰,原因就在于它是美国文化的一个载体,是美国立国精神的一个符号。一位美国报纸编辑说:"可口可乐代表着美国所有的精华,可口可乐瓶中装的是美国的精神、美国人的梦,喝一瓶可口可乐等于把美国的精神灌入体内,背叛可口可乐就是背叛美国的传统,背叛美国精神。"可见文化是强势品牌的本质属性。品牌竞争的实质是通过品牌所倡导或体现的文化来影响和迎合公众的意识形态、价值观念和生活习惯。因此,"企业在创品牌时必须广泛吸收各种文化要素,最重要的方面包括:优秀民族文化传统在企业中的弘扬;企业自身的文化特征;注重新产品设计的文化内涵;企业形象的艺术化等"。企业文化通过产品、品牌将视野扩展到整个文化领域,以对内增强凝聚力,对外增强竞争力,并努力将文化效应转化为市场效应和经济效益。企业未来的竞争是品牌的竞争,更是品牌所代表的文化竞争。文化竞争是企业间高层次的竞争。企业必须塑造独特的品牌文化来适应这种竞争局面,只有赢得文化竞争优势的企业及品牌,才可得到世人的瞩目和顾客的青睐。

3. 品牌本来就是一种文化空间,相应的也是市场空间

文化对于品牌并非外在的附加,品牌的本身就是文化的创造,这种创造是在一个国家、一个民族、一个社会的历史和文化传统中进行的,通过现代智慧的过滤和人类情感的演绎,逐步发展为现代的、世界的。同样,品牌的消费也是一种文化的消费。市场的核心是消费,消费的本质内涵是文化,人们在消费品牌的同时,也在消费着文化,企业经营品牌的过程,也是一个文化渗透过程,品牌蕴含的文化只有与顾客所属的文化相适应、相一致,才能得到顾客对品牌的认同,才能引起顾客与品牌的共鸣,顾客接受了文化,也就接纳了品牌。品牌和文化成了消费欲望和购买行为的主宰,即该品牌所代表的精神文化是目标消费群乐于并且是易于接受的,不仅是通俗的而且具备了较强的渗透力。

"没有文化滋养的品牌是没有生命力的,它最终会经不住市场经济的考验而败下阵来;没有文化滋养的企业也是没有生命力的,企业必须重视对品牌、对企业自身的文化滋养和培育"。因此,对于一个企业而言,品牌与文化有着同样重要的作用,它们不仅是企业内外的形象展示,更是企业的巨大无形资产。一个品牌的成功与否,不是单靠某个方面的突出表现,而是要看一个企业综合水平的体现,品牌发展的最高境界就是在传递着一种品牌文化,目的是使顾客在消费公司的产品和服务时,能够产生一种心理和情感上的归属感,并形成品牌忠诚度。

第二节 品牌文化的内涵

21世纪是品牌文化的世纪,是品牌竞争的世纪。创建品牌的过程就是将品牌文化通过产品或服务载体,利用各种传播方式充分向顾客展示,并持续不懈地传播、演绎,使品牌文化根植于顾客的情感世界的过程。

一、品牌文化的定义

品牌文化(brand culture)是指有利于识别某个销售者或某群销售者的产品或服务,并使之同竞争者的产品或服务区别开来的名称、名词、标记、符号或设计等要素及其组合中沉积的文化特质和该产品或服务在经营活动中的一切文化现象,以及这些文化特质和现象背后所代表的利益认知、情感属性、文化传统和个性形象等价值观念的总和。可从以下三个方面来进一步理解品牌文化的含义。

（1）品牌文化是品牌价值最核心的体现。品牌文化蕴含着品牌超越物质使用价值的价值理念、品位情趣、情感抒发、个性修养等精神元素，是品牌价值内涵及情感内涵的自然流露，是品牌触动顾客心灵的有效载体。"品牌文化其实是一种价值观、一种生活方式和习惯，它的魅力就在于它不仅仅提供给顾客产品或服务，而且帮助顾客去实现他们的梦想。""消费者价值观念从'物品价值'向物的精神价值、文化价值的转型，引发了商品结构、消费观念、市场发展趋势等一系列的大转变，而品牌大行其道，就因为它具有文化内涵和精神价值"。品牌文化把产品从冰冷的、没有情感的物质世界带到一个丰富多彩的精神世界，寻找精神的归宿，体现生活的品位。在顾客心中，使用一个品牌不仅是满足产品物质使用的需求，更希望借此体现自己的价值观、身份、品位、情趣等，释放自己的情怀。因此，品牌文化不仅能增进顾客对品牌的好感度和美好联想，更能使品牌形成核心竞争优势。随着产品在物理形式上的日益同质化，企业越来越难以在产品功能、价格、质量、渠道等方面制造差异，品牌文化正好赋予品牌独特的、排他的内涵和个性，增进了顾客对品牌的好感和美好联想，形成有效的竞争优势。可以说，未来企业的竞争是品牌的竞争，更是品牌文化的竞争，培育具有个性和内涵的品牌文化是保持品牌经久不衰的"秘笈"。

（2）品牌文化最核心的构成要素是品牌文化所蕴含的品牌含义及精神。品牌文化通过品牌VI形象、品牌故事演绎等载体传递给顾客，各种传播方式（如广告、新闻、公关活动等）则成为品牌文化传播的途径。创建品牌的过程其实就是一个将品牌文化充分展示的过程，持续不懈地演绎，与时俱进地传播，使品牌文化植入人心。例如，辉煌百年的可口可乐，把美国人的精神和生活方式融入了品牌文化，把品牌文化变成了人们生活中的一部分，渗透全球，成为品牌文化成功的典范；万宝路为我们展示了一副美国西部牛仔阳刚、豪迈的"硬汉"形象，代表着勇敢、正义和自由；星巴克则面对都市白领，演绎出一种忙中偷闲、讲求品位和情调的咖啡文化。

知识点滴

企业形象识别系统（corporate identity system，CIS）是指企业有意识、有计划地将自己企业的各种特征向社会公众主动地展示与传播，使公众在市场环境中对某一个特定的企业有一个标准化、差别化的印象和认识，以便更好地识别并留下良好的印象。企业形象识别系统是由理念识别（mind identity，MI）、行为识别（behavior identity，BI）和视觉识别（visual iidentity，VI）三方面所构成。

理念识别（MI）：是确立企业独具特色的经营理念，是企业生产经营过程中设计、研发、生产、营销、服务、管理等经营理念的识别系统，是企业对当前和未来一个时期的经营目标、经营思想、营销方式和营销形态所作的总体规划和界定，主要包括企业精神、企业价值观、企业信条、经营宗旨、经营方针、市场定位、产业构成、组织体制、社会责任和发展规划等。属于企业文化的意识形态范畴。

行为识别（BI）：是企业实际经营理念与创造企业文化的准则，对企业运作方式所作的统一规划而形成的动态识别形态。它是以经营理念为基本出发点，对内是建立完善的组织制度、管理规范、员工教育、行为规范和福利制度；对外则是开拓市场调查、进行产品开发，透过社会公益文化活动、公共关系、营销活动等方式来传达企业理念，以获得社会公众对企业识别认同的形式。

视觉识别（VI）：是以企业标志、标准字体、标准色彩为核心展开的完整的、系统的视觉传达体系，是将企业理念、文化特质、服务内容、企业规范等抽象语意转换为具体符号的概念，塑造出独特的企业形象。视觉识别系统分为基本要素系统和应用要素系统两个方面。基本要素系统主要包括企业名称、企业标志、标准字、标准色、象征图案、宣传口语、市场行销报告书等；应用要素系统主要包括办公事务用品、生产设备、建筑环境、产品包装、广告媒体、交通工具、衣着制服、旗帜、招牌、标识牌、橱窗、陈列展示等。视觉识别（VI）在CIS系统中最具有传播力和感染力，最容易被社会大众所接受，居于主导地位。

（3）品牌文化是企业给顾客的心理感受和心理认同。品牌文化是联系顾客心理需求与企业的平台，是品牌建设的最高阶段，目的是使顾客在消费企业的产品和服务时，能够产生一种心理和情感上的归属感，并形成品牌忠诚度。优秀的品牌是具有良好文化底蕴的，顾客购买产品或服务，不仅选择了产品或服务的功效和质量，也同时选择了产品或服务的文化品位。一个品牌如果成为某种文化的象征，它的传播力、影响力和销售力是惊人的，这个品牌将占据人们的心智，顾客因信赖和忠诚而对某品牌产品的反复购买则会使企业获取长期的成功营销和利润。

二、品牌文化的结构

关于品牌文化的结构，已有的研究有两层次（外层和内层）观点、三层次观点和四层次（外层、浅层、内层和核心层）观点。我们把品牌文化结构分为三个层次，分别是外层（物质层）、中层（行为层）和内层（理念层）（见图8.1）。三个层次的分层法，分别对应于品牌文化结构的三个要素，即内层对应品牌理念文化，中层对应品牌行为文化，外层对应品牌物质文化。

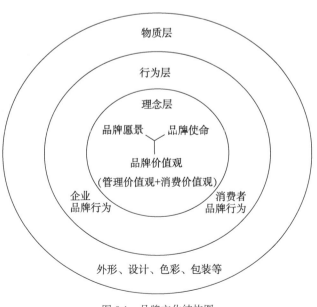

图 8.1　品牌文化结构图

（一）品牌物质文化

品牌物质文化是品牌的表层文化，包括产品特质（产品功能和品质特征）和符号集成（品牌名称、标识、外形、设计、色彩、包装等）两方面。

品牌物质文化是品牌赖以生存的基本条件，没有物质的存在前提，其他一切都无从谈起。品牌产品的设计、颜色的选择及产品的包装等工作最终将体现出品牌外在形象的吸引力。尤其重要的是，它将影响目标消费者对品牌的第一印象。然而，不管是设计还是颜色的选择，都必须围绕阐释品牌理念这一主题展开。品牌颜色的选择对品牌理念有重要的作用，比如，可口可乐的红色就很好地阐释了该品牌主张"激情"的理念。

（二）品牌行为文化

品牌行为文化是品牌营销活动中的文化表现，包括营销行为、传播行为和个人行为等，是企业价值观、企业理念的动态体现。正在发生和已经发生的品牌行为对消费者的影响极大，同时对消费者预期即将发生的品牌行为也不能忽视。品牌理念是代表思想的部分，起到统领全局的作用，而品牌行为则代表了"说"和"做"，即表达和行动的内容。一个人即使有美妙的思想，倘若不行动起来或者不表达出来，都将是没有意义的。同样地，一个品牌有了思想主张以后，必须将之付诸实践和指导行动，传达给目标消费者，这样才能取得效益。理念是抽象的，必须转化为具体的行为。所有的品牌行为都应始终坚持的原则是：品牌行为必须能够提升品牌价值。

品牌行为又可以分为企业品牌行为和消费者品牌行为。

1. 企业品牌行为

我国著名职业品牌管理专家年小山认为，品牌行为文化系统是品牌的三大要素之一。品牌行为文化系统是在品牌职能定位的基础上，在品牌精神文化系统的指导下，围绕品牌战略目标的各个层次、方面，如在理念贯彻、生产管理、市场推广、公共关系等各环节所展开的、符合该品牌需要与个性特征的一切实践活动。它可以分为内部行为文化系统（生产、管理等）和外部行为文化系统（公共关系、市场推广等）。品牌行为主要起到沟通管理、强化品牌特征、进行品牌推广等作用。

我们把企业品牌行为定义为企业在创建和维护品牌的过程中表现出来的一系列语言表达和行动。它包括说和做两个部分，但是通常说和做是混合的，并不能严格地加以区别。企业品牌行为的目的是塑造、管理、维护品牌，使之保值增值。从具体的角度来说，企业品牌行为包括品牌管理行为、品牌策划行为、品牌危机处理行为、品牌故事等。

2. 消费者品牌行为

消费者品牌行为是指消费者接触品牌时发生的一切行为活动，主要包括消费者品牌选择、偏好、使用、心理感受等。消费者的品牌偏好与消费者的价值体系是紧密联系的，假设如果我们了解消费者的价值观，那么就能预测其品牌偏好。消费者品牌选择行为是个极其复杂的过程，是大量变数之间相互作用的结果，可以从两个方面对这些变数加以考察：一种是内部因素，如需求、欲望、动机以及消费者的情感、信念、观点、主观知识和客观知识、能力水平、收入水平、教育程度、个人倾向性等因素；另一种是外部因素，又可分为环境因素及与商品有关的因素，环境因素包括文化、社会阶层、社会群体、家庭、情景等，与商品有关的因素包括广告、包装、设计、价格、品牌、产地、促销等。有关消费者品牌行为的研究在消费者行为学和心理学上已经很多，比较统一的观点是个人价值观极大地影响消费者的品牌偏好，同时品牌价值观也会反过来影响消费者的品牌行为。

（三）品牌理念文化

品牌理念文化是品牌文化的核心，它是品牌在市场营销中形成的一种意识形态和文化观念。正如企业文化是建立在其自身经营理念的基础之上一样，品牌文化也是建立在品牌理念的基础之上的。企业的经营理念当然也反映在企业的品牌上，但作为品牌有品牌自身的哲学或理念。从管理文化的角度看，"品牌理念就是企业的经营理念或思想，是指企业生产经营的指导思想和方法论。"由于企业与品牌之间固有的差别，为了不与企业文化理念混淆，因此有必要界定品牌理念是以品牌为主体的，是品牌运作的所有行为的信念和准则。它存在于建立品牌、培育品牌和消费品牌的人们的内心深处，是品牌差异化的源泉。

理念不解答具体的、局部的问题，但是诸如品牌目标、行为等细节却要围绕它而展开。一个既定的品牌理念可向企业间接提供所有关于如何达到目的的路线、方法、内容等。无论是企业品牌还是一般品牌，最终都要靠品牌理念的性质来决定其品牌的强弱。品牌理念主要包含品牌愿景、品牌使命、品牌价值观三个基本内容，其中品牌价值观又是品牌理念的核心。

1. 品牌愿景

品牌愿景是指包括企业、股东、消费者在内的所有利益相关者关于品牌未来发展状况的描述。它不仅仅代表了为品牌工作的员工的共同愿望和目标，更是对品牌的所有显在和潜在目标受众使用这类品牌的终极欲望的表达和描述。作为品牌理念的基本内容之一，品牌愿景是品牌发展的方向。品牌愿景必须与企业的使命、价值观和愿景描述保持一致。企业自身在品牌愿景建立的过程中扮演着最重要的角色。因为品牌是由企业创建并加以呵护的，所以它是所有企业品牌行为的主导者。企业创建品牌的目的可能有很多种，但有一条是确定的，那就是创建一个长盛不衰的强势品牌，不断提高品牌权益。同时，公众对自己认可的品牌也会有所期待，比如期望被认可的品牌注重环保、善待员工、热心公益事业等。那么企业、公众（主体消费者）对品牌的未来会有积极的憧憬和描述，这就形成了品牌愿景。

品牌愿景不仅能够为品牌带来清晰的、长远的目标，还可以增加内部员工的凝聚力和工作的积极性。它可以唤起员工的希望和工作热情，尤其是当品牌愿景在内部得到共识的时候。品牌愿景还可以改变内部成员与组织之间的关系，它使得互不信任的人能够愉快地一起工作。品牌愿景具有巨大的推动力，激发人们在实现愿景的过程中积极努力地发挥自身潜能。在企业外部，品牌愿景对主体消费者也会起到吸引、留住和建立忠诚的作用。同时，品牌愿景为品牌延伸范围进行严格的界定，并对品牌核心价值、识别系统等方面的规划定了基调。

2. 品牌使命

品牌使命是指品牌肩负的重大责任，制定品牌使命就是明确这种历史赋予的责任，从而唤起内部成员、关联单位及市场和社会对企业品牌的识别和认知。品牌使命作为品牌理念的关键要素之一，它回答的是品牌存在的意义。对企业品牌而言，它主要反映了品牌对于包括消费者、股东和企业员工在内的社会全体的存在价值。在消费者看来，品牌使命能够说明企业希望为消费者做些什么，以及为什么这样做。企业品牌必须拥有自身的品牌使命，缺乏品牌使命将导致消费者认知模糊。

3. 品牌价值观

品牌价值观是指品牌在追求经营成功的过程中所推崇的基本信念和奉行的目标，是品牌经营者一致赞同的关于品牌意义的终极判断。品牌价值观是品牌理念的核心，被誉为品牌的DNA，它决定着品牌存在的意义和发展方向、品牌组织的形态和作用，以及企业内部各种行为和企业利益之间的相互关系。同时，它深刻影响着员工行为，为员工提供坚强的精神支柱，给员工以神圣感与使命感，鼓舞员工为实现崇高信念和宏伟目标而不懈奋斗。品牌价值观对品牌的创建、生存和发展的重要性是不言而喻的。没有一套清晰的品牌价值观，企业的品牌构建基础就岌岌可危，也就很难以令人信服的方式与企业内部或外部的人员进行品牌沟通。从价值观主体及其功能的区别可以将品牌价值观分为消费型品牌价值观和管理型品牌价值观。消费型品牌价值观倾向于终极价值观，管理型品牌价值观倾向于工具价值观。

三、品牌文化的构建

众所周知，一个品牌的价值远远不止于它的物质层面，而更在于它所蕴含的精神文化内涵。品牌文化是品牌的核心内容，它触动了消费者的心灵，也就创造了品牌价值，实现了利润。

1. 以围绕品牌核心价值来构建品牌文化

品牌文化的构建必须围绕品牌的核心价值这条主线，否则会使顾客对该产品定义不清，产生错觉，自然难以积淀成深厚的文化内涵，也就不能传递给顾客清晰的品牌形象。剖析世界著名的大公司，它们都有其特殊的、底蕴深厚的核心价值。例如，万宝路品牌的核心价值是男子汉的"阳刚、豪迈"，"绝不矫饰的正直的男子汉气魄"。万宝路几十年来一直鼎力赞助 F1 方程式车赛、滑雪、沙漠探险等运动，这些自由、奔放且极具挑战性的运动紧紧围绕"阳刚、豪迈"这一主线，完美地演绎了万宝路品牌的文化内涵。

同样，三星的崛起也给众多中国企业树立了榜样，也让至今仍徘徊在世界品牌大门外的中国品牌看到了希望。虽然"中国制造"闻名全球，但是众多的中国知名品牌在西方人眼里却还是廉价的代名词。中国品牌是否也能走出国门，成为世界一流品牌？三星走过的路带给我们许多启示。三星确立了清晰的品牌愿景，提炼了品牌的核心价值，树立了清晰、统一、高端的品牌形象。而我们许多企业为了眼前利益，常常让品牌战略朝令夕改，自然难以树立清晰、统一的品牌形象，也就难以赋予品牌深厚的文化内涵。

2. 以体现品牌的独特性来构建品牌文化

从经典品牌的发展道路可以看出，凡是能够穿越时光、跨越国界的品牌往往都蕴含着自然、鲜明、独特的文化内涵，自然流露，动人心弦，能保持长久的生命。

北京同仁堂把自己出品的药提升到德——"仁"的高度："同气同声福民济世，仁心仁术医国医人"，把经商和济世医人结合在一起，鲜明地体现了我国传统文化中的道德价值；而埃丝特·劳德夫人传奇色彩的品牌故事，以及产品"青春之泉"的独特设计，演绎出雅诗兰黛"美丽是一种态度""没有丑陋的女人，只有不相信自己魅力的女人"的美的文化理念，引领女性的审美趋向；哈根达斯冰淇淋演绎一种小资情怀，从而引导市场的消费时尚；美宝莲彩妆以一种明快、绚丽的色彩，营造一种前卫新潮一族的时尚文化，从而吸引年轻女性的目光。当一个品牌成为某种文化的象征或者形成某种生活习惯的时候，它的传播力、影响力和销售力是惊人的，这个品牌将占据人们的心智，与它所蕴含的文化同浮沉、共生息。

3. 以满足顾客的人性需求来构建品牌文化

成功的品牌在于提供优质的产品或服务，并且率先推出具有创新特色的服务，进而超越顾客的一般心理预期，给公众留下深刻而美好的印象，使得品牌的观念和核心思想在顾客和受众心中打下深深的烙印。比如商用轿车，瞄准商业人士，体现的是一种成功者的风度、气质和不屈精神；麦当劳、肯德基瞄准少年儿童，卖的是美国式的快餐文化；星巴克则瞄准都市白领，塑造了一种紧张中偷闲、讲求情调和品位的咖啡文化。随着经济的发展，人们的需求层次产生了差异，不仅需求不同，而且对产品或服务的要求也不断提高，希望提供个性化的产品与服务，顾客更愿意购买有品牌的产品和服务，并愿意付出更多的代价。能否最大限度地维护广大顾客的权益，提供超出客户和顾客期望的服务，是提升企业诚信度，巩固客户忠诚度的重要因素。

4. 以创建品牌故事来构建品牌文化

品牌故事是品牌文化中最感性的部分，有趣或感人的品牌故事可以让顾客产生深刻的记忆。品牌故事必须是积极向上的，并且与产品有高度的正面关联性并可以与顾客的思想相对接。要尽量避免涉及宗教、种族、文化的冲突并且容易理解、容易记忆。

世界上从来没有第二个牌子的打火机像 zippo 那样拥有众多的故事和回味。对于许多男士来说，zippo 打火机是他们的至爱，同时也是他们迈向成熟男人的标志。坚实的品牌来自品质和众多的传奇故事。1971 年 12 月，在越南战场上的一次攻击中，美国军人安东尼在炮火的攻击下左胸口受到枪击，子弹正中了置于左胸口袋的 zippo 打火机。机身一处被撞凹了，但保住了安东尼的命。在营销宣传中，zippo 化身为很多英雄的角色，拟人化的故事营销空前成功，给用户的只有无边的赞叹而无丝毫造作。zippo 的成功在于它以品质塑造了一种只属于自己的、无法复制的产品文化。

课堂讨论

你还了解哪些品牌故事？试举例说明。

第三节　企业文化与品牌文化的关系

企业文化是企业在长期的生产经营活动中形成的并且为企业员工普遍认可和遵循的具有本企业特色的管理思想、管理方式、群体意识、价值观念和行为规范的总称。而品牌文化是通过赋予品牌深刻而丰富的文化内涵，在建立一种清晰的品牌定位的基础上，充分利用各种强力有效的内外部传播途径形成顾客对品牌在精神上的高度认同，从而形成文化氛围。企业文化与品牌文化二者既有区别又有联系。

一、企业文化与品牌文化的区别

企业文化与品牌文化的区别，除了二者结构上的不同外，还主要表现在以下几个方面（见表 8.1）。

表 8.1　企业文化与品牌文化的区别

项　　目	企　业　文　化	品　牌　文　化
结构	物质文化、行为文化、制度文化、精神文化	品牌物质文化、品牌行为文化、品牌理念文化
属性	企业的属性	商品的属性
本质	建立员工共同认同的核心价值观	影响并引导消费者的消费取向
性向	内倾型、内向型	外倾型、外向型
建立基础	管理与运营	销售环节
建立环境	相对封闭	完全开放
目标人群	企业内部员工	目标消费者
形成方式	由自发到自觉并形成系统，不断总结提炼	也有自发过程，但最终都是精心策划
目的作用	解决企业存在的目的、未来发展方向、如何做的问题	解决产品或服务与目标消费者之间的关系问题

1. 企业文化与品牌文化的本质不同

企业文化是企业的属性，是企业面向内部员工的一种精神影响，强调内部效应，其本质是通过建立一种员工共同认同的核心价值观，从而形成统一的企业思维方式、行为方式和奋斗目标，提升员工的凝聚力和执行力，以增强团队的战斗力。而品牌文化是商品的属性，是企业面向外部消费者的一种情感诉求，强调外部效应，其本质是影响并引导消费者的消费取向，以获得消费者对品牌的信赖和忠诚，使企业通过产品营销及服务获取利益。

2. 企业文化与品牌文化的性向不同

企业文化的性向是内倾型、内向型的。它是面向企业员工、企业内部的个性文化。而品牌文化的性向是外倾型、外向型的。它是一种公众文化，是一种张扬性、扩张性文化。品牌文化张扬到哪里、扩张到哪里，意味着市场开拓到哪里。品牌文化的公众认知度代表品牌市场的广度，品牌文化的公众信任度代表品牌市场的深度。产品的品牌是商品的"脸"，企业的品牌是企业的"脸"，故品牌文化是一种"脸面文化""形象文化"；它直接涉及产品的声誉、企业的名声，是一种"声誉文化""面子文化"；它直接影响产品的销量和市场占有率，是一种"价值文化""效益文化"；它直接改变人们的消费观念、消费结构，是一种"观念文化""理念文化"；它直接决定企业的财富和潜力，是一种"软文化""资源文化"。

3. 企业文化与品牌文化的基础不同

企业文化主要建立在企业管理与运营的基础之上，是一个相对封闭的系统，主要面向企业内部，主体是企业内部员工。在长期经营的基础上，企业文化随着企业的发展会慢慢积累、逐渐成形，经历由自发到自觉、无系统到系统的过程，不断总结、提炼和提升。品牌文化主要建立在销售环节的基础之上，是一个完全开放的系统，主要面向企业外部现有或潜在的目标消费者，主体是物或可物化的存在。品牌文化是在总结市场竞争状况、自身产品状况、消费者因素的基础上精心策划形成的，需要在激烈竞争的市场中，给产品一个明晰而独特的定位，塑造鲜明独特的形象，与消费群体的性格、消费习惯、年龄等因素相吻合。

4. 企业文化与品牌文化的含义不同

首先，企业文化是企业长期形成的、员工共同遵守的价值观念、理想信念和行为方式的总和，它是一种凝聚人心以实现自我价值、提升企业核心竞争力的无形力量和资本，重点是企业价值观、企业理念和行为方式的塑造，是企业生产与发展的指导思想。而品牌文化是以品牌个性、精神的塑造和推广为核心，使品牌具备文化特征和人文内涵，重点是通过各种营销策略和活动使目标消费者认同品牌所体现的精神，从而形成忠诚的品牌消费群体。

其次，企业文化是企业整体社会形象的内在体现，是企业凝聚力的核心，是企业发展的原动力，主要是为了明确企业的生存与发展指导原则，以形成一套以价值观、理念为核心的制度和规范体系，目的是凝聚员工，以提高企业的管理水平和生产效率。品牌文化是企业整体社会形象的外在表现形式，定位于目标消费者的需求，目的是感动目标消费者，使目标消费者产生对品牌文化认同的共鸣。

最后，企业文化一旦被企业员工共同认可，就会成为一种凝聚力，使全体员工在企业使命、愿景目标、战略措施、沟通合作等方面达成共识，从而产生一种巨大的向心力。品牌文化具有强烈的扩张力，既是企业内部的认同，更是企业外在的接纳，具有强烈的向外渗透力，能将目标消费者的价值认同逐渐引导到企业的价值取向上，并逐渐与企业的价值理念达到和谐融合。

5. 企业文化与品牌文化的作用不同

首先，企业文化以管理为导向，通过塑造企业精神和共同价值观，提高企业的凝聚力，发挥员工的主动性、积极性和创造性，注重组织效率。而品牌文化以市场为导向，以消费者和企业的价值融合为基础，以文化融合为目标，建立共同价值观和行为准则，注重实现企业市场效益和消费者价值最大化。

其次，企业文化立足企业自身的发展，更多地强调内部员工的管理，在对待客户上也是由内而外的，即员工怎样对待产品质量和怎样为客户服务，企业文化的背后是企业员工。而品牌文化立足于客户，代表了特定消费群体的价值观、社会地位、风格和气质，即品牌文化的背后是客户，品牌文化建设要求企业根据客户的价值需求指导企业运作。

最后，企业文化主要解决三方面问题：一是企业存在的目的是什么；二是企业未来的发展方向是什么；三是企业和企业员工在发展过程中应该如何做。企业文化正是通过对这三个核心问题的回答，来指导企业的生产经营行为和企业员工行为，发挥企业文化的导向作用、调控作用、凝聚作用、激励作用和约束作用。而品牌文化的主要作用是建立产品或服务与目标消费者之间的关系（见图8.2），因而它需要关注以下三方面问题：一是品牌知名度，即企

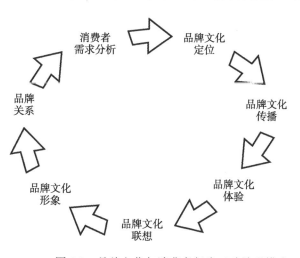

图8.2　品牌文化与消费者行为互动关系模式

业在消费者需求分析的基础上，进行品牌文化定位，通过传播工具向目标消费者传递相关信息，从而形成品牌文化的社会影响力；二是品牌美誉度，即消费者通过品牌文化体验而产生出品牌文化联想，最终形成对品牌文化的综合评价，树立品牌文化形象；三是品牌忠诚度，即企业通过持续的品牌关系管理来保持消费者的品牌忠诚度。品牌文化正是通过对这三方面问题的解决来保证企业生产的产品或服务在市场中长盛不衰的地位。

二、企业文化与品牌文化的联系

企业文化与品牌文化虽有区别但并不完全割裂，二者有着内在的联系。企业文化是品牌文化的根基，影响品牌文化的建立；而品牌文化是企业文化的重要组成部分，对企业文化产生重要影响。"终极品牌之所以能够经受住时间的考验，并不是因为广告的花费、良好的公关或是不断的促销，而是因为根植于品牌之后的文化力量。对于许多终极品牌来说，企业文化已经与品牌紧密地联系在一起。"

1. 企业文化是品牌文化的根基

首先，企业文化是品牌的灵魂。戴维森（Davidson）提出的"品牌的冰山"理论认为，品牌的标识、符号等只是品牌浮在水面15%的部分，而冰山藏在水下85%的部分是品牌的"价值观、智慧和文化"。品牌的物质基础是产品，品牌的精神力量就是企业文化。江苏省纺织工业协会会长谢明认为："文化成就了品牌，没有文化的品牌，就像没有灵魂的人一样，不可能有自己坚定的方向，不可能在市场当中取得长远的发展。"企业文化与品牌的交相辉映，使品牌因文化而深厚。品牌只有在渗透了企业独特的文化，并以浓厚的文化底蕴表现出来时，才会有自己的灵魂和内涵，才能既满足消费者的某种心理需求又迎合消费者的价值取向。因此，企业文化不仅能够提升品牌的知名度、美誉度，而且能够提升消费者对品牌的忠诚度。

其次，企业文化是品牌文化的内涵与底蕴。中国品牌专家艾丰认为："要创造自己品牌的特有的文化形象或者文化消费价值，每一个品牌除了国家背景、传统文化之外，最好能够创造出来一个有消费价值的文化内涵"。企业文化不能直接强加于消费者，但企业文化中所倡导的一切理念和精神都会凝结在产品的质量、性能和服务上，并通过产品的消费，让消费者间接地感受到企业文化的存在和影响。目标消费者在一定意义上购买的品牌文化，正是品牌背后所承载的企业实力与企业文化。因此，企业文化是品牌文化得以生存与发展的基础，是企业品牌价值最核心的底蕴。

最后，企业文化影响品牌文化的建立。品牌文化的建设是在企业文化的指导下进行的，有什么样的企业文化将在一定程度上决定企业展现出什么样的品牌特征与个性，从而也就决定了品牌提供给目标消费者满足程度的大小。与此同时，企业文化又通过品牌或品牌文化将视野扩展到社会的整个文化领域，品牌在消费者心中的表现既代表了品牌的形象，又彰显出企业形象。企业形象是企业文化和品牌文化的统一，良好的品牌形象烘托出良好的企业形象，优秀的企业文化孕育出优秀的品牌文化。因此，企业文化的最终使命是双重的，既能塑造完整的企业内部文化系统，更能创造具有人性和文化底蕴的品牌，使品牌获得精神和物质的双重提升，从而增强品牌的活力和生命力。

2. 品牌文化是企业文化的外延

首先，品牌是企业文化的载体。企业文化既是凝结在品牌上的企业精华，又是渗透到品牌经营全过程、全方位的理念意志、行为规范和群体风格。企业文化是无形的，尤其是企业文化中的核心价值观和经营哲学等理念，并不能直接表露在企业的外部形态上，而必须通过折射到企业的品牌上，进而通过企业的品牌和品牌的特色以及服务表现出来，而品牌的特色和服务以及品牌的经营理念恰恰构成了品牌文化的核心。因此，企业文化只有通过品牌才能将视野扩展到市场领域，以达到对内增强凝聚力、对外增强竞争力，并最终将文化效应转化为市场效应和经济效益的目的。

其次，品牌文化是企业文化的重要组成部分。企业文化与品牌文化都不能脱离企业的产品和经营，都要服务于企业的发展，服从和服务于企业的战略。从品牌标识、外形包装上看，品牌物质文化是企业物质文化的反映；从品牌的生产工艺、销售过程和服务方式上看，品牌行为文化是企业行为文化的表现；从品牌的品质和定位等来看，品牌理念文化反映了企业对待客户的价值观，凝结着企业对产品或服务品牌的感情寄托，是企业精神文化的表现。从品牌文化金字塔的结构（见图8.3）可以看出，一个品牌文化的形成其实是由两部分组成的，一部分是品牌本身的资源所形成的文化，另一部分则是由企业文化所构成的部分，这两部分的综合体就是品牌文化。因此，品牌文化应当是企业文化的"标识"，是企业文化的外在表现。

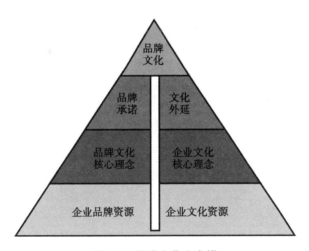

图8.3 品牌文化金字塔

最后，品牌文化是企业文化的落脚点与归宿。品牌文化是传播美学的文化，它在潜移默化中影响着消费者的生活观念、价值取向，但是，品牌文化不能仅仅通过外部传播形成，它的内涵是企业文化，品牌文化的辐射力要张扬企业文化。一个优秀的品牌就是一个优秀的文化理念，具有文化沟通的职能，使产品和消费者能够直接对话，在消费者与企业之间建立纽带与桥梁，为企业树立良好的形象。在品牌文化的建设上，我们经常说要表里如一，就是说品牌对外传播和表达的内容要和企业文化的理念相一致。因此，品牌文化在运行过程中对企业文化产生着深刻影响，企业文化的成果需要通过品牌文化来进行市场化的体现。

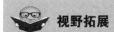 视野拓展

腾讯品牌文化的发展历程

作为中国互联网行业的巨头，腾讯自成立以来就一直秉持着独特的企业文化，以"用

户为中心""技术驱动""创新为魂"为核心价值观，积极推进数字化转型，不断开拓新业务领域。

1. 腾讯的起步和品牌文化初形成

1998 年，腾讯公司成立，最初的产品是 QQ 即时通信软件。在早期的发展中，腾讯不断加强对产品和技术的研发，力求提供更好的用户体验。在这个过程中，腾讯逐渐形成了"以用户为中心"的企业文化。

2004 年，腾讯推出了 QQ 空间，这是国内第一个大规模的个人社交网络平台，也是腾讯进军社交领域的重要一步。随着社交网络的普及，腾讯逐渐形成了"互联网+生活服务""科技+文化创新"等品牌文化。

2. 腾讯的业务拓展和品牌文化深耕

随着中国互联网用户规模的不断扩大，腾讯开始逐步扩大业务范围，进军游戏、金融、音乐等领域。其中，腾讯游戏业务尤为成功，旗下的《王者荣耀》等游戏拥有亿万玩家。在游戏业务中，腾讯始终秉持着"精品游戏、用户至上"的理念，不断提高游戏品质，为用户提供更好的游戏体验。

2011 年，腾讯推出了微信，这个基于手机的即时通信工具很快成为国内最受欢迎的社交工具之一。微信的成功背后，是腾讯不断强化"用户至上""技术驱动"的品牌文化，并不断推进数字化转型，以应对移动互联网时代的挑战。

3. 腾讯的品牌文化升级和创新探索

近年来，腾讯不断深化品牌文化的内涵，提出了"科技连接未来"的新口号，致力于推进数字化、智能化、创新化发展。在这个过程中，腾讯加强与产业、社会各界的合作，探索新的业务模式和创新方向。

腾讯不断探索新的业务模式，积极拥抱新技术和新兴产业。2018 年，腾讯成立了云与智慧产业事业群，专注于云计算、人工智能、物联网等领域的研发和推广。同时，腾讯也在探索社交电商和在线教育等新兴产业领域，以满足用户的多样化需求。

除了业务拓展，腾讯还在不断创新品牌文化的表达方式。2019 年，腾讯推出了全新的品牌标识和视觉识别系统，以更现代化、更科技化的形象展现腾讯的品牌文化。

腾讯还积极履行企业社会责任，以技术创新和数字化转型为引领，推动社会进步和可持续发展。腾讯已经成立了"腾讯公益"和"腾讯慈善会"，通过科技手段帮助解决社会问题，同时也在环保、教育、扶贫等领域积极参与公益事业。

总之，腾讯品牌文化的发展历程是一个不断探索、不断创新的过程，以用户为中心、以技术驱动、以创新为魂，致力于推进数字化转型和智慧产业发展，不断为用户和社会创造价值。

第四节　用企业文化塑造品牌与品牌文化

企业文化是提升顾客对企业忠诚度和认同感的关键因素，是企业开展市场竞争的主要手段。一个强大的企业，必然有充满活力的企业文化，企业的发展，实际上就是企业文化的扩张及文化品质的不断提升。塑造企业品牌与品牌文化，要靠先进的企业文化。

一、企业文化在品牌形象塑造中的作用

企业文化是企业精神、经营价值观念、伦理道德、行为规范、群体风格的外化体现，是以企业精神、经营理念为核心的独特的思维方式、行为方式和企业形象。一个知名品牌是由企业的内在文化、价值内涵所支撑着，否则品牌就是一个空壳。考察那些成功的企业，我们发现，优秀的企业文化在其品牌形象塑造过程中发挥了巨大的作用。

 视野拓展

企业文化在品牌发展中的重要性

企业文化是一个企业的核心价值观、信仰、行为准则和认知模式的综合体现。它具有对员工行为产生引导、对外传递企业形象的作用。企业文化为企业提供了一个共同的价值基础，社会价值观和文化传统是企业文化的重要组成部分。

在品牌发展过程中，企业文化的重要性体现在以下几个方面。

（1）建立品牌核心价值观。企业文化是品牌的重要组成部分，是品牌形象的指引和根基。一个建立在企业文化基础上的品牌，必然具备自身的核心价值观念，能够形成具有较高认同度的品牌形象，从而赢得消费者、员工和社会的信任和支持。

（2）增强品牌影响力。品牌是一种文化符号，代表着企业的信仰和价值观念。企业文化能够潜移默化地影响品牌用户，让消费者意识到企业价值观与自我的契合度，从而提高品牌的影响力。

（3）塑造品牌形象和口碑。企业文化是品牌的灵魂，具有塑造品牌形象和口碑的作用。有了坚定的企业文化支撑，品牌就能够建立起自己独特的品牌形象和品牌口碑，为企业赢得用户信任和忠诚度。

（4）建立品牌特色和竞争优势。企业文化是品牌特色和竞争优势的基础之一。企业文化能够促使品牌对自己所处行业的认知更深刻，找到自己在行业中的定位，从而在市场中占据有利地位，获得更多的市场份额。

（5）提高员工归属感和团队凝聚力。企业文化是企业内部沟通和协作的桥梁。积极向上、具有战略性的企业文化能够激发员工的工作热情和创造力，提高员工归属感和团队凝聚力，形成共赢的团队氛围，有力地推动企业发展。

（6）培养品牌忠诚度和消费者口碑。企业文化能够为品牌营销活动提供更多的灵感和创意。品牌营销活动如果能够融入企业文化的元素，就能更好地传达品牌的价值观和文化内涵，影响消费者的消费决策，培养品牌忠诚度和消费者口碑。

（7）推动品牌创新和发展。品牌的成功是企业文化与创新能力结合的体现。企业文化能够激发品牌的创新意识，推动品牌不断地追求变革、完善自身，引领品牌持续发展，赢得市场份额。

综上所述，企业文化在品牌发展中的重要性十分明显。对于企业来说，建立和实施适合自身的企业文化，具有非常重要的战略意义，能够促进企业不断创新、与时俱进，提升品牌价值和市场竞争力。

1. 企业文化拓展品牌的文化外延

企业文化是品牌的灵魂。优秀的企业文化，在以顾客为中心、平等对待员工、平衡利益相关者的利益的同时，积极承担企业的社会责任，树立品牌良好的社会形象。一种产品或一个企业一旦被客户群体拥戴为品牌，那么这个品牌一定呈现出了它独有的丰富文化内涵，能够向人们展示良好的品牌形象，使人们在得到物质需求满足的同时也能感受到文化品位和精神享受，从而形成独特的品牌优势。因此，我们认为，企业在塑造品牌文化的过程中，可以通过企业文化的作用，拓展品牌的文化外延，延伸品牌的文化附加值。如在构建服务网络、打造服务品牌、提升服务质量、体现服务增值的同时，开展面向顾客和社会公众的服务活动，开展送温暖、献爱心和社会公益活动等，让社会公众了解企业在贡献国家、满足消费、服务社会的同时，为构建和谐社会、推动社会文明进步所付出的努力，提升企业产品品牌及服务品牌的知名度和社会认同度，以及品牌的文化含量。

2. 企业文化打动顾客的内心

企业文化理念是企业的精神财富和内在动力，可以让企业员工明确自己的职责是什么，让顾客了解企业的服务方向是什么。在市场竞争中，对于同一类型的产品，当产品的基本功能差不多时，影响顾客购买决定的是品牌，而在品牌中最能打动顾客人心的往往是企业文化理念。产品满足人们的基本需求，理念满足人们的精神需求，积极的企业文化理念可以建立起有内涵的品牌，从而引导人们对产品的选择。例如蓝月亮，一个本土发展三十余年的洗涤品牌，正是以"专注洁净、超越期待、价值服务"的不变初心，守住其"一心一意做洗涤"的理念，并能在瞬息万变的市场竞争中，以创新与诚意贴近用户需求，满足用户需求，从而不断夯实发展基石，迈向更为广阔的发展空间。

3. 企业文化提升顾客的品牌忠诚度

品牌建设中有三个"度"即知名度、美誉度和忠诚度。曝光率越高，知名度就越高。广告可以增加企业的知名度，但未必能够提升美誉度和忠诚度。美誉度是顾客对企业某个方面的表现产生认同后形成的，比如人与人之间的口碑传播，只有当人们对企业的某个方面感到满意，才会主动传播好的口碑。忠诚度则是顾客在与企业长期接触的过程中自然形成的，顾客对企业的产品、服务等综合因素感到十分满意，才会继续购买企业的产品和服务。

企业文化是经过提炼总结的具有积极意义的文化，一旦这些积极的价值观呈现在社会公众面前，会引起社会公众心理上的强烈共鸣，产品的品牌也将迅速被顾客认可，并拥有较高的忠诚度，人们往往因为佩服某个企业进而信赖其品牌。因此，企业文化可以赢来美誉度和忠诚度。格力电器以"缔造世界一流企业，成就格力百年品牌"为企业愿景，以"弘扬工业精神，掌握核心科技，追求完美质量，提供一流服务，让世界爱上中国造"为企业使命，不断追求卓越，引领着新时代中国品牌的辉煌。格力坚持自主创新，持续突破技术壁垒，以品质引领，不断提升产品质量和标准化水平，通过树立良好的品牌形象，赢得了消费者的口碑和信任。

4. 企业文化加深顾客对品牌形象的理解

在品牌运作过程中，有一套完整的系统来塑造品牌形象，其中最主要的就是导入企业视觉识别（VI）系统。企业视觉识别是企业形象（CI）静态识别符号，是具体化、视觉化的传达形式。它是以视觉传播为媒介，将企业文化、企业规范等抽象语义转换为具体符号、转化为具体可见的识别系统,应用在视觉的展示(有形识别)和行为展示(无形识别),进而提升企业文化的共识。企业文化的视觉识别系统是品牌标识的外延表现。大家知道,品牌标识包括品牌名称和符号、图像、图案、颜色等内容,它在塑造品牌的过程中形象直观,先声夺人。企业品牌标识所产生的独特魅力,恰恰是企业文化的延伸。

企业文化可以使顾客加深对品牌形象的理解。可以说,当今世界上所有著名大企业与名牌产品,无一不是在企业品牌形象策略的运用上取得地成功。20世纪70年代,美国可口可乐公司采取了统一化的识别系统。可口可乐标识的设计采用红白相间的波纹,具有强化红色与白色视觉对比的冲击力,表现出韵律和流动感,此举震惊了世界各地,从此,可口可乐品牌形象家喻户晓。1992年,麦当劳进入中国市场,其独具特色的金黄色M字符号,在中国消费者中产生视觉冲击,快速获得大众亲睐,成功树立起优质、服务、清洁等企业品牌形象。统计资料显示,北京王府井麦当劳餐厅开业当天,就以交易次数达1.3万次打破了麦当劳餐厅开业的世界纪录。

二、优秀的企业文化有助于构建独具特色的品牌文化

品牌文化与企业文化不仅有着密切的联系,在某些领域,甚至可以说,企业文化就是品牌文化的核心。一个长盛不衰的企业品牌在向公众传达着先进的企业文化,与之相辅相成的是,深厚的企业文化底蕴也必将成为优秀品牌的坚实基础。企业文化作为一种理性的和自觉的文化,具有特定的对内功能和对外功能,发挥企业文化的作用有利于构建独具特色的品牌文化。

1. 发挥企业文化的对内功能,提高品牌文化建设主体的参与度

企业员工是品牌文化建设的主体,只有不断提高员工的综合素质才能树立独具个性的企业精神和企业形象,提供一流的品牌产品或品牌服务。"以人为本"是现代企业文化的新模式,其核心价值观是尊重人、关心人、实现人的价值。因此,发挥企业文化的对内功能,就是要发挥企业文化的导向功能、凝聚功能、自我调控功能、激励功能、约束和规范功能,充分重视人的价值,最大限度地尊重人、关心人、依靠人、理解人、凝聚人、培养人和造就人,充分调动企业员工参与品牌文化建设的积极性、主动性。

2. 发挥企业文化的对外功能,提高品牌文化建设载体的知名度

品牌产品或品牌服务是品牌文化建设的载体,消费者购买产品或服务,不仅选择了产品或服务的功效和质量,也同时选择了产品或服务的文化品位。企业文化作用在品牌上,就是通过品牌设计水平的体现、品牌文化内涵的挖掘和外延的拓展、品牌营销网络的建设、品牌服务方式的构成等来进行品牌文化的扩张,树立品牌良好的社会形象。企业形象是企业文化的象征和结晶,是企业价值观和企业精神的综合反映,是企业实施文化制胜战略的有力武器。企业形象的文化蕴含越丰富、人文色彩越浓郁,就越具有市场冲击力和影响力。品牌产品或品牌服务在目标消费者中形成的良好口碑和形象不仅能帮助企业保留老顾客、增加顾客让渡价值、获得持续购买忠诚,而且能帮助企业形成竞争壁垒,提高竞争对手获取企业顾客的成本。因此,发挥企业文化的对外功能,就是要发挥企业文化的辐射和穿透功能,在输出产品、服务、公关和广告的同时,也要传播企业文化,在公众心中树立起良好的企业形象,从而引起社会公众心理上的强烈共鸣,提高品牌产品或品牌服务的知名度和美誉度。

3. 弘扬企业文化的核心理念，提高品牌文化建设客体的忠诚度

品牌文化虽由企业组织实施、建设培育，但却要依据消费者的个性需求而定，品牌文化不是由生产主导，而是由消费主导。换句话说，就是消费者认同了品牌，并与品牌文化产生了心理"共鸣"，就会产生购买行动。所以，品牌文化的构建要洞察消费者的内心世界，满足消费者的个性需求。同时，品牌文化要随着消费者需求的变化而不断地变化，只有与时俱进，不断创新，品牌文化才有强大的生命力。

消费者的心理认同是品牌文化建设的客体。产品或服务满足人们的基本需求，核心理念满足人们的精神需求，积极的理念可以建立起有内涵的品牌，从而引导消费者对产品或服务的选择。随着产品在物理形式上的日益同质化，影响消费者购买决定的是品牌，而在品牌中最能触动消费者心灵的是企业的核心理念。核心理念是企业文化长期的积淀和凝结，是在特有的企业实践中提炼出来的，是企业的精神财富和精神动力，也是企业力量、效益和管理精华的体现。核心理念虽然是无形的，但却是能动的，时时刻刻渗透在企业经营行为的各个方面。弘扬企业文化的核心理念，赋予品牌独特的、排他的内涵和个性，能够增进消费者对品牌的好感和美好联想，提高品牌的忠诚度。实践证明，那些在概念上追求个性特色和文化品位，追求时代感和民族底蕴，并包含浓厚的文化内涵、道德伦理的价值，坚持把战略目标同社会效益、消费者需求紧紧地联系在一起，立足于企业文化理念的品牌产品或服务，才能赢得消费者的青睐。因此，塑造独特的、具有个性和内涵的品牌文化，就必须有相应的文化理念作指导。

综上所述，品牌的背后是文化，企业文化才是品牌的真实生命力。企业文化与品牌文化之间既有区别，又有内在的联系。企业文化是企业成员共同遵守的信念、价值观和行为模式，主要对内部人员发生作用，它影响到员工的凝聚力和对企业的忠诚度，影响到员工的士气。品牌文化是外界对企业的感觉和联想，主要对外界产生作用，影响外界对企业的印象和评价，影响到人们的购买决定和谈论企业的内容，也影响到顾客的忠诚度。企业文化有助于塑造品牌与品牌文化。如果忽略了企业文化对品牌的价值，轻视企业文化的重要性，不进行企业文化的建设，不增强企业的内功，那么，这样的企业即使能够在市场上呼风唤雨，也只可能是一时的兴盛，难以形成长久发展的生命力。

 案例分析

小米科技：用企业文化推进品牌文化建设

小米科技有限责任公司（以下简称"小米"）正式成立于 2010 年 4 月，是一家以智能手机、智能硬件和 IoT 平台为核心的消费电子及智能制造公司。创立至今，小米已成为全球领先的智能手机品牌之一，智能手机全球出货量稳居全球前三，并已建立起全球领先的消费级 AIoT（人工智能和物联网）平台。截至 2022 年 12 月 31 日，集团业务已进入全球逾 100 个国家和地区。

1. 小米的企业文化

（1）使命：始终坚持做"感动人心、价格厚道"的好产品，让全球每个人都能享受科技带来的美好生活。2010 年，小米公司成立时就有一个宏大的理想：改变商业世界中普

遍低下的运作效率。小米有勇气、有决心、有毅力推动一场深刻的商业效率革命：把每一份精力都专心投入做好产品，让用户付出的每一分钱都有所值。在众多领域，小米都以一流的品质、紧贴成本的定价改变了行业面貌，大大加速了产品普及。"感动人心、价格厚道"这八个字是一体两面、密不可分的整体，远超用户预期的极致产品，还能做到"价格厚道"，才能真正"感动人心"。

（2）愿景：和用户交朋友，做用户心中最酷的公司。优秀的公司赚的是利润，卓越的公司赢的是人心。小米是一家少见的拥有"粉丝文化"的高科技公司。对于小米而言，用户非上帝，用户应是朋友。为感谢"米粉"的一路相伴，小米将4月6日这一天定为"米粉节"，每年4月初都会举办盛大活动与"米粉"狂欢。同时自2015年起，每年年底小米都会举办小米家宴，邀请"米粉"回家吃"团圆饭"。同时小米员工还会自发地为"米粉"手写10万张明信片，这是小米不一样的地方，是小米人发自内心、一笔一画亲手表达的情感，这是对愿景的最好诠释，这是和"米粉"交朋友的实际行动。

（3）核心价值观：真诚、热爱。真诚就是不欺人也不自欺，热爱就是全心投入并享受其中。

2010年，小米创始人雷军开启了"小米加步枪干革命"的故事。2018年员工5周年活动上，雷军说道："老员工是小米最宝贵的财富，没有老兵，没有传承。没有新军，没有未来。感谢有一帮志同道合的小伙伴，一起哭，一起笑，一起战斗！岁月数载，初心不变，始终真诚，永远热爱。"

2. 小米用企业文化推进品牌文化建设

（1）制度文化。小米崇尚自由平等：没有森严的等级，每一位员工都是平等的，每一位同事都是自己的伙伴。小米崇尚创新、快速的互联网文化：讨厌冗长的会议和流程，让每位员工在轻松的伙伴式工作氛围中发挥自己的创意。小米开放、信任用户：相信用户就是驱动力，并坚持"为发烧而生"的产品理念。

（2）全方位的服务文化。与广泛的客户互动，主要通过官方网站、论坛社区、客服微博、定期同城会等服务手段第一时间接到用户意见和反应，为客户提供快捷高质的服务；满足个性化定制需求，例如个性化定制后盖的服务；建立客户忠诚度计划。

（3）营销文化。饥饿营销文化使得品牌产生高额的附加价值，从而为品牌树立起高价值的形象。

（4）"米粉"文化。让粉丝成为小米的代言人，去宣传小米的优点，维护小米的声誉。

启发思考：（1）小米企业文化反映了雷军怎样的价值追求？

（2）小米是如何实现品牌文化与企业文化融合的？

本 章 小 结

品牌是企业文化的标识，企业文化是品牌的灵魂，品牌是企业文化与品牌文化的整合点。品牌文化是品牌价值最核心的体现。品牌文化的结构一般分为品牌物质文化、品牌行为文化和品牌理念文化三个层次，其中品牌理念文化是品牌文化的核心。企业文化与品牌文化两者既有本质的区别又有内在的联系。塑造企业品牌与品牌文化，要靠先进的企业文化，只有发挥企业文化的作用，才能构建独具特色的品牌文化。

练 习 题

自学自测　扫描此码

第九章　企业文化与企业创新

【学习目标】

了解企业创新的定义和内容；熟悉企业文化对企业创新的影响；理解并掌握企业文化创新的精神内核、企业文化创新对提升企业创新能力的驱动作用。

引例

比亚迪：百年基业，文化是根

比亚迪股份有限公司（以下简称"比亚迪"）是一家以"用技术创新满足人们对美好生活的向往"为使命、以"新能源改变世界，绿色科技引领世界"为愿景的高新技术企业。比亚迪成立于1995年2月，经过30多年的高速发展，已在全球设立30多个工业园，实现全球六大洲的战略布局。比亚迪业务布局涵盖电子、汽车、新能源和轨道交通等领域，并在这些领域发挥着举足轻重的作用，从能源的获取、存储再到应用，全方位构建零排放的新能源整体解决方案。比亚迪是香港和深圳上市公司，营业额和总市值均超过千亿元。

比亚迪在持续发展的同时，始终强调企业文化建设，与员工一起分享公司成长带来的快乐，如图9-1所示。比亚迪始终坚持"竞争、务实、激情、创新"的核心价值观，始终遵循"技术为王，创新为本"的发展理念，以"技术、品质、责任"作为品牌发展内涵。

图9.1　比亚迪发展与企业文化

1. "竞争、务实、激情、创新"的核心价值观

在长期发展过程中，比亚迪逐步提炼出"竞争、务实、激情、创新"的核心价值观。比亚迪一直追求竞争的价值理念，倡导公平、公正、公开的竞争文化氛围。务实精神是比亚迪人一直坚持的美德，始终被比亚迪人传承。比亚迪人是一群富有激情的人，永不满足，追求完美，不断追求新的目标。比亚迪总是载着梦想前进，并将梦想一个个变为现实，追梦并付诸实践的动力就是创新并掌握核心竞争力。

2. "技术为王，创新为本"的发展理念

创立至今，比亚迪始终遵循"技术为王，创新为本"的发展理念，依托强大的研发实力和创新能力，形成了"品质、成本和效率"的核心竞争力。这也是比亚迪在不断积累、不断总结、不断调整策略后形成的重要发展战略。

回顾发展历程，"技术为王，创新为本"的发展理念始终贯穿在比亚迪的发展过程中，并成为比亚迪的核心优势。比亚迪所取得的成就，离不开"不畏权威"的创新精神、"永不止步"的革新思想，离不开技术创新、制度创新、文化创新、人才培养创新以及对创新的传承和发扬。

3. 员工关怀

员工是企业唯一可以增值的资产，也是最重要的资产。在依靠员工为客户创造美好产品和体验的同时，比亚迪也积极为员工提供良好的发展环境，帮助员工成长，促进员工成功。这也是比亚迪社会责任的突出表现。

比亚迪为了缓解员工的购房压力，先后投巨资兴建了亚迪村、亚迪二村、亚迪三村员工福利房；为了解决员工子女的读书问题，创办了亚迪幼儿园、亚迪学校；为了让员工享受丰富的业余文化生活，在公司内兴建综合文体中心。比亚迪一直竭力给员工创建一个舒适的工作和生活环境。

比亚迪坚持"事业留人，待遇留人，感情留人"，让员工一起分享公司成长带来的快乐。

4. 品质文化

比亚迪一直积极开展品质文化建设，建立切实有效的长期建设机制，努力营造良好的品质文化氛围，通过开展"造物先造人""认真度"等为主题的品质文化建设，努力塑造和提升比亚迪的品质形象。

"造物先造人"，人的品质决定产品品质。制度的制订与实施、产品的研发与制造、品质体系的制订与推广等都涉及多个环节，这些环节都需要人的参与。人的品质、素质直接影响着生产过程，也最终决定了产品品质。倡导"造物先造人"的品质文化，意义重大。

为了进一步推动公司品质文化建设，比亚迪还提出了"向'认真'要未来"。比亚迪倡导的"认真度"，不仅仅是专注、仔细地做事，更重要的是有敬业负责的态度，运用合理有效的方法，做好每项工作的前期准备规划，掌握工作进度中每个细节，高效快速地解决突如其来的问题，尽更大可能出色完成任务，以达到将结果量化可视的目的。由始至终，在每一个环节和态度上都体现"认真度"的精神和本质。比亚迪把"认真度"作为一项考核标准在全公司推行，并把"认真精神"融入企业文化中，让"认真"成为比亚迪人特有的标签。

文化是一种共识。比亚迪的企业文化是比亚迪人的共识。它包含了比亚迪人的信念和价值取向，也是比亚迪人在多年的实践经验中总结出来的。我们坚信，在公司企业文化指引下，在比亚迪人"创新、务实、认真"的工作态度下，比亚迪将开创更广阔的天空，获得更大的

成就!

启发思考:比亚迪企业文化的特色是什么?

第一节　企业创新的内涵

创新既是现代企业发展的动力,也是现代企业存在的基础。一个企业如果想在激烈的市场竞争中占据一席之地,就必须努力提高自己的创新能力。格力电器的车间里悬挂着这样一句话:"一个没有创新的企业,是一个没有灵魂的企业;一个没有精品的企业,是一个丑陋的企业。"面对来自国际和国内的严峻挑战,企业只有勇于创新,才能生存下去。正如福特汽车公司前总裁亨利·福特指出的:"不创新,就灭亡。"

一、企业创新的定义

美籍奥地利人、经济学家熊彼特在其1912年出版的名著《经济发展理论》(*The Theory of Economic Development*)中首先提出了著名的"创新理论"。熊彼特认为,创新(innovation)就是把生产要素和生产条件的新组合引入生产体系,即"建立一种新的生产函数",其目的是获取潜在的利润。他认为,创新是经济增长的发动机。那么,谁来创新呢?只有企业家。创新是企业家的特定工具,他们是创新的倡导者和实施者,他们利用创新改变现实,只有那种敢于冒风险,把新的发明引入经济之中的企业家,才是创新者。熊彼特还认为,创新是一个经济范畴,而非技术范畴,它不是科学技术上的发明创造,而是指把已发明的科学技术引入企业之中,形成一种新的生产能力。

具体地说,熊彼特认为创新包括以下五种情况。

(1)引入一种新产品,也就是消费者还不熟悉的产品,或提供一种新的质量。

(2)采用一种新的生产方法,也就是在有关的制造部门中从未采用的方法,这种新的方法并不需要建立在新的科学发现的基础上,并且,它还可以是以新的商业方式来处理某种产品。

(3)开辟一个新的市场,也就是使产品进入以前不曾进入的市场,不管这个市场以前是否存在过。

(4)获得一种原料或半成品的新的供给来源,这种来源可以是已经存在的,也可以是第一次创造出来的。

(5)实行一种新的企业组织形式,例如建立一种垄断地位,或打破一种垄断。

事实上,创新概念包含的范围很广,它包括了各种各样的以新的方式提高资源配置效率的活动。对于创新概念,一般有狭义和广义两个层次的理解。狭义理解的创新概念立足于把技术和经济结合起来,即创新是一个从新思想的产生到产品设计、试制、生产、营销和市场化的一系列活动。随着对现代社会的科学、技术与经济发展、社会进步关系的研究的深入,人们产生了对于创新概念的广义理解。广义理解的创新概念力求将科学、技术、教育以及政治等与经济融合起来,即创新表现为不同参与者和机构之间(包括企业、政府、大学、科研机构等)的交互作用的网络。在这个网络中,任何一个节点都有可能成为创新行为实现的特定空间。创新行为因而可以表现在技术、制度或管理等不同的侧面。

根据创新主体的不同，创新可以分为企业创新、政府创新和个人创新等。个人创新总要直接或间接地通过一定的组织来实现，特别是现代社会分工日益细密、组织日益复杂，个人必须与一系列组织在某种程度上发生联系才能降低其交易费用，从而使游离于组织之外的"孤岛"上的鲁滨逊几乎成为不可能。至于政府创新，在市场经济国家或以市场经济为改革目标的国家，其绝大部分都是以企业为着眼点的，也就是说侧重于为企业创新界定和保护产权，提供在政府收益最大化框架内使社会产出最大化的适宜的社会、政治和法律环境。只有少量的由政府直接投资的公共项目，在投资过程中政府才担当独立的创新主体角色。因而就总体而言，政府创新具有间接性和非独立性，它也需要通过企业来组织实现。因而可以得出结论：企业创新是基本的、普遍的或者说典型的经济创新形态。

经济学家常修泽等在《现代企业创新论》中指出：企业创新是指企业在生产经营过程中建立新的生产函数，或将各种经济要素进行新组合的经济行为。由于对各种经济要素进行新组合，不可避免地要引起有关方面的变革。因此，从更广泛的意义上讲，企业创新也包括为形成新组合而引起或进行变革的行为。

二、企业创新的内容

企业创新（enterprise innovation）由制度创新、技术创新和管理创新三者组成。

1. 制度创新

所谓制度是指一系列被制定出来的规则、程序和道德伦理规范，它旨在约束追求主体效用最大化的团体和个人行为。因此，制度的基本功能就是提供人类相互影响的框架。这种制度框架约束着人们的选择集合，从而构成一种经济秩序的合作与竞争关系。

同样，企业制度无非就是企业这一特定范围内的各种正式和非正式的规则的集合，它旨在约束企业及其成员追求效用最大化的行为。广义的企业制度包括从产权制度到企业的内部管理制度（如人事制度、薪酬制度、财务制度、生产管理制度、领导制度）等各个方面。

制度创新是指引入新的企业制度安排来代替原来的企业制度，以适应企业面临的新情况或新特点。制度创新主要包括产权制度创新和公司治理结构创新，其核心是产权制度创新，它涉及为调动经营者和员工的积极性而设计的一整套利益机制。只有先进的企业制度安排，才能调动各类人员的积极性，推动技术创新和管理创新的发展。只有建立现代企业制度，形成规范和有激励作用的委托代理关系，形成内在的、有助于技术创新和管理创新的动力机制，才能从根本上解决委托人和代理人之间的利益分配问题，使代理人（经营者）有积极性去采取技术创新和管理创新措施以占领市场并提升企业价值。

2. 技术创新

技术创新是指一种新的生产方式的引入，这种新方法可以是建立在一种新的科学发现的基础上，也可以是以赢利为目的的经营某种商品的新方法，还可以是工艺上的创新。所谓新的生产方式，具体地是指企业从投入品到产出品的整个物质生产过程中所发生的"革命性"的变化或称为"突变"。这种"突变"与在循环流转中年复一年的同质流动或小步骤调整不同，它既包括原材料、能源、设备、产品等硬件创新，也包括工艺程序设计、操作方法改进等软件创新。其中产品创新按新产品的创新和改进程度，可以分为全新新产品、换代新产品、改进新产品和仿造新产品；而工艺创新可以分为独立的工艺创新和伴随性的工艺创新。

虽然熊彼特的《经济发展理论》将创新分为五种类型，但他所论及的主要是技术创新。后来的英国经济学家希克思和门茨对所谓"创新"进行了分类，实际上是对技术创新的分类。希克思把技术创新分为"节约劳动型""节约资本型"和"中性"三种类型；而门茨则将技术创新分为"基础创新"和"二次创新"两种类型。

3. 管理创新

管理创新是指企业把新的管理要素（如新的管理方法、新的管理手段、新的管理模式）或要素组合引入企业管理系统的创新活动。它通过对企业的各种生产要素（人力、物力、技术）和各项职能（包括生产、市场等）在质和量上作出新的变化或组合，来创造出一种新的更有效的资源整合范式。这种范式既可以是新的有效整合资源以达到企业目标和责任的全过程式管理，也可以是新的具体资源整合及新的目标制定等方面的细节管理。

第二节 企业文化对企业创新的影响

著名制度经济学家道格拉斯·诺斯（Douglass C. North）曾经指出："创新的选择存在着路径依赖，文化由于其历史性和长期性成为创新的尺度，为创新提供了选择集……，即文化影响着创新。"企业文化作为一种亚文化，是不是也影响着企业创新？答案当然是肯定的。正如海尔集团首席执行官张瑞敏所言："海尔能够发展到今天，概括起来讲就是两点，内有企业文化，外有企业创新。"企业文化作为企业理念的一种载体，集中了企业存在的关键意义。它常常直接或间接地表明在企业价值取向中对于创新的态度，例如海尔集团在企业文化中直接表达出创新的内容——"海尔文化的核心是创新"；或者间接地体现出企业对创新的一种姿态，例如3M的15%工作规则。不仅如此，企业文化还会从各种渠道对创新产生不同程度的影响，美国管理学家彼得·德鲁克曾指出："管理以文化为基础"，而创新难以离开管理的控制，也就是说，创新难以离开文化。

一、企业文化对企业创新的作用机制

我国著名企业文化学者刘光明指出："现代企业的竞争已从产品平台的表层竞争转向深层次的理念平台的竞争。"有研究者指出，自1954开始的"世界500强企业"排行榜上的企业有三大特征：①排名前10位的行业基本没变：汽车、石油、电信、通信；②信息时代所产生的新兴产业越来越多地迅速跻身于此，如计算机软硬件、证券、保险、医药等；③凡能长期稳定地名列前茅的企业，都有一套较为成熟的独特企业文化、企业精神和先进的管理经验。其中第三条特征凸显了企业文化的重要性。

通过研究世界知名企业的历史可以找到这样一条规律，这些企业的产品都几经更迭，但公司的核心价值取向却始终如一，也正是因为这些企业在理念和企业文化上的坚守，才成为屹立百年的品牌。

（一）企业文化作为异质性战略资源是企业创新的重要思想保障

企业文化是企业在长期的生产经营过程中逐步培育和发展起来的，它重要的战略地位不言而喻。企业创新的成功与很多因素有关，企业文化并不是直接作用于企业创新的因素，但却是其最重要的因素之一，影响着企业创新的实践。倘若从战略层面来审视企业文化，便会

发现企业文化作为企业的异质性战略资源的特殊意义。这种异质性资源是指企业具有区别于同行业其他企业的独特性的优势资源。这种独特性的优势资源具有隐形、无形和复合的特性，难以被其他企业学习，不易为竞争对手所模仿复制，更不可交易。在企业的发展过程中，获得这种优势资源的唯一方法是内部积累。刘光明认为："技术、高科技可以学，制度可以制定，但企业全体员工内在地追求这样一种企业文化、企业伦理层面上的东西却是很难移植、最难模仿的。"

从企业文化的形成过程来看，由于每个企业有其特殊的发展历史、企业家理念、企业行为模式，所以在企业员工行为和心理中会形成一种"心理程序"，这是由于在实践中反复操作经由制度固化而成，这种"程序"会变成组织群体的生存方式，使新员工受到同化，下意识地接受这些习惯，并以此为价值取向判断和衡量事物。无论企业发展到何种规模，制度都会在某些场合"缺位"，这就需要企业文化的功能代替权威来协调员工的行为，激发员工的创造性并保持组织动态的有序平衡。当企业制度更迭之时，企业文化为制度的每一次演变提供文化上的阐释，赋予其文化的意义，形成使命感或愿景，以保障制度创新的成功。反之，企业文化的改变也会引起企业制度的相应改变。当企业文化被充分调动起来时，它形成一种动力向外辐射，作用于企业创新，影响着创新实践的发挥和功能效果。

从企业文化的内容来看，价值观、企业精神、企业伦理都从理念层面影响着企业的每一步发展、每一次创新。因此，企业家应该从战略的高度认识企业文化，重新审视企业文化对企业创新的影响。

（二）企业文化通过企业制度的传导影响企业创新活动

企业文化强调企业经营中的基本理念、价值观对人的约束和激励作用，依靠员工的自觉和自律。企业制度则更多强调外在监督和控制，重视规范的强制性力量。美国学者约翰·科特在考察企业文化与经营绩效关系的过程中，曾特别强调制度在企业文化中的作用，认为当公司的规模不断扩大、日渐规范时，总经理们总是设法利用企业的规章制度来保证和强化企业文化适应性的观念。我国学者李建军认为，先进的企业文化理念和先进的制度设计具有某种内在的一致性和相辅相成性。企业文化阐述做事的目标和价值，制度强调做事的机制和规范。一个企业要运营成功，必须解决好做事的目标设计和价值阐述工作，确立好做事的机制和规范，这样才能为这一群人成功地做事提供重要的激励。

从逻辑推理的角度分析，企业的产品是企业的最直接体现，为提高产品竞争力的创新活动是提升企业竞争力的关键。产品的创新很大程度是由企业的技术力量所决定的，然而技术受制度的影响很大，没有好的制度，技术难以形成效益，由此看来，制度必然高于技术。然而制度无非是物化了的理念的存在形式，没有正确的理念就没有科学的制度，因此理念又成为制度的"上层建筑"。企业文化是企业理念的官方语言，集中了企业存在的全部意义。企业文化正是从最根本的思想层面影响着制度，又经由制度传导给企业创新活动。

（三）企业核心价值观通过修正创新主体的认知影响企业创新

企业文化的核心是共同价值观。共同价值观是企业在生产经营过程中自觉形成并被认同和信守的企业理想、目标、价值观等意识形态的概括和总结。共同价值观作为一个复合的价值体系，其中存在不同层次的价值观和不同的价值观范畴。

美国学者迪尔和肯尼迪指出：成功的公司对价值观相当重视。这些公司有三个共同的特点：①它们支持某种东西，也就是说，它们有一个清晰而明确的经营理念来指导它们的企业行为；②管理层十分注重价值观的塑造和调整，以使它们适应当前的经济和商业环境，并在组织内广泛传播；③公司员工熟悉并认同这些价值观——无论是生产第一线的工人，还是最高管理层的领导们。

价值观体现了企业的追求和发展战略，是企业基于自身性质、任务、目标、时代要求和发展方向，为使企业获得更大的发展，经过长期精心培育而逐步形成和确立起的思想结晶和精神力量。企业核心价值观会对企业创新带来深远的影响。试想如果一个企业的价值观中没有长期可持续发展的理念，单纯以赚取利润为企业目标，那么这个企业对创新只会进行短期投资甚至忽视对企业创新的投资，不可能把大量资金、时间、精力长期用于企业创新上，对技术创新、制度创新和管理创新往往是以利益为导向，而并非以人为本，其结果不仅影响到企业员工的创新热情和积极性，而且使员工对于创新难以认同。日本著名经济学家小宫隆太郎认为："影响创新及其成败的三个关键是：创新主体、创新激励、创新资源条件。"而企业价值观解决的是"创新主体"对于创新实践的认同问题，能够使其心理状态适应企业发展的宗旨和时代的要求，为其提供更为强大的精神激励，使之愿意为认同的价值观乃至信仰而贡献全部聪明才智。当员工对企业创新的价值观认同之后，就想方设法改进技术、工具和生产流程，减少浪费，主动创新，关心企业发展，积极出谋划策，付出更多精力在企业创新之上。

（四）企业文化通过影响组织学习提高企业创新能力

组织学习是企业管理中不可或缺的组织行为，它通过有效地管理组织知识资产，共享知识技术，使企业获得新的、独特的知识，应对快速变化的市场竞争环境。企业文化对组织学习的作用体现在三个方面：指导、激励和共享。企业文化指导员工按照所期望的方式行动，企业按照所期望的方向发展，这两者的发展都需要组织学习的支撑；通过激励，使员工树立奋斗目标，将饱满的热情、高昂的情绪投入到学习中来，进而提高整个组织的学习能力；企业文化提倡共享企业内部资源，借助企业外部资源，这就为个人学习和组织学习能力的提升搭建了平台。

组织学习对企业创新的作用表现在许多方面，并渗透在企业的经营管理之中。在企业内部的生产过程中，通过组织学习使企业更快地获取最新的信息和知识，使企业更好地适应市场不断变化的需求，进行产品和工艺的创新，增强企业的竞争能力；通过组织学习使企业员工进行直接的信息存取，获取连续快捷的工作流程，节省成本，提高劳动生产率；通过组织学习，员工共享相互间的经验、教训和最佳实践，防止重复劳动，有效地组织、整合和协调内部活动，同时减少或杜绝重复性的错误，避免错误成本；通过组织学习，使员工快速并且可靠地与合作伙伴进行联系，增强交流与合作意愿以及团队精神；通过组织学习，减少知识冗余，减少信息搜索的时间，支持快速的、低成本的、高效的决策和问题解决过程。这些组织行为都提高了企业的创新能力，促进了企业的创新。

（五）企业文化的功能对企业创新具有积极作用

在科技日新月异的今天，企业有必要从鼓励创新角度建立一种企业文化，引导企业创新的行为范式，一旦这种倡导创新的文化形成并出现，它就会对企业创新产生积极作用，发挥企业文化功能性调节的优势。

1. 导向功能

企业文化的形成会使企业建立自身的价值观、企业精神和行为规范，任何偏离或不利于企业创新的行为文化都会被纠正并引导到企业创新的规范或标准上来。因此，树立一种鼓励创新的企业文化就十分必要。它可以引导企业员工的创新行为，坚定创新是企业形成竞争优势之唯一途径的信仰，激活企业创新各阶段的每一个节点，充分开发人的智慧与潜力。因此，企业文化在创新中的导向功能不容忽视。

2. 凝聚功能

当一种正确的价值观被企业员工认可后，它就会形成一种合力，把各方成员聚集起来，并产生一种巨大的向心力和凝聚力。在企业创新过程中，企业文化就像一根纽带，它把员工的个人目标和企业的愿景紧紧联系在一起，创新过程中的困难能使员工相互依靠，同舟共济，创新的成功会使员工彼此信任，不断进取。当创新给员工带来归属感和荣誉感时，就会激发创新团队的能动精神，形成强大合力，提升企业竞争力，有效推动企业发展，完成企业目标。因此，企业文化在创新中的凝聚作用十分重要。

3. 约束功能

企业文化的约束与制度相比是一种软约束，经过潜移默化形成一种群体接受的道德规范和行为准则。企业文化是对员工无声的号令、无形的管理。企业文化对企业创新的约束主要表现为，企业能否制订鼓励创新的制度以形成员工"自觉"中下意识的自我约束；企业需要推动制度文化建设，从精神和物质各个方面鼓励创新，对创新产生助力；对创新团队和员工植入自我约束的观念，使之成为一种心理需要，自觉地服从有利于创新的行为规范和准则。

4. 激励功能

企业文化重视的是人的因素，强调尊重、相信每一个人，以企业员工的共同价值观念为尺度，最大限度地激发员工在企业创新进程中的积极性和创造性。企业创新是一个长期的过程，既需要外部刺激又需要自我激励。企业文化使创新主体产生出高昂、奋发的进取力量，完成创新目标。

二、企业文化对企业创新过程的影响

企业创新是一个动态的过程，它包括创新准备、创新构想、创新尝试和创新推广四个阶段。企业是否建立了有利于创新的企业文化对企业创新非常关键。美国著名社会心理学家库尔特·卢因（Kurt Lewin）提出了一个著名的行为公式：$B=f(P \cdot E)$，其中 B 代表人的行为，P 代表个人，E 代表环境。公式表明，人的行为是个人与环境相互作用的函数，是人的内在需求与外界环境相互作用的结果。因此，创新行为的形成与发展，除了个人的努力之外，适宜创新的环境是非常重要的因素。良好的企业文化环境在企业创新主体的创新行为中起着举足轻重的作用。

（一）企业文化对创新准备的影响

创新准备是企业创新的起点，它主要包括动机的产生、知识的准备、资料的收集与整理，其中每一阶段都与企业文化密切相关。

企业创新首先要有创新动机。有了创新动机才能产生创造性的构想。创造性构想并不是凭空产生的，它有个心理活动的过程，这个过程就是创新思维的过程。创新思维指的是人的全部体力和智力都处于高度紧张状态的一种十分复杂的心理活动过程。任何进行创新活动的人，都必须经历这一思维过程。创新思维的发端，首先在于必须激发创新的动力，形成创新的动机。激发和提高有创造力的人员的创新动机的最有效方法，是创建一种有利于创新的企业文化。这是因为创新动机能否产生取决于以下条件：认识到问题的存在，形成对现存问题或状态的强烈不满；有解决问题的高度责任心；有解决问题的信心和准备克服困难的勇气。而这些条件的成立在很大程度上取决于企业的价值观。企业价值观是企业文化的核心，价值观是企业全体或大多数员工共同拥有的信念和行为准则，是创新主体判断事物和指导行为的信念和准则。只有创新主体从内心感到必须通过创新不断推动企业的前进步伐，企业才有连续不断地创新活动。

大量占有与创新活动有关的资料，对创新准备来说至关重要。在准备阶段必须通过各种渠道和手段广泛而深入地收集与问题本身及其背景、历史、重要性、与其他问题之间的关系等相关资料。收集资料的过程同样受到企业文化的影响。首先，只有当企业文化中具有重视创新的价值观时，企业才会建立一系列关于基础数据、技术档案、统计记录的收集归档的规章制度，才会使企业员工在平时就注意做好这些基础管理工作，才会在创新主体收集资料时有可能提供全面准确的信息和资料，促进创新的顺利进行。其次，企业内部环境的合理布置也能促进创新主体对资料的收集。美国管理学家彼得斯和沃特曼在《成功之路——美国最佳管理企业的经验》一书中专门对此作了分析，如在办公室内摆上一块黑板可以促进人们互相交流信息和情况；在餐厅里摆上长一点的餐桌取代四人小圆桌，可以促进更多来自不同部门的人员相互沟通情况。只有当企业文化中具有重视创新的价值观时，企业才会设计和布置有利于创新资料收集的内部环境。最后，创新主体收集资料时需要企业内部的各部门和全体员工的广泛合作和支持，企业创新所需资料需要广大员工的日积月累，需要企业在平时就一点点地积累资料，不可能等到某一天灵感爆发时再去东拼西凑。企业能够持续创新，全赖企业的日常积累，因此员工必须具有创新的价值观念，以积极的心态对待日常平凡的工作。企业必须构建良好的企业文化，才能够有效地积累资料，使企业创新具有扎实的基础。

（二）企业文化对创新构想的影响

有了较强的创新动机，又有了相当的知识准备与大量的资料积累，可以说企业创新已经有了较好的基础，但企业能否创新，还有一个更重要的环节，就是企业有能力提出明确的创新构想。企业创新准备基础工作做得好，只是对激发员工的创新构想能力提供了较好的外部条件，但企业员工形成了构想以后，是否愿意主动、积极地给企业提出来，也和员工的价值观、企业的文化密切相关。

如果企业的价值观是以创新为荣，是追求为顾客提供更快捷、更方便的服务，则企业员工有了新的构想以后，就很可能汇报给公司，把它贡献出来，否则员工即使有了创新的想法，也会认为公司并不一定真正重视，很可能也就只是想想而已。众所周知，中国并不缺乏天才的员工，真正缺乏的是让天才员工得以实现天才的企业环境，中国有许多员工非常有创造力，但由于缺乏必要的企业环境使他们被埋没，这也是不少中国企业缺乏创新的一个重要原因。

同时，企业员工是否有责任心，也是非常重要的。如果企业员工有非常强的责任心，有较强的道德观和良好的价值观念，就会急公司所急，有了新想法后，就会想办法尽快提出来，争取造福于社会、服务于公司。如果企业员工仅仅把自己视为一名"打工者"，觉得有无创新无所谓,就很可能即使有想法也懒得提出来。更重要的是,企业的氛围是否鼓励员工创新,也是非常关键的。如果企业文化氛围是保守的,企业领导与员工都是得过且过,员工提出新想法反而可能受到冷嘲热讽,那么在这种文化氛围中企业员工就不可能把自己的新构想正式公布出来。如果企业精神是鼓励创新,以创新求发展,企业领导和同事对创新想法给予积极的鼓励与实际支持,企业员工自然会提出源源不断的创新方案。因此,企业文化对企业创新构想的产生与提出具有重要的影响。

(三)企业文化对创新尝试的影响

企业仅有创新的构想是不够的,企业员工能够自愿地把构想贡献给公司,也是不够的,因为它们还只是停留在纸上谈兵阶段,要把构想变为现实,就必须尝试,尝试是企业创新由构想变为现实的关键环节。而企业是否愿意尝试及如何进行尝试,与企业文化高度相关。

企业进行创新尝试是有很大风险的,国内外许多研究表明,企业创新的成功率非常低。虽然创新有高回报,但同时也存在着高风险。企业尝试创新,就必须投入大量的人力、物力、财力、时间等资源。有些创新构想初看起来比较容易成功,但真正要变成产品可能需要三五年的时间,投入的资金可能数以百万、千万乃至亿计,而且即使通过努力形成了产品,产品最终能否得到市场认同,或者踏准市场发展节奏,仍然是个极大的悬念。尝试成功可能使企业得到更好的发展,尝试失败可能给企业发展带来曲折。在这种情况下,企业还愿不愿意创新、敢不敢创新就受到企业文化的制约。如果企业鼓励创新,能主动承担风险,敢于在高风险创新活动中追求高回报,那么企业就愿意尝试创新。美国硅谷企业之所以创新不断,一个关键原因就是它们拥有良好的、鼓励创新的企业文化。

企业文化是否对创新成功予以奖励,对创新失败给予宽容,也是企业员工是否愿意进行创新尝试的一个重要原因。企业文化决定了企业是否真正愿意进行技术创新。良好的企业文化鼓励企业创新,如IBM、微软、英特尔、3M等公司在企业精神里都极力鼓励企业员工进行创新,在它们的企业文化里,允许创新失败,但不允许不创新,而且创新成功以后,有功之人可以获得很大的物质及精神利益。这样企业员工就愿意积极主动地进行创新。创新是一种特殊的创造性思维活动,它需要员工有高度的主动性和责任心,员工的企业价值观里如果包含了创新为上的企业精神,它们就会以此为准则主动地创新。创新需要宽松的人际环境和心理环境,人在放松状态反而容易做出创新成果,创新尝试反而更容易成功。因此。企业文化主要在于鼓励员工积极主动、发自内心地进行创新思考、创新工作,主要调动他们的内在动力,而不是从外部增加心理压力。如果企业对新的想法进行压制,也就很难进行持续创新。

企业领导和同事能否真正支持创新尝试也与企业文化高度相关。因为实现创新的构想不仅是企业要承担风险,更重要的是实现创新构想过程本身就需要一系列的创新思维方法、创新作为。如企业要试验、开发一个新产品,而这个产品目前还处在构想阶段,谁也没有见过,则由构想产生到产品实现就需要一系列探索,不仅仅产生的结果是创新,产生结果的过程本身就需要一系列的创新。如对所使用原材料功能要重新探索,对试验方式不断更换,这些都不仅仅要求主创人员有创新思维,就是一起从事创新的领导、同事也必须有创新思维,如果仅以固有的、传统的思维去从事创新实验,很可能无法完成。因此,创新尝试过程中,企业领导和相关的同事都必须有相应的创新价值观,才能真正完成创新尝试。换言之,没有创新的价值观、创新的企业文化,企业创新尝试就没有土壤。

（四）企业文化对创新推广的影响

企业创新的目的是要把新产品推向市场，在市场中得到认可，让社会受益。创新产品如果在社会中没有得到适当推广，那么这样的创新在很大程度上也只是孤芳自赏，达不到企业创新的目的。企业创新产品如何向社会推广及能否得到市场的积极响应，与企业文化有很大的关系。企业在取得了产品创新成功后，在将创新产品推向市场时，它可能采取何种推广策略，与其企业文化密切相关，它涉及企业如何对待市场、如何对待合作者、如何对待顾客等。传统企业在拥有创新产品以后，认为这是自己独自生财的利器，因而趋向于独立开拓市场，一般不考虑与经销商合作，不理解市场是自己的，为什么要与他人分享。这种企业文化导致了许多企业创新产品市场推广的速度比较缓慢，而且还有可能在其市场尚未充分打开时就被其他企业更新的产品所替代，从而导致企业创新的失败。因此，创新产品的推广成功也必须有新型的企业文化予以支持。"协作竞争、结盟取胜、双赢模式"是美国著名的麦肯锡咨询公司提出的 21 世纪企业发展的新战略，它也说明企业创新的实现必须有良好的合作文化给予支撑。

同时，企业创新产品能否得到社会尽快认同、接受，与企业形象、企业文化紧密相连。具有良好企业文化的企业，在其经营过程中体现出一种良好的经营道德和伦理意识，为企业征得外部公众的认同创造出良好的经营环境，为企业赢得宝贵的社会资源，它们推出的创新产品，即使社会闻所未闻也比较容易接受。相反，如果一个企业在社会上默默无闻或声誉欠佳，社会对其企业文化不了解或不认可，那么它推出的创新产品，若要获得社会认可，就要费更多周折。可见拥有良好企业文化的企业，其创新成果也容易得到社会承认，企业创新也更容易成功。

总之，创新是 21 世纪企业发展的动力，在企业创新的任何一个环节都离不开企业文化的支撑，只有建立先进的企业文化，企业才可能做到发展不止、创新不竭。

 知识点滴

企业文化对企业管理创新的影响

创新能力是企业生命力的源泉，是企业增强核心竞争力的重要渠道。企业在发展过程中会逐渐形成自身特有的企业文化，企业文化是激发企业创新动力、营造创新氛围的重要力量。

1. 推动企业管理模式创新

企业文化可以给企业生产管理提供精神引领，进而推动企业管理模式创新。企业管理模式在改革创新进程中，会受到很大的限制和影响，很多员工因不具备先进的生产经营理念和思想，不接受创新型的企业管理模式，进而使企业管理的创新发展受到限制。企业文化可以从思想上对员工进行引导，在无形中使他们接受创新理念，不断将企业的生产经营模式推向创新。同时，员工接受了创新思想，也能够在企业生产经营管理活动中自觉地进行创新，进而为企业的创新发展指明方向。总之，企业文化为企业管理创新提供了强有力的保障。

2. 推动企业生产经营理念创新

创新型的企业文化不断渗透到员工的思想观念中，使其在生产经营活动中追求创新，例如腾讯公司将"创新生产，用户第一"的理念作为公司的经营理念，公司所有的产品都要通过用户的体验，收集用户的评价来进行评判，只要用户获得好的体验，产品就是成功的。本着这一经营理念，腾讯公司不断成长，成为市场上最受欢迎的视频公司和游戏公司。总之，企业文化深刻影响着企业的生产经营理念，创新型的企业文化能够使企业坚持创新生存的理念，不断提供出新型的产品和服务来满足消费者的需求。

3. 增强企业内部约束力

在企业文化引导下，企业管理理念会越来越获得员工的支持，企业也才能不断提高生产和经营质量。企业在进行文化创新的过程中，要特别重视对员工的思想心理和行为方面的创新引导，进而增强对员工的约束力，不断推动企业生产管理向更高的水平发展。

4. 增强企业核心竞争力

在市场上，只有创新型的企业才能永远适应市场，获得长久的发展。在企业文化创新过程中，企业员工的创新思维以及相互之间的凝聚力不断增强，进而企业生产经营管理模式也不断创新，企业的市场竞争力以及市场地位才能不断提升。总之，企业文化能够发挥导向性功能，引导企业各项生产管理活动，通过不断创新增强企业员工的文化认同感，使他们在日常工作中更加投入，用自己的创新能力为企业的发展贡献力量，提升企业的核心竞争力。同时创新的企业文化也能够使企业树立良好的形象，进而使企业在市场中具有更高的地位和更强的竞争力，进而增加消费者黏性。

第三节　企业文化创新是企业创新的动力之源

现代企业间的竞争，既是科学技术和经济实力的竞争，更是企业文化力的较量。企业文化对内可以产生强大的向心力和凝聚力，对外可以提高企业的影响力和公信度，是企业发展的潜在生产力和核心竞争力。企业的创新能力根植于其优秀而独特的企业文化，企业文化创新是企业创新的原动力。

课堂讨论

对一个具体企业来讲，企业文化建设能够一劳永逸吗？

一、企业文化创新的精神内核

企业文化创新具有丰富的内涵。

1. 企业价值观是企业文化创新的核心

企业总是会把自己认为最有价值的对象作为本企业追求的最高目标、最高理想或最高宗旨，一旦这种最高目标和基本信念成为统一本企业员工的共同价值观，就会构成企业内部强大的凝聚力和整合力，成为统领企业员工共同遵守的行动指南。由于企业价值观制约和支配着企业的经营目标、经营理念，规范着员工的行为，是整个企业赖以生存和发展的基础，因此，企业价值观是企业文化创新的核心。创新文化孕育创新事业，创新事业激励创新文化。创新文化是勇于创新、支持创新、尊重创新、激励创新和宽容失败的文化氛围，是敢于冒险、勤于探索、鼓励竞争的精神状态，是从观念、制度层面上提升创新能力的基础。发展创新文化，是培育创新思维、造就创新人才、激发创新活力的重要前提。没有创新文化提供智力和精神的支撑，没有创新精神推动社会的深刻变革，提供促进创新的环境和条件，提高自主创新能力，实现企业更好更快发展也无从谈起。

2. 以人为本是企业文化创新的基础

企业文化是作为一种"无形规则"存在于员工的意识之中的，员工既是企业的主人，也是企业文化的载体，企业文化离开员工根本无法独立存在。企业文化运用于企业管理，确立的是以人为本、以价值观的塑造为核心的软性管理模式，主要通过柔性的而非刚性的文化来引导、调控和凝聚人的积极性和创造性。因此，以人为本是企业文化创新的基础。企业文化创新也正是把企业管理置于启迪人智、塑造人魂、激发人意、凝聚人力的人文基础之上，通过尊重人、理解人、信赖人、实现人，积极创造条件让员工参与管理和创新，围绕以人为本构建和创新企业的价值观，并把员工的价值观统一到企业核心价值观上来，营造创新的精神氛围，不断增强企业的内在活力。

3. 企业家是企业文化创新的关键

企业文化本质上是企业家文化，是优秀企业家品质、才华、胆识等综合素质的扩展和放大。"企业的文化总是深深打着一把手的个性烙印"。熊彼特认为："每一个人只有当他实践上对生产要素实现新组合时才是一个企业家。"在熊彼特看来，企业家精神就是创新，只有创新的经理或领导才是企业家，企业家的任务就是"创造性地破坏"，就是不安于现状，不断地打破常规。因此，企业家是企业文化创新的关键。企业家"第一应是设计师，在企业的发展中如何使组织结构适应企业发展。第二应是牧师，不断地布道，使员工接受企业文化，把员工自身价值的体现和企业目标的实现结合起来。第三应是企业价值观的实践者。企业家的身体力行、率先垂范，对员工起着重要的示范作用"。

4. 企业精神是企业文化创新的灵魂

企业精神是现代意识与企业个性相结合的一种群体意识，它以简洁而富有哲理的语言形式加以表达，是企业文化的精髓。企业精神一旦形成，便能在企业员工中起到鼓舞、驱动、凝聚、熏陶、评价和规范的功效，使企业员工始终保持旺盛的斗志、昂扬的士气、进取的精神，实现企业的产品创新、技术创新、管理创新、组织创新，从而最大限度地调动和整合现代企业的各种生产要素与资源配置，实现企业组织市场与整体效益的最大化目标。因此，企业精神是企业文化创新的灵魂。创新企业文化，提升企业核心竞争力，其中心就是培育、弘扬和塑造企业精神。

二、企业文化创新是企业文化的本质诉求

企业文化作为企业制度和经营战略在人的价值理念上的反映，一方面要作为企业活力的内在源泉而存在，成为规范企业和员工行为的内在约束力；另一方面要与时俱进，不断在理念、观念等方面创新，以彰显其强大的生命力。创新是企业文化的灵魂，企业文化创新是企

业文化的本质诉求。

1. 企业文化是一个动态发展的概念

首先，不同的企业有着不同的企业文化。由于企业之间存在着自然和人文特点以及基础的差异，因此，不同的企业有着各自的特点和个性，也就容易形成各具特色的企业文化，以凸显其独特性。"一个企业，如果没有有个性的企业文化将很难持续发展。""任何企业都不能照搬别人的企业文化。别人的企业文化虽然会对他的企业文化的塑造有启发、借鉴的作用，但是不能移植，不能克隆。""要从企业自身个性出发，才能形成自己独创性的企业文化。"其次，企业文化既具有相对的稳定性，又有动态的变化性。企业文化属于微观上层建筑的范畴，是特定历史的产物，它既是企业自身状况的反映，又受客观环境的影响，而客观环境是时刻在变化的。因此，企业文化在保持一定时期内相对稳定的同时也应不断随内外环境的变化及企业战略的调整，作出及时的调整、更新、丰富和发展。最后，企业文化源于社会文化又区别于社会文化，是一个微观的社会文化。企业文化是基于民族文化的根基之上的，任何先进的企业文化都必须与社会文化相结合，社会文化的创新决定了企业文化必须创新。由此可见，企业文化是一个动态的概念，企业文化的建设既不是一蹴而就的短期行为，也不是一劳永逸的阶段性工作，而是一项长期的动态过程，不管是新建的企业还是发展到一定程度的企业，企业文化都有一个创新、重塑和完善的问题。

 知识点滴

华为文化的五个里程碑

深圳华为技术有限公司（以下简称"华为"）从6位创始人发展到拥有20万员工，从21 000元注册资金发展到将近1万亿元的年销售收入，成为一个高科技领域的商业帝国，在这一过程中，华为文化发挥了非常重要的作用。

华为文化是华为奇迹背后的一股强大的精神力量，可以说，华为的成功是华为文化的成功。它不仅调动了20万华为员工的积极性，让20万员工都发自内心地、自觉自愿地坚持长期的艰苦奋斗，创造奇迹；同时把20万员工凝聚在一起，同频共振，朝着同一个目标来实现公司的发展目标。

在今天来看，华为文化影响巨大。但是，华为文化并不是一开始就是这样的，它经历了一个动态发展的过程。根据华为前副书记朱士尧的观察和研究，华为文化有一个形成、演化、优化、完善的过程。在这个过程中，有五个里程碑，即华为文化发展的第一个里程碑——华为文化基因的孕育（1988—1993年）；华为文化发展的第二个里程碑——华为文化破土发芽（1993—1997年）；华为文化发展的第三个里程碑——华为文化的雏形（1997—2004年）；华为文化发展的第四个里程碑——华为核心价值观的形成（2005—2008年）；华为文化发展的第五个里程碑——华为文化的成熟（2008年至今）。

2. 企业文化的力量源泉来自创新

首先，创新从根本上说是一种与时俱进的状态和氛围，创新的根本目的是使企业适应经济大潮，符合市场经济要求，成为真正意义上的企业、永远充满活力的长寿企业。查尔斯·罗伯特·达尔文（Charles Robert Darwin）说过："得以生存的不是最强大的或最聪明的物种，而是最善应变的物种。"面对激烈的市场竞争，企业只有不断创新，才能成为"掌握变局的赢家"。其次，坚持创新、改造自己、追求卓越是先进企业文化的内涵。企业文化的内涵反映了环境的复杂性和紧迫性所带来的挑战和压力，企业文化只有对内保持较高的整合度，对外具有较强的适应性，并随着企业的发展、时代的进步不断加以完善，才能彰显其强大的生命力。由此可见，只有创新的文化，才是反映时代精神的文化，才是体现时代发展方向的文化，才是保持企业生机活力的文化，才是构建和谐企业、实现人的全面发展的文化。

3. 企业文化创新已成为企业创新不可分割的重要组成部分

首先，没有好的文化创新氛围，就不可能为制度创新提供基础。即使有时制度创新先于文化创新，可是如果没有好文化，新的制度也取得不了好的效果，发挥不了其强大的制度创新推动力。其次，没有一个好的文化基础，就难以创新出一个好的适应该文化的经营战略。企业经营战略创新的核心问题是发挥企业自身的比较优势，即企业自身拥有的知识和能力。只有造就一个能促使人不断学习、不断创新和不断提高的良好文化环境，才能使人的知识和能力不断提高、集聚，从而使企业充分发挥自身的比较优势并形成竞争优势，最终形成企业核心竞争力。最后，没有一个好的文化创新作先导，就难以产生出先进的满足市场需要的技术创新。企业技术创新是企业竞争取胜和不断升级的原动力。现代企业间的竞争已由产品竞争向技术创新前移，进而前移到知识竞争，前移到人的价值理念和思想观念竞争，也就是文化观念的竞争。文化观念创新的先进与否最终决定了技术创新的先进与否。由此可见，无论是制度创新、经营战略创新还是技术创新都必须在文化创新的大背景才能顺利进行，企业文化创新已成为企业创新不可分割的重要组成部分。

4. 企业文化创新是构建和谐企业、和谐社会的精神动力

首先，企业文化创新是构建和谐企业的动力和保障。企业文化是其在实现企业目标的过程中形成的企业的"个性"，它蕴含在企业的各个方面，直接影响着企业及其成员的思考方式和行为方式，对企业的发展尤其是可持续性发展起着决定性作用。企业要在激烈的竞争中保持永远的胜利，必须具有持续的变革、创新能力。而企业持续创新的动力则是来源于其企业文化创新。企业文化创新是企业持续创新的源泉，它既可以为构建企业内部和谐提供思想保障和精神支撑，又可以为构建企业内部和谐提供道德规范和伦理尺度。其次，企业文化创新是促进社会和谐发展的精神动力。企业是社会的重要组成细胞。企业的生存与发展离不开和谐的社会环境，只有有了和谐的社会环境，企业发展才有更好的保证。构建和谐社会离不开企业的积极参与，也只有所有企业和组织的和谐发展才能真正实现整个社会的和谐发展；创建和谐企业，既是构建和谐社会的应有之义，也是企业不断发展壮大的必然要求，而企业内部的整体和谐必将影响和推动企业外部的社会和谐。由此可见，企业文化创新不仅是构建企业内部整体和谐的基石和保障，也是推进企业与外部广泛和谐，促进社会和谐发展的重要力量。

三、企业文化创新提升企业创新能力

创新能力是企业的生命基因，是企业核心竞争力的主要源泉。企业要有杰出的创新能力，必须拥有创新的企业文化。企业文化创新对提升企业创新能力具有重要的驱动作用。

1. 企业文化创新有利于营造创新的文化氛围

员工创新积极性的发挥，既要靠内在的动力，也离不开外在环境的支持。内在的动力主要来自训练创新性思维和培养创新品格，外在环境则在于企业的天时地利人和，在于企业的文化氛围建设。企业文化的激励功能就是要形成一种有利于企业员工创造性的发挥，倡导创新意识，运用创新思维，精通创新之道，敢于创新竞争，鼓励尝试风险的企业文化环境。企业文化创新，首先，有利于"学习型组织"的创建。通过培养企业内部重视学习、善于学习的文化氛围，使员工在为企业做出奉献的同时，通过适应性和创造性的学习不断提升自己的文化素养、行为修养和业务技能，不断自我超越。其次，有利于培育创新的价值观。企业文化创新强调以一种创新的思维，把员工对个人价值的追求纳入企业整体的价值创造活动的轨道上来，真正做到以人为本，不断激发人的积极性、创造性，使企业保持活力。最后，有利于培育团队精神。现代企业的创新，个人冒险和探索精神固然不可缺少，但塑造一个以集体主义精神为核心，以集体智慧和共同努力为基础的文化环境更为重要。企业文化创新既鼓励个人拼搏精神，更鼓励团队精神。

创新的文化氛围能够为企业创新营造有利的软环境，良好的创新环境有利于发挥人才的创新性。大力营造勇于创新、尊重创新和激励创新的文化氛围，是推动思想观念、体制机制创新的必然路径。

首先，思想观念创新是提高创新能力的先导。思想决定行动，企业文化创新的实质是思想的大解放。只有牢固树立科学技术是第一生产力、自主创新是第一竞争力的思想，把提高自主创新能力作为落实科学发展观的重要内容，坚决冲破一切束缚创新的思想观念，使一切有利于企业进步的创造愿望得到尊重，创造活动得到鼓励，创造才能得到发挥，创造成果得到肯定。

其次，体制机制创新是提高创新能力的动力。发展企业文化创新，培育创新精神，需要观念的支撑，更需要体制机制的创新作保障。只有通过发展企业文化创新，推动体制机制的创新，为创新活动创造良好的法治环境、政策环境、市场环境和舆论环境，保护创新的积极性、主动性，吸引社会资源要素不断投入到创新活动之中，才能推动企业的不断发展。

最后，推进创新实践，既要鼓励创新，更要宽容失败。任何创新，都意味着从无到有、开风气之先，总要伴随着风险，挫折和失败在所难免。创新活动不可能有百分之百的成功率，科学探索也从来没有绝对的成功者和失败者。对创新失败的宽容，体现了一种文明与进步。只能成功，不容失败，必然导致不求作为、无所作为。宽容失败，善待失败，才能使失败变为成功之母，培育出勇担风险、勇攀高峰的价值观。

2. 企业文化创新有利于培育优秀的企业家

企业家是创新活动的策划者和组织者，是构成企业核心竞争力的基本要素，也是培育独特的积极向上的企业精神的关键所在。企业文化创新具有开放性、兼容性的特点，能够不断吸纳先进思想和知识。一个具有企业文化创新的企业必然是一个学习型组织，强调不断提高全体员工（包括企业家）的文化素质、知识能力、社会责任感和道德水平。企业文化创新有利于企业家主动更新观念，迎接变革，适应新经济发展的要求。

3. 企业文化创新有利于激发员工的创造力

企业文化创新有利于促进企业人力资源的开发与管理，企业人力资源的开发与管理又直接影响企业创新机制的形成。以企业文化创新为导向的人力资源管理有利于充分激发广大员工的创造力，促进企业技术创新。人力资源管理主要通过具体的措施与方法作用于员工，当这些措施和方法符合员工基于企业文化创新所形成的价值观与思维方式时，就会收到预期的效果，从而有效地促进企业的发展；反之，便会受到员工的对抗。同样，当企业文化的价值观融入人力资源管理的具体措施与方法时，就会与员工现有的价值观念发生反应和磨合，从而丰富、完善和升华原有的企业文化，巩固和加强新建的企业文化，而一旦企业文化内化于员工身上，将对企业的技术创新产生积极的影响。因此，企业文化创新作为企业的一种意识形态，是最能通过发挥员工的主观作用来影响企业技术创新的一个软性资源。

企业文化创新有利于实行人性化管理。企业文化创新的本质就是坚持"以人为本"的人性化管理。人性化管理是一种把"人"作为管理活动的核心和企业最重要的资源，把企业内部全体员工作为管理主体，围绕如何充分利用和开发人力资源，服务于企业内外的利益相关者，从而实现企业目标和企业成员个人目标的管理理论和管理实践活动。其核心价值观是尊重人、关心人、激发人的热情，满足人的合理需要。在企业文化创新驱动下的人性化管理有着丰富的内涵。首先，人性化管理体现了员工在企业创新活动中的主人翁地位。在企业创新过程中，每个员工都是创新的参与者，只有充分发挥全体员工的积极性和聪明才智，才能促进企业创新的顺利成功。其次，在企业创新过程中，不仅要在物质、精神、人生价值、企业价值等方面综合满足员工的需求，还要将奖励和制约适度结合，使员工和企业成为真正的命运共同体和利益共同体。最后，在人性化管理中，必须要求员工不断加强学习，不断增强员工的综合素质。只有尊重广大员工的创造精神，重视调动一切积极因素，鼓励和支持一切创新活动，创新的过程才能成为凝聚人心、群策群力、开拓奋进的过程，成为企业持续获得强大动力源泉的过程。

 视野拓展

马化腾和腾讯：企业文化的成功之道

作为中国互联网行业的巨头之一，腾讯集团的创始人兼 CEO 马化腾一直以来都深受人们的关注和尊敬。除了腾讯在业界取得的辉煌成就外，马化腾作为企业家的智慧和成功之道同样值得探讨。在腾讯的发展历程中，企业文化一直是其成功的关键之一。

1. 腾讯的企业文化

腾讯的企业文化可以说是中国互联网企业中的典范。马化腾提出的"用户需求导向、开放包容、创新突破、责任担当"的价值观，成为腾讯企业文化的基石。腾讯的企业文化不仅体现在公司的核心价值观上，更贯穿在公司的各个方面。

（1）用户需求导向。腾讯一直坚持用户需求导向的理念，将用户的需求放在企业发展的首位。无论是产品研发还是市场推广，腾讯都以用户为中心，在不断地满足用户需求的同时，不断地创新和突破。

（2）开放包容。腾讯一直倡导开放包容的企业文化，积极与外界进行交流和合作，在开放的环境中吸收新思想、新技术和新人才，不断推动公司的创新发展。腾讯也会在自己的平台上支持和鼓励外部开发者进行创新。

（3）创新突破。创新是腾讯企业文化中的重要组成部分。腾讯在产品创新、技术创新

和商业模式创新等方面一直保持领先地位。马化腾也一直强调创新的重要性，认为只有不断地创新才能保持企业的活力。

（4）责任担当。腾讯一直注重社会责任，积极参与公益事业。在企业文化中，腾讯强调的是企业和社会的共同责任。腾讯也积极推动员工参与公益事业，鼓励员工在工作之余参与公益活动。

2. 企业文化的成功之道

（1）注重品牌建设。腾讯在企业文化建设中注重品牌建设，将品牌价值视为企业文化的重要组成部分。腾讯一直坚持打造一个强有力的品牌，通过不断的品牌营销和推广，让更多的人了解腾讯，信任腾讯。

（2）坚持价值观。腾讯的核心价值观"用户需求导向、开放包容、创新突破、责任担当"是马化腾一手打造的。这些核心价值观被贯彻到了公司的各个方面，成为腾讯企业文化的基石。对于员工而言，这些价值观也成为他们行事的准则。

（3）注重人才培养。腾讯一直注重人才培养，通过不断的学习和培训，让员工不断地提升自己的能力和素质。腾讯的人才培养体系不仅注重员工专业技能的培养，更注重员工的思维方式和工作态度的培养。

（4）打造积极向上的企业文化。腾讯企业文化的成功之处在于其积极向上的氛围。腾讯一直倡导开放、包容、创新和责任担当的企业文化，让员工在这样的文化氛围中自我激励，不断地追求进步和突破。

（5）不断创新。创新是腾讯企业文化的重要组成部分，也是腾讯成功的关键之一。腾讯一直在产品研发、技术创新和商业模式创新等方面不断突破，保持了自身的活力和竞争优势。

企业文化对一个企业的发展起到了至关重要的作用。马化腾和腾讯的企业文化成功之道在于注重品牌建设、坚持价值观、注重人才培养、打造积极向上的企业文化和不断创新。这些成功之道不仅能够让企业在市场竞争中保持活力和优势，更能够让员工在这样的文化氛围中自我激励，不断追求进步和突破。

随着经济全球化和企业间竞争的日趋激烈，提升企业创新能力已经成为提高企业核心竞争力的关键。不断增强企业的创新能力，核心问题是企业文化创新。企业文化总是随着企业和社会文化的发展而不断发展，必须不断完善和创新。培育具有创新精神的企业文化是企业发展的永恒主题。企业文化创新是企业员工的精神支柱，也是企业核心能力的重要表现，更是实现企业创新的根本保障。

 案例分析

格力电器：塑造企业文化的创新之道

珠海格力电器股份有限公司（以下简称"格力电器"）成立于1991年，1996年11月在深交所挂牌上市。格力电器成立初期，主要依靠组装、生产家用空调，现已发展成为多元化、科技型的全球工业制造集团，产业覆盖家用消费品和工业装备两大领域，产品远销190多个国家和地区。

格力电器秉承"一个没有创新的企业是没有灵魂的企业；一个没有核心技术的企业是没有脊梁的企业；一个没有精品的企业是没有未来的企业"的经营理念和"弘扬工业精神，掌握核心科技，追求完美质量，提供一流服务，让世界爱上中国造"的企业使命以及"缔造世界一流企业，成就格力百年品牌"的企业愿景，坚持"创新、卓越、诚信"的核心价值观，努力实现管理信息化、生产自动化、产品智能化，继续引领全球暖通行业技术发展，在智能装备、通信设备、模具等领域持续发力，以创造更多的领先技术，不断满足全球消费者对美好生活的向往，在智能化时代扬帆再启航、谱写新篇章！

1. 创新

格力电器一直以来都在不断地追求创新。格力电器集中精力于研发和制造技术独特且尖端的电器设备，并对产品的每一个细节进行把控，以保证产品的工艺、设计和性能都达到最高标准。

格力电器在研发过程中积极探索更加环保和节能的工艺。格力电器以变频技术为依托，把节能的理念融入产品的设计中，从而使得所有产品都能够得到最大限度的节能效果。创新的空调设计不仅节约能源，还能够更好地适应不同消费者的需求。

除此之外，格力电器还在进一步开发 AI 智能化方面的技术，为空调市场的未来打下基础。以智能家居为例，格力电器正在探索一种全新的智能空调产品，该产品将具备自动感应区域、人员预设、场景智能控制，同时具有 3D 空气净化、自清洁的功能。

2. 卓越

每件格力电器产品在出厂前须经过严格的质量检测，才能获得出厂许可。格力电器的卓越质量标准使其在市场中赢得了良好的声誉。其产品在市场上表现突出，既满足了消费者对质量和效果所期望的要求，又有助于提升消费者在购买时的信心。

格力电器一直在寻求新的方法以改善产品功能和性能。从节能到智能、从净化到换气、从体积到外观，格力电器注重每一个细节。这种卓越的文化渗透到企业的每个角落，从而使得格力电器成为全球领先的空调制造商之一。

卓越还体现在格力电器的服务提供上。格力电器始终保持着优良的服务质量，确保其顾客满意度始终位于行业的顶尖。在售后服务方面，格力电器任何时候都会为顾客提供最优秀的技术支持和保障。

3. 诚信

格力电器的企业文化中还包含着最为重要的一个方面，那就是诚信。企业在市场上赢得消费者的信任和支持离不开诚信这个核心价值观。格力电器每一位员工都力求遵守严格的道德准则，始终如一地遵循自己的品牌承诺，并始终为消费者提供有竞争力的价格。

在市场竞争中，格力电器始终秉承着诚信的企业文化，并将其奉为公司最重要的价值观。这一信念已经深深地植根于企业文化之中，并通过不断地与厂商、客户和消费者之间的沟通和协作得到完美体现。

格力电器提供的所有产品和服务都以透明和坦诚为基础，并将此文化传递给更多的消费者和企业。作为行业领导者，格力电器在诚信和透明方面的做法是一项重要的标准，在其生产和运营方面也是如此。

"创新、卓越、诚信"的企业文化是格力电器实施创新和持续发展的关键之一。其核心价值观不仅贯穿格力电器的整个运营过程，而且已经变成格力电器的最大竞争优势，并且将继续支持格力电器在今后的发展中取得更大的成就。

启发思考：格力电器的持续发展与其企业文化有何联系？

本 章 小 结

创新是一个民族进步的灵魂，是一个国家兴旺发达的不竭动力，更是现代企业发展的原动力。美籍奥地利人、经济学家熊彼特在其1912年出版的名著《经济发展理论》中提出，所谓创新就是"建立一种新的生产函数"，即实现生产要素和生产条件的一种从未有过的"新组合"并将其引入生产体系。只有引入到生产实践中的发现与发明并对原有生产体系产生震荡效应才是创新。企业创新由制度创新、技术创新和管理创新三者组成。企业文化对企业创新的作用机制主要表现在：企业文化作为异质性战略资源是企业创新的重要思想保障，企业文化通过企业制度的传导影响企业创新活动，企业核心价值观通过修正创新主体的认知影响企业创新，企业文化通过影响组织学习提高企业创新能力，企业文化的功能对企业创新具有积极作用。企业文化对企业创新过程的影响主要包括企业文化对创新准备、创新构想、创新尝试和创新推广四个阶段的影响。创新能力是企业的生命基因，是企业核心竞争力的主要源泉。企业的创新能力根植于其优秀而独特的企业文化。企业要有杰出的创新能力，必须拥有创新的企业文化。企业文化创新对提升企业创新能力具有重要的驱动作用：企业文化创新有利于营造创新的文化氛围，企业文化创新有利于培育优秀的企业家，企业文化创新有利于调动员工的创造力。

练 习 题

自学自测 扫描此码

参 考 文 献

[1] 安德森，2002. 组织创新与变革. 冒光灿，关海峡，译. 北京：清华大学出版社.
[2] 彼得斯，沃特曼，1985. 成功之路——美国最佳管理企业的经验. 余凯成，钱冬生，张湛，译. 北京：中国对外翻译出版公司.
[3] 曹德旺，2022. 心若菩提（增订本）. 北京：人民出版社.
[4] 陈春花，乐国林，李洁芳，等，2022. 企业文化. 北京：机械工业出版社.
[5] 陈广，赵海涛，2016. 华为的企业文化. 深圳：海天出版社.
[6] 大内，2007. Z 理论. 朱雁斌，译. 北京：机械工业出版社.
[7] 德鲁克，2019. 创新与企业家精神. 蔡文燕，译. 北京：机械工业出版社.
[8] 迪尔，肯尼迪，1989. 企业文化——现代企业精神支柱. 唐铁军，叶永青，陈旭，译. 上海：上海科学技术文献出版社.
[9] 迪尔，肯尼迪，2009. 新企业文化——重获工作场所的活力. 孙健敏，黄小勇，李原，译. 北京：中国人民大学出版社.
[10] 霍夫斯塔德，1996. 跨越合作的障碍——多元文化与管理. 尹毅夫，译. 北京：科学出版社.
[11] 科特，赫斯克特，1997. 企业文化与经营业绩. 李晓涛，曾中，译. 北京：华夏出版社.
[12] 李志刚，2023. 创京东：刘强东亲述创业之路. 北京：中信出版社.
[13] 梁晨，2018. 企业文化. 北京：北京交通大学出版社.
[14] 路云，2014. 任正非：我的人生哲学. 北京：群言出版社.
[15] 米勒，1985. 美国企业精神——未来企业经营的八大原则. 尉腾蛟，译. 北京：中国友谊出版公司.
[16] 帕斯卡尔，阿索斯，1984. 日本企业管理艺术. 张小冬，周全，译. 北京：中国科学技术翻译出版社.
[17] 沙因，1989. 企业文化与领导. 北京：中国友谊出版公司.
[18] 圣吉，1998. 第五项修炼——学习型组织的艺术与实务. 郭进隆，译. 上海：上海三联书店.
[19] 宋志平，2020. 企业迷思：北大管理公开课. 北京：机械工业出版社.
[20] 王健林，2015. 万达哲学. 北京：中信出版社.
[21] 王石，2015. 道路与梦想. 北京：中信出版社.
[22] 张德，潘文君，2019. 企业文化. 北京：清华大学出版社.
[23] 张燕，2014. 马云：我的世界永不言败. 北京：企业管理出版社.
[24] 赵伟，2014. 李嘉诚：我的管理哲学. 北京：北京联合出版公司.
[25] 周志友，2016. 德胜员工手册. 北京：机械工业出版社.

教师服务

感谢您选用清华大学出版社的教材！为了更好地服务教学，我们为授课教师提供本书的教学辅助资源，以及本学科重点教材信息。请您扫码获取。

❯❯ 教辅获取

本书教辅资源，授课教师扫码获取

❯❯ 样书赠送

企业管理类重点教材，教师扫码获取样书

 清华大学出版社

E-mail: tupfuwu@163.com
电话：010-83470332 / 83470142
地址：北京市海淀区双清路学研大厦 B 座 509

网址：https://www.tup.com.cn/
传真：8610-83470107
邮编：100084